财政部规划教材
全国高等院校财经类教材

公债学

陈志勇　李祥云　主编

中国财政经济出版社

图书在版编目（CIP）数据

公债学/陈志勇，李祥云主编．—北京：中国财政经济出版社，2012.1（2022.1重印）
财政部规划教材　全国高等院校财经类教材
ISBN 978－7－5095－3348－2

Ⅰ.①公…　Ⅱ.①陈…②李…　Ⅲ.①国债－高等学校－教材　Ⅳ.①F810.5

中国版本图书馆 CIP 数据核字（2011）第 282281 号

责任编辑：张　军　　　　责任校对：杨瑞琦
封面设计：陈　瑶　　　　版式设计：汤广才

中国财政经济出版社出版
URL：http：//www.cfeph.cn
E－mail：cfeph@cfeph.cn

社址：北京市海淀区阜成路甲 28 号　邮政编码：100142
营销中心电话：010－88191522　北京财经书店电话：64033436　84041336
北京富生印刷厂印刷　各地新华书店经销
787×1092 毫米　16 开　11 印张　264 000 字
2012 年 3 月第 1 版　2022 年 1 月北京第 5 次印刷
定价：23.00 元
ISBN 978－7－5095－3348－2/F・2838
（图书出现印装问题，本社负责调换）
本社质量投诉电话：88190744
打击盗版举报热线：010－88191661　QQ：2242791300

前 言

本书是财政部规划教材，由财政部教材编审委员会组织编写并审定，作为全国高等院校财经类专业教材。

公债学是财政学、金融学、管理学等学科的交叉学科。本教材的主要内容包括公债的基本概念、公债种类、公债发行与偿还、公债的流通、公债的负担与规模、公债的经济效应、国债的理论与作用、地方债务与外债管理等。在各章节具体内容的选编上，我们也力求反映国内外有关的最新研究成果。为帮助读者对相关知识的理解，我们还在部分章节中安排了专栏，且每章后附有复习思考题。

本教材是在陈志勇教授主编的《公债学》（中国财政经济出版社 2007 年版）的基础上，进行大量修改而成的。在教材编写过程中，我们参考和摘编了大量专家、学者的研究成果和相关资料，对此我们除了在书中表明引文的出处和书后注明参考文献外，特向引文和参考文献的作者表达我们由衷的感谢。

本教材主要用于高等院校财经、管理类专业的本科和研究生教学，也可以作为财经和管理领域类在职人员的培训教材。

本教材是在陈志勇教授指导下完成的。陈志勇教授和李祥云教授组织了各章的撰写并负责了全书统稿工作。参加本教材编写的有：陈志勇、唐小云（第 1 章、第 8 章），李农、李祥云（第 2 章），李祥云、唐小云（第 3 章和第 9 章），李波、潘江坡（第 4 章），毛晖、刘瑞娟（第 5 章），金荣学、唐小云（第 6 章），毛晖、王宁（第 7 章），李波、吴腾（第 10 章）。

编 者

2011 年 10 月

目　录

第1章 DIYIZHANG

什么是公债

债是人类常见的一种经济现象。从个人、家庭、企业到政府，从农村到城市，从生产到消费到处都有债的痕迹。何为债，简单地说，就是一方欠另一方的钱或者物。从经济学和法学的角度，债是按照合同的约定或法律规定，在当事人之间形成的特定的权利和义务关系。政府举债，即公债，早已成为各国的一种普遍现象，尤其是在市场经济国家，公债已经成为人们生活的一部分。然而，究竟什么是公债或政府债务？它有什么特征？它与赤字有什么样的关系？本章将就这些问题逐一进行介绍。

1.1 公债的概念

1.1.1 政府部门的收支运作[①]

政府部门作为一个行为主体，同其他行为主体——如居民、企业一样需要花钱、需要筹钱，同样有其收入和支出。然而，政府部门的花钱、筹钱行为，政府部门的收支规则，同居民和企业部门又有所不同。以下便是关于政府部门收支运作的一个恒等式：

财政支出 = 税收收入 + 收费收入 + 企业收入 + 债务收入 + ⋯ (1.1)

仔细揣摩这个恒等式，我们可以受到不少启发：

第一，在当今社会，政府部门担负的职能极其广泛。从国防、外交、公安、司法，到科技、教育、文化、卫生，再到能源、交通、通讯，加上收入分配调节、宏观经济调控，政府的作用几乎遍及国民经济的各个领域和社会生活的所有环节。要履行这些职能，要发挥这些作用，政府部门就要花钱。政府部门为此而花费的钱，构成政府的财政支出。

第二，政府部门要花钱，就要有经济来源。为此，政府要开辟各种各样的收入渠道，使用各种各样的收入形式。它可以社会管理者的身份向居民和企业征税，取得税收收入；可以特定服务或公共设施提供者的身份向办理户口登记、结婚登记以及出国护照的居民收取规费，向公共设施的使用者收取使用费，取得收费收入；也可以资产所有者的身份从国有企业获得投资利润、租金、股息（红利）、资金占用费等，取得企业收入；还可以债务人的身份

① 高培勇、宋永明著：《公共债务管理》，经济科学出版社 2004 年版，第 3 页。

在国内外发行政府债券（或向外国借款），取得债务收入。政府部门通过上述以及其他渠道或形式取得的钱，构成政府的财政收入。

第三，政府的财政支出规模具有相当的“刚性”，往往是一个不断增长的量。这不仅是因为财政支出本来就是作为政府部门履行职能的成本而存在，随政府职能不断扩张所带来的财政支出的不断增长是经济社会发展的一般规律。而且，历史和现实的经验一再表明，在一个特定的年份，对财政支出规模的调整，通常只能涉及增量，很难触动其存量。即便对增量的调整，亦常常限于增长的幅度，一般不会出现零增长，更难有负增长。

第四，就政府的财政收支之间——恒等式两边——的关系而言，财政支出往往是既定的，处于决定性的地位。财政收入只是财政支出的约束条件，往往为支出所左右，追随支出而确定，处于从属的地位。因此，两者之间的关系通常表现为“以支定收”，即按照财政支出的规模去筹集取得相应的财政收入。

第五，各种财政收入，包括债务收入在内，在政府收支运作中的表现虽各有特点，但实际上是捆在一起使用的。故而，作为一个整体的财政收入同作为一个整体的财政支出相对应。除了少许的收入，在现实生活中，任何一种收入形式都难以同特定的支出项目直接挂钩。所以，在财政支出规模一定的条件下，各种财政收入之间往往呈现一种此增彼减或者相互替代的关系。

1.1.2　公债的定义

从上述的恒等式及其所揭示出的关于政府部门收支运作的基本原理不难看出，公债是政府为履行其职能而取得收入的一种形式。它指的是，政府以债务人的身份，通过在国内外发行债券（或向外国借款）的方法而筹集、取得的那一部分财政收入。

作为一种政府财政收入形式，公债同税收、规费、使用费和国有资产收益等一道，共同构成政府的财政收入体系。

在各种财政收入形式中，如果以是否需要偿还为分界线，公债便是有偿的形式，其他的如税收、规费和使用费等，则是无偿的形式。

由此，可以得到关于公债的一个比较全面而确切的简短定义：

公债，即公共债务，系财政部门举借的债务，是政府部门筹集、取得政府收入的一种有偿形式。

专栏

公债与政府信用

所谓信用（credit），是一种以偿还为条件的价值运动形式。根据信用主体或信用活动领域的不同，信用可分为商业信用、银行信用、政府信用、消费信用和个人信用等多种形式。很多人认为政府信用（或财政信用）的表现形式就是公债，这种表述实际上并不准确。

政府信用是以政府为主体的信用行为。由于财政活动是由收入和支出组成的，这样政府信用就表现在两方面：一是融资信用，即政府以债务人身份筹集资金而取得的信用；二是投资信用，即政府以债权人身份贷放资金而提供的信用。公债本质上只是一种财政收入形式，只反映了政府信用的一个方面。

政府将财政资金以贷款的形式加以运用，实际上就是我们通常所说的财政投融资。我们知道，经济体系的正常运行是建立在发达的道路、桥梁、通讯、电力等基础设施之上的。这些项目因投资大、赢利较低，不足以吸引私人部门进行投资，又因具有一定的经济效益不适合财政无偿拨款，因而采用低息、无息或贴息的方式将财政资金贷放给私人部门使用，不仅可以促进这些项目的建设，还可以提高财政资金的使用效率。如在日本，财政投融资制度是国家财政金融制度的重要组成内容之一，资助项目遍布海运、电力、钢铁、农林、渔业和住宅建设等领域，日本财政投融资在财政支出的比重一度高达 60% 左右。

资料来源：龚仰树：《国债学》，中国财政经济出版社 2000 年版，第 37 页；白钦先：《比较银行学》，河南人民出版社 1989 年版，第 170 页。

1.2　公债的特征

1.2.1　公债与其他财政收入的比较

公债作为特定的财政收入范畴，与其他财政收入，如税收相比，具有自身的一些特点。

1. 有偿性

公债要还本付息。公债收入的取得，是以按期向债权人偿还本金和按预定的利率计付利息为前提的，并以此吸引社会各界认购。国家通过发行公债，取得的只是在一定时期内的资金使用权。而以税收、国有资产收益等形式取得的财政收入，国家拥有所有权，对缴付者不承担偿还义务。债务的有偿性要求政府举债规模应控制在一定的限度内，否则可能造成因偿债负担引发的经济问题。

2. 自愿性

发行公债，以公债认购人自愿为前提，不具有强制性。人们是否认购公债、认购何种公债以及认购多少公债，可视各自的情况自主决定。在一般情况下，国家对此不能作强制性的要求，否则就违背了货币信用关系的基本准则。而税收是依据税法的规定强制征收的。国家资产收益的取得则以国有资产所有权为依托，国有资产占有、使用者有义务按规定向国家提供其部分纯收入。

3. 灵活性

国家可根据预算收支、宏观调控、经济建设等需要，决定在预算年度内是否发行公债、发行多少公债及公债发行的条件，而不需要以立法形式预先规定发行标准。而税收的课征对象、征收标准、征纳方式等是由税收法律和征收条例预先规定的，在征收过程中不能随意更改。国有资产收益的收取要以国有资产管理体制和国有资产收入分配制度为依据，也具有相对的稳定性。

4. 信用性

公债是政府凭借其信誉，由政府作为债务人，采取有借有还的信用方式所筹集的资金。

国家公债是一种公共信用，必须遵守信用原则。发行公债的政府与公债认购人在法律上处于平等地位。

1.2.2　公债与私债的比较

根据债务人的不同，债务可划分为公债和私债。企业和居民举借的债务，通常称之为私人债务，简称私债。公债的债务主体是政府，包括中央政府和地方财政以及政府所属机构。私债的债务主体是私人部门，包括法人和自然人。公债和私债都是债，都具有自愿性和偿还性等特征，但两者仍然存在着本质的区别。

第一，两者成立的动力不同。公债债务关系的成立，既有经济因素，也有政治因素。就经济因素来说，公债的发行要建立在物质利益诱导、保证认购者获得一定经济收益的基础上。就政治因素而言，认购者的爱国热情和政治觉悟也可能成为促进其认购公债的重要因素。而且在某些特定条件下（如战争时期），政治因素往往对公债的发行起到相当的支撑作用。

私债债务关系的成立，一般只能依赖于经济因素，只能以认购者的投资愿望和牟利心理作为认购的动力。如若依赖经济之外的其他因素，私债债务关系很难成立。

第二，两者主体不同。公债的债务人为政府，政府所具有的特殊地位决定了公债具有一定的特殊性。公债的利率高低、期限种类、偿还办法等发行条件，一般可由政府加以决定（不排除市场行情因素的影响）。公债能否按期偿还也要依政府的信用而定。私债的债务人为居民和企业。企业债券也好，居民债券也罢，其利率的高低、期限的长短以及偿还的办法等，完全由市场供求决定。如果债务人在偿还时违反原定的契约，将会受到法律的制裁。

第三，两者的流动性程度不同。公债的债务人既然为政府，政府的情况又为认购者广为人知。所以公债券可在金融市场上顺利地买卖成交，认购者一般无须审查债务人的信用状况，流动性较高。私债的债务主体则是企业和居民，即便是信誉卓著的大企业，其信用状况也相对鲜为人知，所以私债债券的买卖成交，认购者必须审查债务人的资信状况，流动性相对较低。

第四，两者的担保不同。公债的信用所依托的是国家的主权和资源，政府可在不提供任何担保的情况下举债。即使公债也有不能按期还本付息的情形，但只要国家存在，债权人一般总是可以收回其应得收益。私债信用所依托的是私人的财产或收入，企业和居民举债必须以其财产或收入为担保品。而且，其财产价值和收入状况的变动，会对其债务产生影响。所以，在私债存在期间，债权人需经常关注债务人担保品价值的变动情况，随时对其投资行为作出调整。

第五，两者存在的期限不同。私债的债权人或是自然人，或是法人。且不说自然人的寿命相对有限，即便是法人，其存在的区间也取决于生产经营的状况。市场风险使任何企业都存在着破产的可能性，因而私债的期限较短，一般为几年、十几年。国家的生命则较自然人或法人长久。即便发生政权更迭，通常也会保证债券按期付款，因而公债的期限相对较长，可达几十年，甚至还有不偿还本金的“永久公债”。

1.3　公债与赤字的关系[①]

公债和赤字是两个密切联系的经济范畴。公债是弥补赤字的一种主要的融资方式，赤字是公债形成和增长的前提。而公债规模扩大后导致的利息支出，又进一步增加了财政赤字。

1.3.1　赤字的融资手段

与私人一样，当收入不足以弥补开支时，政府必须向公众借钱（债务融资）或出售资产；与私人不一样的是，政府拥有货币发行垄断权和税收征收管辖权，可以通过货币融资或增税的方式弥补财政赤字。上述财政赤字的融资方式可以通过政府预算约束的概念来表达，令 ΔB_f 为出售给中央银行的债券价值（或向中央银行直接借款和透支的数额），ΔB_p 为出售给私人部门的政府债券价值。令 ΔH 为基础货币存量，ΔA 为政府出售的国有资产，ΔT 为政府增加的税收收入，DEF 为财政赤字。则有：

$$DEF = \Delta B_f + \Delta A + \Delta T + \Delta B_p = \Delta H + \Delta A + \Delta T + \Delta B_p \tag{1.2}$$

1. 货币融资

货币融资包括两种方式：一种是直接方式，即财政部向中央银行直接借款和透支或将公债直接出售给中央银行；另一种是间接方式，即财政部向公众出售公债，随后，中央银行在公开市场上购入公债。中央银行对政府债权的增加导致了相同数额基础货币的变化，正是在这个意义上，中央银行将债务货币化了。如果货币融资的数量过大，时间过长，由于银行信贷资金基础货币的乘数作用，会引起通货膨胀，最终造成价格失灵，财富流失。

我国在 1995 年以前，一部分财政赤字，即我国财政界通称的“硬赤字[②]”，是通过向中央银行直接借款和透支弥补的。1995 年通过的《中华人民共和国中国人民银行法》规定，中央银行不得向财政提供借款和便利，亦不得直接购买政府债券。但这并不意味财政赤字的货币融资在我国消失，尽管直接的货币融资将不复存在，但间接的货币融资仍有发挥作用的空间。从国际经验来看，所有国家的中央银行都通过直接或间接的货币融资方式为本国的财政赤字融通资金。

2. 出售国有资产

在西方资本主义国家，国有企业的主要作用是提供私人企业不愿提供的公共商品，且国有企业的数目较少，国有资产有限，不具备出售的基本条件。而在像我国这样的社会主义国家中，尽管国有企业数目较多，但一方面市场发育不完善，国有企业一时还不能完全退出竞争性行业；另一方面我国尚未培育出有信誉的评估机构，如果为了弥补财政赤字而出售国有资产，会造成国有资产的严重流失。因此，目前我国出售国有资产弥补财政赤字不具有现实

---

① 类承曜著：《国债的理论分析》，中国人民大学出版社 2002 年版，第 23、24 页。

② 由于人们对财政赤字的计算口径和方法不同，财政赤字有“硬赤字”和“软赤字”之分：

硬赤字 =（经常性财政收入 + 债务收入）－（经常性财政支出 + 债务支出）

软赤字 = 经常性财政收入 － 经常性财政支出

基础。

3. 增加税收

由于税收是以法律的形式规定了征税对象以及统一的比例或数额，并只能按预定的标准征税。政府若以增加税收的方式弥补财政赤字，就必须事先通过一系列政治程序修改税法，再到具体实施，耗时较长。而且，增加税收会造成社会的超额负担，影响社会资源的优化配置。因此，政府不能为了“一时之需”而随意增加税收。

4. 出售给私人部门政府债券

通过向私人部门举债取得的债务收入来弥补财政赤字，通常只是社会资金使用权的暂时转移，既不会招致纳税人的不满，又不会无端增加货币供给量，还可以迅速取得所需资金。此外，公债的发行和认购，通常建立在资金持有者自愿承受的基础上。通过发行公债筹集的社会资金，基本上是资金持有者暂时闲置不用的资金。将这部分资金集中起来，归政府使用，在正常情况下不会对经济社会发展造成不利的影响。所以发行公债一般被认为是较理想的弥补财政赤字的方法。

1.3.2　结构性赤字和周期性赤字

从财政赤字与经济运行状况相关的角度看，财政赤字分为结构性赤字和周期性赤字。结构性赤字（structural deficit）是指假定经济处于充分就业状态，政府取得相应的充分就业的收入水平下发生的预算赤字。一般情况下，结构性赤字是由政府的政策变量决定的。周期性赤字（cyclical deficit）是指经济周期性因素造成的赤字，其数额等于实际的预算赤字超过结构性赤字的差额。

用 DEF 表示现实的赤字，CD 表示周期性赤字，SD 表示结构性赤字，Y_f 表示充分就业的产量水平，Y 表示实际产量水平，G 表示政府支出，t 表示税率，则有如下公式：

$$SD = G - tY_f \tag{1.3}$$

$$CD = DEF - SD = (G - tY) - (G - tY_f) = tY_f - tY \tag{1.4}$$

$$DEF = G - Ty = CD + SD = t(Y_f - Y) + (G - tY_f) \tag{1.5}$$

由以上公式可以看出，当政府政策改变如政府支出增加时，会导致结构性赤字的增加，因此可以说结构性赤字（SD）是扩张性财政政策（高的 G 和低的 t）的结果。当经济陷入衰退时，实际产量水平的下降导致周期性赤字的增加，因而周期性赤字是经济衰退的结果。由此可见，财政赤字的产生主要有两个原因：扩张性财政政策和经济衰退。为了控制财政赤字，不能单纯主张削减政府支出和增加税收，应具体情况具体分析。

1.3.3　公债与赤字的相互影响

公债和赤字是两个密切联系的经济范畴。对两者关系，马克思曾经精辟地指出：“这种国家负债状态的原因就在于国家支出经常超过收入，而这种不相称的状态既是国家公债制度的原因又是它的结果。”①

1. 赤字对公债的影响

不考虑赤字的货币化以及资产出售，可以得到如下关系，即期初的公债加上本期的赤字

① 《马克思恩格斯全集》第 7 卷，人民出版社 1959 年版，第 90 页。

等于期末公债：

$$DEF_t = D_t - D_{t-1} = dD/dt \tag{1.6}$$

这便是赤字（某一时期的流量）对公债（某一时刻的存量）的影响。不过，在现代社会中，公债的职能已经不再局限于弥补赤字。现代公债的职能作用是双重的：一方面，它是政府重要的筹资手段和对社会经济活动的调控手段；另一方面，公债券又是一种重要的金融工具，具有较强的金融效应。政府的公债活动，必然对资金运动、社会货币存量和流量以及市场利率产生不同的影响。在现代社会，公债券是中央银行进行公开市场业务的重要金融工具。

2. 公债对赤字的影响

公债对赤字的影响主要是通过以下两种途径：价格和利率。

在不存在公债的前提下，如果财政支出和收入增加相同的幅度，其幅度与通货膨胀率相同，那么尽管名义赤字也按照相同的幅度增加，赤字对经济不会产生实际影响，我们有必要引入实际赤字和实际公债的概念。名义国债扣除价格因素的影响就是实际公债，如果 D 代表名义公债，P 代表价格水平，那么实际公债就是 D/P。对赤字而言，价格调整要相对复杂一些，除了价格水平对名义赤字的影响，我们还必须考虑到通货膨胀对前期公债贬值的影响。实际赤字被定义为实际公债的变化值，用数学语言表述就是：实际赤字是实际公债对时间的一阶导数：

$$\frac{\mathrm{d}\left(\frac{D}{P}\right)}{dt} = \frac{\frac{dD}{dt}}{P} - \frac{\frac{dP}{dt}}{P}\frac{D}{P} \tag{1.7}$$

由上述数学表达式可知，实际赤字就是经过价格调整的名义赤字减去通货膨胀率乘实际公债。等式右边的第二项代表了以前国家债务的贬值额，通货膨胀使政府（债权人）需要偿还的债务减轻了。这种没有在政府支出或税收的官方报告中反映的贬值，实质上是对政府债券持有者征收的通货膨胀税，由于通货膨胀的因素，公债持有者的实际财富减少了。因此，通过通货膨胀，政府不但能对货币持有者征收通货膨胀税，对公债持有者同样也征收了通货膨胀税。显而易见，公债规模越大、通货膨胀率越高，政府对公债持有者征收的通货膨胀税就越多。像巴西或墨西哥这类具有高通货膨胀率和巨额公债的国家，甚至可以通过公债贬值的方法来支付大部分政府支出。

特别重要的是，在高通货膨胀率和巨额公债的情况下，（1.7）式的第二项的绝对值可能超过第一项，前期公债的贬值额可能超过经过价格调整的名义赤字，即对公债持有者征收的通货膨胀税可能超过经过价格调整的名义赤字而出现正的实际盈余。所以，在判断财政政策的松紧时，不能只看名义赤字，还要考虑到通货膨胀对名义赤字的影响以及对公债造成的贬值影响。即使经过价格调整的名义赤字很大，但由于对公债持有者征收通货膨胀税的缘故，实际赤字有可能大大减少甚至可能变为实际盈余，因此财政政策也是紧缩的。相反，如果是通货紧缩，则右边第二项是负值，实际赤字就会超过经过价格调整的名义赤字，那么实际赤字就会比经过价格调整的名义赤字更大，与经过价格调整的名义赤字反映的财政政策相比，实际财政政策的扩张性更强。

公债还可以通过利率效应对财政赤字产生影响。根据投资学原理，未来产生收益（支出）流的资产（负债）的市场价值取决于未来的收益（支出）流和利率水平。因此，当利率升高时，现存的公债余额的市场价值会降低，低于其面值，这将增加财政收入，降低财政赤字；当利率降低时，则发生相反的过程。利率的变化对期限较长的公债的影响要超过期限较短的公债。需要说明的是，根据费雪方程式，名义利率等于预期的通货膨胀率加上实际利率，因此预期到的通货膨胀本身就会提高名义利率，通货膨胀除了对前期公债余额产生贬值影响外，还通过名义利率的上涨使非指数化的公债的市场价值降低，进一步减少（增加）了财政赤字（盈余），然而这是否意味着国家只要依靠通货膨胀就可以免除赤字失控呢？实际情况并非如此。公债的持有者也许只愿意（或不得不）接受某种程度的贬值，所以通货膨胀率较低时，这种办法还行得通。当通货膨胀率很高时，信用市场对政府要求的名义利息率会很高，结果是政府支出和名义赤字与通货膨胀同步增长，旧债务的贬值效果将被抵消。①

1.4 公债的产生与发展

1.4.1 公债的产生与发展

公债作为一个财政范畴，其产生在历史时序上要晚于税收。在公元前 4 世纪，古希腊和古罗马就出现了国家向商人、高利贷者和寺院举借债务的情况。当时的公债只是一种偶然出现的经济现象，在数量上也比较小，而且常常以高利贷的方式出现。

到了封建社会，公债有了进一步的发展。各封建国家为了克服因战争引起的财政支出困难，不得不举借公债，以弥补国用之不足。但限于当时的经济落后状况，社会闲散资金极其有限，公债制度发展缓慢。公债的真正发展是在商品经济和信用经济高度发达的资本主义社会。

世界上第一张名副其实的政府债券，出现于资本主义生产关系萌芽的地中海沿岸国家。据有关文献记载，12 世纪末期，在当时经济最为发达的意大利城市佛罗伦萨，政府曾以发行债券的方式向金融业者借贷资金。其后，热那亚和威尼斯等城市相继仿效。至 14 世纪和 15 世纪，意大利各城市几乎都发行了政府债券。17 世纪初，荷兰由于在海外贸易的商业战争中占据有利地位而逐渐强大起来。当时的荷兰，国内资金充斥，一国所拥有的资金比欧洲其他国家所拥有的资金总和还要多。然而，荷兰的工业却远不如商业繁荣，在大量多余资金找不到理想投资对象的情况下，资金所有者们便竞相把资金贷给本国政府和外国政府。与此同时，荷兰政府为了进一步向海外扩张的军费需要，大量举借公债。其他资本主义国家为进行战争，争夺国际市场，也相继在荷兰发行债券。公债作为取得财政收入的一种形式，首先在荷兰牢固确立起来。此后，由于英国海上力量迅速扩大，击败了西班牙和葡萄牙，取代了荷兰的地位，加之国内工场手工业的崛起，英国成了世界上最强大的国家。公债的发行中心从荷兰移到英国，并迅速在整个欧洲流行开来。总之，在 1929 年之前的资本主义自由竞争阶段，战争是政府举债的主要原因。

---

① 类承曜：《国债的理论分析》，中国人民大学出版社 2002 年版，第 23、24 页。

20 世纪 30 年代以后，资本主义国家普遍推行凯恩斯主义，实行赤字财政政策。各国通过发行公债来扩大财政支出，使潜在的货币购买力转化为现实的货币购买力，以刺激总需求，促进经济增长。在第二次世界大战后发达资本主义国家的财政实践中，公债政策是财政政策的重要组成部分，从而导致这一时期公债规模的扩大。

公债之所以在资本主义时代而不能在资本主义之前大规模发展，其主要原因有：

（1）对外扩张的需要。从历史上看，公债制度在资本主义国家的形成和发展，是与保证其对外扩张的需要相联系的。马克思指出："殖民制度以及它的海上贸易和商业战争是公共信用制度的温室。"[①] 殖民制度和海上贸易，以及为促进经济发展而进行的大规模基础设施投资，使得国家财政开支不断膨胀，仅靠税收难以满足财政支出的需要，因而公债的规模不断扩大，成为政府重要的收入形式。如在两次世界大战中，几乎所有的交战国都大量举债。

（2）资本主义的生产关系以及反映资本主义意识的个人主义。在封建社会或奴隶社会，封建君主拥有至高无上的权力。不仅对居民有生杀予夺之权，国家的所有土地、财产也完全归其所有，封建君主可以动用国内任何财富，而无须依赖于借贷。借贷是一种平等的行为，将封建君主摆在与人民平等的地位，在封建社会或奴隶社会是绝不能接受的。只有当资本主义获得大发展之后，把政府和人民个人作为平等的经济利益单位的观念方可产生，政府与人民结成债权债务关系的经济现象才可能出现。

（3）剩余产品增长，闲置资本扩大。公债的发展要求社会上有足够的剩余产品和充裕的闲置资金，这一条件只有到了市场经济较为发达的资本主义社会才得以满足。资本主义的发展积累了大量的货币资本，从而为公债的发行提供了经济基础。信用制度的发展则保证了社会闲置资金能够顺利转移到政府手中，保障了公债制度的有效运转。

（4）金融机构和证券市场的形成和发展、信用制度的完善是发行公债必需的技术条件。政府往往通过特定的金融机构来发行公债，利用货币信用来满足其特定的支出需要。政府的这种信用借贷行为，必然要求有完善的金融机构和信用制度。只有这样，才能有效提高公债运行的效率，达到发行公债的预期效果。此外，公债不仅依附于现代信用制度，而且还能动地促进了现代信用制度的发展。

20 世纪 70 年代以来，公债的发展早已远远超过了发达资本主义国家的范围。不管社会制度怎样，不论经济发展水平如何，包括社会主义国家以及发展中国家在内的几乎所有国家，无不将公债作为政府财政资金的重要来源及调节经济的重要手段。虽然由于具体国情的不同，各国运用公债的规模与程度有着这样或那样的差异，但在将公债作为筹集财政资金的重要形式以至发展经济的重要杠杆这一点上，却存在着高度的一致性。更值得提及的是，像沙特阿拉伯这样的曾宣布"与举债一刀两断"的产油富国，在重新认识到公债对于经济发展的重大作用之后，于 1987 年举债。在现代，公债是政府干预经济的一个重要手段。实际上，在现代社会中，公债规模迅速膨胀的主要原因正是政府职能范围的扩大，以及对经济干预程度的不断加强。总之，如今公债不仅具有筹措资金克服财政困难的短期功效，而且具有改善资源配置、平抑经济波动、促进经济发展等长期功效，是加速社会经济建设的重要财政手段。当今各国的政府财政已经离不开公债的支持，公债已经深入财政预算的血肉之中。

---

① 马克思：《资本论》第一卷，人民出版社 1975 年版，第 822 页。

1.4.2 我国公债发展的历程

我国具有当代特点的公债产生于19世纪下半叶。1865年清朝政府向英格兰银行的借款，标志着我国对外公债的产生，当时借款的主要目的是对内镇压农民起义和对外支付战争赔款。1894年清朝政府的“息借商款”，标志着对内公债的产生，此项借款是为了应付甲午战争的军费需要。我国历史上第一次发行公债券是在1898年，即清政府为筹措《马关条约》第四期对日赔款，发行的“昭信股票”。北洋军阀时期共发行过公债27种。国民政府从1927—1936年共发行公债45亿元。从抗日战争开始到1949年，共发行31种债券，包括救国公债券、国防债券、建设债券等。在我国新民主主义革命过程中，为了弥补财政收入的不足，各根据地人民政府发行过几十种债券。

新中国成立以来，我国公债的发展历程可以分为三个阶段：

（1）1950年发行的“人民胜利折实公债”。新中国刚成立之时，通货膨胀非常严重。为了平衡财政收支，制止通货膨胀，稳定市场物价，中央政府发行了“人民胜利折实公债”。中央人民政府颁布的《1950年第一期人民胜利折实公债条例》规定：人民胜利折实公债的推销对象，主要是大中小城市的工商业者、城乡殷实富户和富裕的退职文武官员，体现了合理负担的政策。为了保护公债购买者的经济利益不受通货膨胀的影响，公债的募集与还本付息采用了“折实”形式，将公债面额按实物计算单位定名为“分”。

每分公债的价值按照当时上海、天津、西安等六大城市的大米6市斤、面粉1.5市斤、白细布4市尺和煤炭16市斤的批发价格加权平均计算。发行总额定为2亿分，计划分两次发行。实际上发行了1亿分，折合人民币3.02亿元。这次发行的折实公债从1951年起分5次偿还，第一次偿还10%，以后每年增加5%，第五次还30%，于1956年11月30日全部还清。

通过发行人民胜利折实公债，大批货币回笼，预算赤字迅速减少，市场物价得到平抑，国民经济逐渐恢复。这一方面为新中国集聚了财力，另一方面也为政府组织收入提供了宝贵的经验。

（2）1954—1958年发行的“国家经济建设公债”。从1954年起，为了适应大规模经济建设的需要，国家开始发行“国家经济建设公债”。由于当时通货膨胀已经得到有效控制，物价也趋于稳定，因此“国家经济建设公债”以货币公债代替实物公债。当时国家计划连续5年每年发行数额为6亿元的公债。每年发行的公债一般占当年基本建设支出的4%~7%。

这五期国家经济建设公债具有以下特点：

第一，在推销对象上，在城市重点是以工人、店员、机关团体干部构成的职工阶层，其次是以私营工商业、公私合营企业的私方构成的工商业者阶层，在农村是广大农民。

第二，在管理办法上，继1954年财政部委托中国人民银行办理公债的印刷、发行、经收债款、还本付息、债券收回、销毁等事务后，次年又出台了对提前购买债券者给予贴息、免征利息所得税等优惠措施。

第三，在发行办法上，从1956年起，国务院强调公债推销要坚持自愿认购的原则，对城市职工和工商界阶层仍采取一次认购、一次缴款或分期缴款的方法，对农民仍采取随认购随缴款的方法。

第四，在还本付息方式上，各期公债年息一律4厘，除1954年的公债分8年作8次偿还外，其余各次则从第二年开始分 10 年作 10 次偿还。

五期公债的成功发行，为国家经济建设提供了巨额资金。但新中国公债在迈出了成功的第一步后，很快就跌入了“低谷”。1965 年初，我国政府提前还清外债，1968 年底全部还清内债。此后直到 1981 年的 23 年中，我国政府没有发行过公债。

（3）1981 年以后开始发行的公债。十一届三中全会以后，国家开始实行改革开放的政策，我国进入大规模经济建设时期。

1981 年年初，为确保按照当时预算编制办法实现财政收支平衡，国务院决定发行国库券和借用地方财力来弥补预算赤字。1981 年发行国库券的主要目的是：把由于扩大企业自主权而分散出去的财力重新集中起来，因此，对象主要是国有企业、集体企业、企业主管部门和地方政府，其他单位和个人也可以自愿认购。1982 年计划发行国库券 40 亿元，实际发行 43.83 亿元。1985 年，国库券计划发行额由 40 亿元增加到 60 亿元，实际发行 60.61 亿元。

1987 年为试行公债“借用还”统一的原则，发行利率为 6%、金额为 54 亿元的重点建设债券。1988 年国库券的计划发行数由 60 亿元增加到 90 亿元，实际发行 92.16 亿元。1989 年由于物价上涨，国家发行保值公债，以保护投资人的利益。为了区别于对企业和个人发行的公债，财政部将原来对企业发行的国库券改为特种公债。1990 年，由于银行存款利率有所提高，财政部相应将三年期向个人发行的国库券利率提高到 14%，向企业发行的五年期特种公债的利率提高到 15%。

1991 年，公债发行采取承购包销的方式。1992 年，财政部将全部公债的发行任务分解到各省级地方政府，由其证券中介机构承购包销合同。1993 年，国债发行时确定的票面利率和当时二级市场的收益率相差较大，公债发行出现困难。

1994 年实行新的财税体制后，我国公债发行量有了快速增长。此后连续几年，每年的增长速度都超过了 20%，1998 年，公债的实际发行额达到了 3 891 亿元；1999 年的公债发行额为 3 715 亿元；2004 年的公债发行总规模则达到了 7 072 亿元。[①] 2009 年为拉动经济增长，我国公债（主要指国债）发行总规模达到 1.6 万亿元。

专栏

日本公债的发展历程

自明治维新以来，日本就在实行赶超西方先进国家的战略。第二次世界大战结束以后，日本经过近 30 年的努力，跻身发达国家行列。但日本公债的发展历史较短，自 1965 年才开始发行公债。日本的公债发展根据其主要的发展目标，大致可分为 1974 年以前和 1974 年以后两个阶段。

1974 年以前，公债的发行量不大。即便是在 1972 年经济不景气，政府采取了扩张性财政政策时，中央财政的公债依存度也仅为 16.3%，其他年份公债依存度控制在 10% 以下，1969、1970 年度仅为 5% 左右。这一时期公债政策的主要目标是：压低公债成本同时以公债为中心形成低利率机制，保证高速增长期的产业资金供给。

① 牛淑珍、杨顺永：《新编财政学》，复旦大学出版社 2005 年版，第 248 ~ 250 页。

1975年以后，日本政府全面调整了以往的公债政策。公债发行规模迅速扩大，实行了以公债利率市场化和扩大发行流通市场为中心的政策转变。[①] 经过20世纪80年代的重建财政，日本中央财政对公债的依赖程度由20世纪70年代末的34.7%（1979年度决算数字），降低到80年代末的10.1%。进入90年代以后，财政对公债的依赖程度再次上升。从1993年到1998年，中央经常性财政收入对公债的依赖程度均在20%以上，1995年度曾高达28%。

从公债发行的规模来看，从1992年开始，建设公债发行量呈大幅度上升趋势；1993—1998年的6年间，单年度的公债发行量超过20世纪80年代任一年度的发行规模，尽管如此，仍然不能满足财政开支扩大的需要。于是，从1994年起，日本政府重新开始发行公债。1996年发行的公债达11万亿日元以上。在这期间，日本公债余额迅速膨胀，1989年年末约为161万亿日元，相当于同年GDP的39.6%；到1998年年末，国债余额将近279万亿日元，约相当于同年GDP的53.7%。

20世纪90年代以来，日本经济陷入"资本泡沫"破灭后的长期萧条期。这一时期的财政政策，总体上讲是扩张性的。政策的主要措施是扩大公债发行、减税、扩大公共投资和增加社会保障支出。1991—1998年，普通公债余额的年均增长率达6.6%，大大超过同期日本国内生产总值的增长率。这些只是中央经常性财政发行的普通公债部分。除了普通公债之外，还有出资公债、交付公债、政策性金融机构以及各种特别会计发行的政府担保债和借款等，如果将这些也计算在内，1998年年末，日本中央政府的长期债务余额已经达到389万亿日元。[②]

资料来源：陈志勇主编：《公债学》，中国财政经济出版社2007年版，第8～9页。

复习思考题

1. 什么是公债？
2. 公债与税收和私债有什么区别？
3. 简述公债与赤字的关系。
4. 简述在公债发展的各个阶段政府举债的主要原因。

① 冯健身：《公共债务》，中国财政经济出版社2000年版，第220～223页。
② 刘辉、马通：《国债管理》，南开大学出版社2005年版，第388页。

第2章 DIERZHANG

公债的种类

几百年来，随着市场经济的发展，公债经历了由简单到复杂，由单一到多样化的演进过程。当今社会几乎所有国家的公债都是由许多不同性质、不同特征的债种组成的。为了充分而有效地运用公债，建立合理的公债结构无疑是十分重要的。本章主要介绍公债的种类与结构。

2.1 发达国家公债的分类

2.1.1 发达国家政府债务常见的分类方法

公债的分类可以有不同的依据，但必须按照不同公债的性质和特点，对公债进行科学分类。

1. 按公债承购人管辖权的不同可将公债划分为国内公债和国外公债

目前，国际货币基金组织（IMF）和大多数国家政府均以债权人是否为本国居民作为区分国内公债和国外公债的根本依据。国内公债（internal public debt）简称“内债”，是指面向本国居民或在国内发行的公债，国内公债一般表现为债券形式，即由政府印制的表示债权债务关系内容的有价证券，政府按照规定的程序和方式，在国内办理公债的发行和还本付息事项。国内公债是一国公债总额的主要组成部分。国外公债（external public debt）简称“外债”，是指面向非本国居民或在国外发行的公债，国外公债的表现形式有国际债券和对外借款，其借贷方式既可以经双方约定成立，也可以在国际市场上直接或委托发行。政府间借款通常采用契约借款方式。通常意义上的外债是指一国所有的对外负债，既包括国外公债，也包括国外私债（见第10章）。这里的外债特指国外公债，即由财政部门统借统还的那部分外债。国外公债的规模一般低于国内公债。

国外公债与国内公债的根本区别在于发行区域或债权人的居留地不同，即债权人是否具有居民身份。根据国际货币基金组织的观点，居民是指在一个国家的经济领土内具有一定经济利益中心的单位。它以经济利益中心为判断依据，是一个经济概念。因为某人或机构只要长期居留在本国，就会通过从事生产、交易、消费活动而形成一定的利益中心。为简单起见，实践中常常以居留地作为判断居民的标准。居民可分为个人居民和非个人居民两大类。

个人居民是指那些长期居住在本国的自然人。国际货币基金组织规定，移民属于其居住国的居民，逗留时间在一年以上的留学生、旅游者也属所在国的居民，但官方外交使节、驻外军事人员一律不属于所在国的居民。非个人居民包括政府、非营利性组织和企业，即各级政府、非营利机构均属所在国的居民。企业无论其所有制性质如何也属于从事经济活动所在国的居民，但跨国公司的海外分支机构则属于其注册国的居民。联合国、国际货币基金组织、世界银行等国际性机构则是任何国家的非居民。在国际经济领域中，居民（resident）和公民（citizen）是两个容易混淆的概念，二者虽然在范围上有很大程度的重叠，但本质完全不同。

发行和偿还国内公债反映一国经济资源在国内不同使用者主体之间的转移，并不直接影响一国的经济资源总量；在三部门经济中，这等于是政府向企业部门和居民部门融资。从整体上说，这相当于公众“自己给自己借款”。因此内债的关键是处理好局部与整体的关系、当前利益与长远利益的关系。而发行和偿还国外公债则对一国一定时期的经济资源总量产生影响，因为国外公债发行时会增加本国可支配的经济资源，还本付息时会减少本国可支配的经济资源，引起资源在国际间的转移。因此，外债还要考虑本国的利益关系。政府一般要根据本国国情确定国内公债和国外公债的发行规模。世界各国和地区的社会经济状况、经济发展模式均相差极大，因而其内外债结构也不尽相同。1992 年部分国家内外债结构如表 2－1 所示。

表 2－1　　1992 年部分西方国家的内外债结构表

（单位：%）

项目 国别	内债	外债	项目 国别	内债	外债
美国	80.64	19.36	英国	82.57	17.43
德国	7.72	26.28	加拿大	75.49	24.51
法国	57.39	42.61	瑞典	54.25	45.75
意大利	26.27	73.73			

注：本表数据包括国外居民和本国个人居民持有的公债。

资料来源：［美］莫里斯·戈德斯坦、戴维·福克兹·兰道：《国际资本市场发展、前景和主要问题》（中译本），中国金融出版社 1995 年版，第 42～43 页。

2. 以偿还期限为标准，可将公债划分为短期公债、中期公债和长期公债

公债的偿还期限（debt maturity）是指公债从发行之日起至本金全部清偿为止的时间间隔。虽然中、长、短期公债各国并无统一的标准，但目前世界各国通行的划分标准为：

偿还期限为 1 年或在 1 年之内的公债为短期公债（short－term debt）。短期公债主要用于平衡预算年度内因财政收支进度差异而出现的短期收支缺口，即因政府预算在年度执行过程中发生收不抵支的现象而举借，如在某些月份或季度预算支出大于预算收入，而另一些月份或季度预算收入大于预算支出，此时发行短期公债就可以起到调节预算收支进度的季节性差异的作用。其形式一般有短期公债券及向银行临时借款两种。短期公债券是指政府为筹集短期资金而发行的债券，具体包括国库券和预付税款券两种形式；临时借款是政府承诺在短期内偿还而向银行临时借入的款项。临时借款并不等同于财政向银行透支，前者必须在短期

内偿还，后者常常是长期甚至无期借款。如美国财政部虽不可向联储透支，但联储却负有向财政部提供短期贷款的义务。短期公债目前在世界各国公债总额中的比重都比较大，且有日益增长的趋势。

偿还期限在 1 年以上 10 年以内的公债为中期公债（medium - term debt）。中期公债的作用与短期公债不同，是用于弥补整个预算年度的财政赤字，或增加财政调控能力而举借的；中期公债的形式主要是由政府发行附有息票的公债券，如美国联邦政府发行的财政部债券以及我国 20 世纪 50 年代发行的人民胜利折实公债、国家经济建设公债等都属于中期公债。由于中期公债发行的目的与公债的基本功能相一致，因而中期公债在各国公债总额中也常常占有较大比重。

偿还期限在 10 年或 10 年以上的公债为长期公债（long - term debt）。长期公债通常在国家遇有重大危机，如战争或经济危机或进行大型经济建设投资等需要巨额的资金支付，而政府财政在数年之内又无力偿还的情况下发行，其形式主要表现为有期的长期公债和无期的长期公债两种。有期的长期公债是指它的偿还期限虽在 10 年以上，但规定有具体的偿还时间，到期必须进行本息的偿付，这种债券与短期公债和中期公债并称为有期公债（temporary debt）；无期的长期公债，亦称永久公债（perpetual debt），是指公债不规定还本期限，平时仅按期支付利息，债券持有人有权按期取得利息，但无权要求清偿。如英国在 19 世纪发行的统一公债（consolidated debt）即是一种永久债券；政府发行无期公债可完全避免债券到期，财政却因存在困难而无力偿债的可能。当然，永久公债并不意味着肯定不会偿还，在财政状况较好的情况下，政府也可以通过在市场上赎买的办法将其注销，但在法律上政府只有按期付息的责任。由于这种公债大多可流通转让，持有人可随时将其在市场上抛售而收回投资。

除了以 10 年期作为中期公债和长期公债的划分标准以外，也有国家如日本、德国，以 5 年作为划分标准。事实上除短期公债是用于财政临时的资金周转外，中期公债和长期公债在发行目的上差别并不十分明显，一方面用于弥补年度预算赤字，还可为建设周期较长的项目基础设施和重点建设项目筹措资金，如经济建设公债，因而二者的划分标准为 5 年或是 10 年并无大碍。通常中期公债和长期公债也统称为中长期公债。

3. 以发行主体为标准，可将公债划分为国家公债和地方公债

国家公债亦称"国债"（national debt），是指由中央政府发行的公债。它是作为中央政府弥补财政收不敷支的手段而发行的，其收入列入中央政府预算，由中央财政使用和偿还。因此，国债和公债的外延不同，将国债与公债混同或用国债代替公债都是不正确的。当然，国债通常占一国公债总额的较大比重，是公债的主要组成部分。地方公债亦称"地方债"（local debt），是指由地方政府发行的公债。它是作为地方政府弥补财政收支差额的手段或财政收入的一种形式而发行的，其收入列入地方政府预算，由地方政府安排使用。如美国州和地方政府发行的市政建设债券，就属于地方公债。新中国成立后，东北人民政府经政务院批准，也曾于 1950 年发行"东北生产建设折实公债"。

除发行主体不同外，国家公债和地方公债还存在着如下区别：

（1）就对经济的影响而言，国债的发行、流通、使用和偿还要考虑到国民经济的整体利益和全局利益，要有利于整个国家宏观经济政策的实施；地方公债则主要是从本地区社会经济发展的需要出发，其影响主要限于局部区域。

（2）就偿债资金的来源而言，国债的使用主要考虑的是国民经济的社会效益和整体效益，直接经济效益并不明显。因此，国债偿还的资金来源主要是借新债还旧债和税收；地方公债资金主要用于本地区供水、供电、公路交通等市政建设，投资具有一定的经济效益，地方公债大多依靠税收和项目投资收益予以偿还。

（3）就发行规模而言，由于中央政府在管理公共事务中承担较大的职责，其经济和社会影响力遍布全国；它有更大的征税权，还可以通过其他手段，如行政摊派、实施宽松的货币政策等来配合国债发行，必要时还可直接向中央银行透支获得偿债资金。因此，国债规模可以很大；地方政府没有中央政府那样的宏观控制能力，征税权也非常有限，因此地方公债的规模常常较小。

（4）就金融属性而言，由于中央政府有很高的信誉，国债被看做无偿还风险的“金边债券”（gilt - edged bond），常常作为中央银行公开市场操作的工具，其利率也成为金融市场的基准利率，地方政府由于信誉相对较低，所发债券数量少、流动性差，其在金融市场中的地位和市场表现近似于信誉较高的私债。美国各级政府债务在公债总额中的比重如表2 - 2所示。

表2 - 2　　美国各级政府债务在公债总额中的位置　　（单位：%）

年份＼项目	联邦政府债务	州政府债务	地方政府债务	总　计
1950	91.44	1.9	6.7	100
1955	86.1	3.5	10.4	100
1960	80.3	5.2	14.4	100
1965	76.2	6.4	17.4	100
1970	71.6	8.2	19.6	100
1975	71.1	9.5	19.4	100
1980	73.2	9.7	17.1	100
1985	76.3	8.8	14.9	100
1990	79.2	7.7	13.1	100
1991	80.1	7.5	12.3	100
1992	80.8	7.4	11.8	100

注：美国的地方公债特指州以下的政府（市、县、镇及学区）发行的公债。

资料来源：财政部《财政制度国际比较》编写组：《美国财政制度》，中国财政经济出版社 1999 年版，第 91 页。

4. 以流通与否为标准，可分为可转让公债和不可转让公债

可转让公债是指可在金融市场上，主要是证券交易所自由流通买卖的公债，亦称上市公债（marketable debt）。认购者在购入这种公债后可随时根据本身的资金需求状况和金融市场行情，将债券拿到市场上出售或转让他人。换言之，这种公债的认购者不一定是债券的唯一或最终持有者。所谓“转让”包括两层含义：一是在范围上仅指法律允许的各种交易行为，包括在交易所内进行的交易、松散的柜台交易和贴现，但不包括违法的“黑市”交易；二

是在交易主体上，交易各方限于债券投资者和中介机构，不包括发行市场中财政部门（或其委托的承销商）与投资者之间的买卖关系。这两点是划分可转让公债和不可转让公债的根本依据。各国目前大量发行的大都是可转让公债，在西方各国中可转让公债往往占全部公债总额的 70% 左右。可转让公债通常包括国库券、中长期债券、指数化债券、浮动利率债券和预付税款券等。

不可转让公债是指不能在金融市场上自由流通买卖的公债，亦称不上市公债（non - marketable debt）。认购者在购入这种公债后，即使遇有资金急需，也不能将债券及时拿到市场上脱手转让，兑付现金。但通常可在持有一定期限后向政府要求提前偿还，但此时所获利息会大大减少。也就是说，这种公债的认购者就是债券的唯一或最终持有者。

金融市场的发展和深化对金融工具的流动性提出了较高的要求，目前各国公债都是以可流通转让公债为主的。但另一方面，由于许多不可转让公债具有某些特殊之处，如有的能够满足部分投资者的赢利需求，有的能够为政府迅速筹集到大量资金，因而这种公债也是各国公债总额的重要组成部分。目前，不上市公债在许多国家公债总额中的比重约为 25% ~ 35%，少数国家（如德国）可高达 40% 以上。不可转让公债按发行对象大致可分为两类：对居民个人发行的储蓄债券和对特定金融机构发行的专用债券。美国公债的上市状况如表 2 - 3所示。

表 2 - 3　美国公债的上市状况表　（单位：亿美元，%）

年份 / 金额及比例 / 种类	1975		1984		1995		1996		1997	
	金额	占比	金额	占比	金额	占比	金额	占比	金额	占比
联邦公债总额	5 766	100.0	15 723	100.0	49 887	100.0	53 232	100.0	44 024	100.0
有息公债	5 757	99.8	15 596	99.2	49 644	99.5	53 172	99.9	54 999	99.9
上市公债	3 632	63.0	11 766	74.8	33 072	66.3	34 417	64.7	34 568	62.8
国库券	1 575	27.3	3 563	22.7	7 607	15.2	7 744	14.5	7 304	13.3
中期公债	1 671	29.0	6 817	43.4	20 103	40.3	21 123	39.7	21 061	38.3
长期公债	386	6.7	1 581	10.1	5 212	10.4	5 550	10.4	5 873	10.7
指数公债									330	0.6
不上市公债	2 125	36.9	3 830	24.4	16 572	33.2	18 755	35.2	20 381	37.0
政府账户系列	1 194	20.9	2 595	16.5	13 300	26.7	15 544	29.2	16 966	30.9
州和地方政府系列	12	0.2	414	2.6	1 045	2.1	1 013	1.9	1 241	2.3
储蓄公债和国库券	679	11.8	731	4.6	1 819	3.6	1 824	3.4	1 812	3.3
国际债券	216	3.7	88	0.6	408	0.8	374	0.7	362	0.7
可转换公债	23	0.4								
无息公债	16	0.3	12	0.1	243	0.5	60	0.1	75	0.1

注：因数据的来源和处理方法不同，表中数据的加总和占比的计算结果存在一定误差。

资料来源：Federal bulletin，10 vol，1998。

5. 以举债方法为标准，可将公债划分为强制公债、爱国公债和自由公债

所谓强制公债，是指政府不考虑认购者是否愿意，而利用政治权力强行发行的公债。这种公债一般是以认购者的财产或所得为计算标准，强制分摊认购，也可以公债券代替货币作为政府部门雇员的薪金或用于政府的商品采购支出。从形式特征上看，一方面，强制公债丧失了自愿性而具备了强制性，从而与税收极为相似；另一方面，强制公债又具有税收所没有的有偿性和灵活性，决定了它本质上仍是一种公债而不是税收。19 世纪时，德国和比利时政府都曾发行过强制公债；第一次和第二次世界大战期间，美国、英国和加拿大政府为了筹集战争军费，也曾分别发行强制摊派的战时储蓄公债。这种公债不仅会剥夺公众的自由意志，而且容易造成负担的不公平。除在紧急需要货币资金的战时等特殊情况下，各国偶尔发行外，一般已很少使用。

所谓爱国公债，是指政府利用认购者的爱国热情和政治觉悟，而不是利用其对经济利益的追求所发行的公债，亦称“准强制公债”。这种公债多在战争或其他财政发生特殊困难的条件下发行，其发行利率一般较低，人们通常不是将其作为投资对象加以认购，而是把它与爱国、帮助国家渡过暂时财政困难联系在一起，对公债本身所具有的价值则考虑较少。如第二次世界大战期间，各参战国在国内发行的公债就多半属于爱国公债的类型。我国 20 世纪 50 年代发行的人民胜利折实公债和国家经济建设公债，实质上也具有爱国公债的特征。但是，这种公债政府只可在特殊情况下偶尔采用，不宜将此作为经常或长期性的举债之策。原因在于，认购者的爱国热情和政治觉悟虽可支配其行为于一时，但不能维持长久。如苏联最初发行的公债都是爱国公债，但随着时间的推移，以“爱国”为名义发行的公债实质上后来都向强制公债转化了。

所谓自由公债，是指政府依据市场经济的要求所发行的由认购者自主决定认购与否的公债，也称为任意公债和普通公债。这是公债最普遍的形式。公债既然是一种信用形式，就应以借贷双方自愿互利为基础，按一定条件结成债权债务关系。或者说，公债的发行在正常情况下必须建立在认购者自愿承受的基础上。目前，世界各市场经济国家发行的公债大多采用这种类型，因为只有自由公债才具备完整的公债形式特征。

2.1.2 可转让公债和不可转让公债的种类

1. 可转让公债的种类

（1）国库券。国库券（treasure bill）是政府（通常是中央政府）为解决年度内预算资金的周转失灵而发行的债券。国库券在有些国家有不同的称谓，如在澳大利亚被称为国库票据（treasure note），在日本被称为预算券（finance bill），在加拿大被称为现金管理券（cash management bill），等等。

国库券是短期公债的最主要形式，其期限和面额灵活多样。如美国的国库券主要有 13 周、26 周和 52 周三种期限，面额有 5 000 美元、10 000 美元、15 000 美元、10 万美元和 100 万美元等；英国国库券的期限统一定为 91 天，面额为 1 万英镑和 5 万英镑。

国库券一般不记名，基本上都是零息债券（zero - coupon bond）。这种债券不按期付息，券面上只有票面金额而不载明利率。但出售时按票面金额打一定折扣发行，折扣率按当时的市场利率灵活确定，到期按票面金额十足还本，等于预扣利息。例如，票面金额为 10 000 元的国库券，6 个月到期，按九七折发行，认购者只需付 9 700 元即可买到票面金额为

10 000 元的国库券，到期还本 10 000 元，等于预扣利息收益 300 元，合年利率为 6.18%。国库券的特点是：第一，它安全可靠。国库券是政府的直接债务，只要不发生特大意外事故，到期马上可以还本，投资风险最低；第二，它的流动性高，国库券在金融市场上随时可以出售变现，当投资预期发生变化或遇有资金急需时可及时脱手，有“仅次于现金的凭证”之称；第三，国库券是一种可以带来利润的资产，发行时打折扣买入，到期十足还款，二者的差额便是投资收益；第四，国库券的面额多样，可大可小，无论是资本实力雄厚的富商，还是持有零散资金的一般居民，都可在国库券上投资。正因为如此，国库券为货币市场投资者广泛接受，在货币和信贷资金的融通活动中占有重要地位，是各国货币市场上主要的流通工具。

国库券发行的目的主要是调剂政府财政收支过程中的季节性资金余缺，亦称“政府现金管理”。由于政府财政收入流入国库的速率和财政支出进行的速率存在短期不平衡，即使全年财政预算是平衡的，但在个别月份或季度仍有可能产生财政收不抵支的现象，此时，发行期限在一年以内的国库券便成为各国政府资金调剂的重要手段。正因为其发行不会影响整个预算年度的财政平衡，其性质不是弥补财政赤字，而只是解决暂时用款困难，故被冠之以“国库券”之名。目前，主要西方国家短期公债绝大部分是国库券，各国国库券发行额巨大，国库券已成为政府重要的筹资渠道。

发行国库券会对经济产生影响。总的来说，国库券的发行对经济产生扩张性或膨胀性的影响。这是因为：首先，国库券具有较高的流动性，其流动程度在各类资产中仅次于货币，并因此享有“准货币”的美誉，在一定程度上发行国库券就相当于增发货币；其次，在市场资金供给量一定的条件下，大量发行国库券会使短期资金需求相对大于供给，而长期资金供给相对大于需求，造成长期利率相对降低，进而刺激投资和消费的增加；最后，国库券是商业银行的主要投资对象和中央银行调节货币供给量的主要工具，发行国库券可在很大程度上导致银行信用规模扩大，必然导致经济扩张。

（2）中长期债券。中期债券，有些国家称为“财政部债据”。长期债券，亦称“政府债券”。也有的国家将中期债券和长期债券统称为“政府债券”。实践表明，各国中长期公债的期限都以中期为主，如 20 世纪 80 年代以来美国中期公债的余额占到全部公债余额的 40% 左右，1995 年德国 5～10 年期公债余额则占到全部上市公债的 53.91%。这是因为，尽管公债期限越长，政府占用资金的时间也越长，但期限越长不仅会提高公债的利率，也会加大政府债务管理的难度。

中长期债券分记名式和不记名式两种。记名式券面写明债券所有人的姓名，在债券转让时需作转让登记；不记名式券面不书写姓名，以债券持有人为所有人。它们一般采用附息债券（coupon bond）的形式。利息率通常高于国库券折扣率，债券以面值发行，券面上附有息票（coupon），息票上载有利息兑付的时间和金额，债券持有者可定期将息票剪下兑付利息。中长期债券采用分期支付利息的方式，其原因在于，债券期限越长，市场剧烈波动的可能性就越大，分次付息既能避免长期市场风险，又可以使投资者根据市场情况进行再投资，付息债券正因为其良好的灵活性而得到长线投资者的青睐。

中长期债券与国库券的发行目的不同，中长期债券的发行目的不是用于弥补预算年度内季节间财政收入的淡旺差额，而是为了实现整个预算年度的财政收支平衡。无论发行中长期债券的初衷是筹集建设资金，还是执行调节经济政策，或是基于其他方面的考虑，都表现为整个预算年度财政收支的平衡。这也正是中长期债券的期限超过 1 年甚至长达几十年的原因所在。中长期公债的上述功能使之成为目前西方各国政府重要的筹资工具。

发行中长期债券对经济影响可从三个方面来考察：首先，发行流动性较低的中长期债券换取流动性最高的货币，当略去政府将公债收入转为财政支出的影响时，等于在一定程度上减少货币供给量；其次，较长期债券的承购者主要是非银行金融机构和居民个人等，其发行一般不致引起银行信用扩大，同时多发行中长期债券导致短期债券的发行相对减少，也会在一定程度上导致银行收缩信用；最后，在市场资金供给量一定的条件下，大量发行较长期的债券，会使长期资金的需求相对大于供给，而短期资金的供给大于需求，从而抬高长期利率。由于长期利率较之短期利率对投资和消费需求的影响更直接，因而将导致投资和消费的下降。所以，总的来说，中长期债券的发行对经济的影响一般是紧缩性的，或至少是非扩张性的。

中长期债券是各国资本市场上主要的流通工具，在长期资金的融通活动中居于重要地位。这是因为它和国库券一样，都是政府的直接债务，而政府债务几乎没有不能还本付息的风险，是一种具有高度安全可靠性的投资。虽然它的期限较长，流动性低于国库券，但投资者在投资预期发生变化或遇有资金急需时，往往也可及时在金融市场上兑现。特别是其利息率一般远远高于国库券的折扣率，收益较之国库券更为可观。所以，中长期债券便成为资本市场上人们广为接受的投资对象。

（3）浮动利率债券。浮动利率债券（floating - rate bond）又称可变利率债券（variabl - rate bond），是指票面利率随某一市场利率变动而变动的债券。浮动利率债券一般属于中长期附息债券。20 世纪 70 年代末期，许多工业化国家政府开始将浮动利率债券引入国内公债品种的设计中。

从利率设计的原理看，浮动利率债券的利率包括基本利率和浮动利率两部分，基本利率是指在任何情况下债券都具有的最低利率水平，浮动利率是指随市场利率水平而定期不断变化的利率水平。由于债券的票面利率钉住市场利率，当市场利率水平提高时债券的票面利息率也随之提高，反之亦然。在利率水平回落时期，这种债券有利于消除或弱化债券的利率风险，降低政府的筹资成本。在利率水平上升时期，这种债券有利于保护债券持有人的实际收益水平，对促进政府债券顺利销售、降低政府筹资风险具有积极的作用。

从利率决定的实践来看，浮动利率债券采用的是与市场利率相挂钩的利率决定机制。市场利率是成百上千种金融产品收益率的统称。由于每种收益率都只反映市场的某一局部，不能代表整体的“市场利率”，因此，各国浮动利率债券的利率都是在一个基本收益率的基础上附加钉住某一主要市场利率（prevailing rate）组成的。浮动利率债券的性质从根本上取决于参照利率（reference rate）的选择。其参照利率主要有以下三种：

货币市场利率。大多数国家所发行的浮动利率债券是以国内 3 个月的银行拆借利率为参照，每季付息一次，如爱尔兰、奥地利、比利时、葡萄牙、澳大利亚等国。

国库券拍卖利率。这是浮动利率公债最早采用的参照利率，于 1977 年由英国和意大利首次采用。各国选择的国库券拍卖利率的种类各不相同。如意大利选择债券付息前最近一次的半年期国库券拍卖利率为参照利率，半年付息一次。

二级市场的收益率。这种方法最早由丹麦和法国在 1984 年采用。丹麦选择剩余期限等于或略小于 3 年的固定利率债券的平均市场收益率为参照利率，每季付息一次；法国 1996

年以后选择剩余期限最接近 10 年的两种基准债券市场收益率的线性插补值（linear interpolation）作为参照，每季付息一次。

自 20 世纪 80 年代以来，许多西方国家都在积极尝试浮动利率债券。浮动利率债券在西方各国得到了普遍的发展（见表 2 -4）。虽然西方各国都普遍引进了浮动利率公债，但除了意大利（22.8%）、葡萄牙（26.9%）和希腊（35.3%）等少数国家外，大多数国家浮动利率公债的比重都非常小，固定利率债券仍占到各国中长期国内公债的绝大比重。其原因在于：一方面，尽管浮动利率债券在一定程度上确保公债的票面利率与市场利率水平基本一致，有利于债券推销，但利率的飘忽不定加大了债券市场定价的难度，因此在金融市场中浮动利率债券远不如固定利率债券交易活跃；另一方面，期货、期权和调期等衍生金融工具的出现也大大丰富了政府和投资者的风险管理手段，因而大规模发行浮动利率债券也并非十分迫切。

表 2 -4　20 世纪 70 年代末以来西方国家浮动利率债券在公债余额中的占比　（单位：%）

国别 \ 年份	1977	1980	1985	1987	1989	1991	1993	1995
澳大利亚								3.5
奥地利				6.4	9.4	11.0	7.9	6.4
比利时		0.1	2.1	1.7	1.4	1.6	2.3	10.0
丹麦			4.2	4.6	7.0	6.8	3.4	2.7
法国			4.2	4.6	7.0	6.8	3.4	2.7
德国						0.4	0.3	0.8
希腊						20.5	32.6	35.3
爱尔兰		0.8	5.0	3.6	7.8	8.6	5.5	4.7
意大利	4.6	13.6	41.6	41.9	33.1	30.3	27.9	22.8
日本			2.9	2.4	2.3	2.1	1.8	1.5
葡萄牙	26.3	60.4	55.0	50.8	54.3	45.4	38.9	26.9
英国	1.1	0.7					0.8	1.9

资料来源：Alessandro Missale，“pubic debt management”，Oxford University Press，1999，P. 64.

（4）指数化债券。指数化债券也称之为物价指数债券（price - index - linked），是指本金和利息随物价指数变化而变化的债券。指数化债券是各国政府为预防通货膨胀的风险而采用的一种新型债券。在物价持续上升时期，如果债券本息随物价变化而相应调整，会使债券持有人投资债券的实际收益不受物价变动的影响。指数化债券不仅可以保护投资者的利益，也促进了政府及时足额地筹集到所需资金。

各国指数化债券所钉住的物价指数既可以是消费价格指数（CPI），也可以是零售物价指数（RPI）或批发物价指数（WPI）。第二次世界大战以后世界各国所发行的指数化债券的类型如表 2 -5 所示。

表 2－5　　第二次世界大战以后各国指数化债券的发行情况

开始年份	国家	指数类型	开始年份	国家	指数类型
1945	芬兰	WPI	1981	英国	RPI
1952	瑞典	CPI	1983	意大利	—
1955	以色列	CPI	1985	澳大利亚	CPI
1955	冰岛	CPI	1989	墨西哥	CPI
1964	巴西	WPI	1991	加拿大	CPI
1966	智利	CPI	1994	瑞典	CPI
1967	哥伦比亚	CPI	1995	新西兰	CPI
1972	阿根廷	CPI	1997	美国	CPI－U①

注：CPI－U 指城市居民消费物价指数。

资料来源：易纲、吴任昊："指数化债券的实践与理论"，《财贸经济》，2001 年第 2 期，第 23 页。

指数化债券一般采用中长期附息债券的形式发行，其基本原理为：政府在债券发行时规定一个固定的收益率，然后根据每期的物价上涨指数对本金进行调整，并以本金的调整值为基础计算每期应付利息，债券期满后按最后一年本金调整值进行偿还。如以 M 表示债券本金的调整值，R 表示每年应付利息，r 表示预先确定的固定收益率，t 表示年份，RPI 表示物价指数，指数化债券每期应付利息的计算公式为：

$$M_t = M_{t-1} \times (1 + RPI)$$

$$R_t = M_t \times r = [M_{t-1} \times (1 + RPI)] \times r$$

上述方法将债券本金与物价指数挂钩，因而也被称为本金指数化债券（capital－indexed type），它是指数化债券最一般的表现形式。除此之外，一种是零息指数化类型（zero－coupon－indexed type），即债券的固定收益率定为 0，折价出售，平时不付利息，只在期满后按面值的调整值偿还；二是利息指数化类型（interest－indexed type），即债券到期后仍以面值偿还，但其每期所付利息根据物价指数进行调整。

在利率性质上，指数化债券与普通固定利率债券和浮动利率债券存在着根本区别，指数化债券的收益率与物价挂钩，这样就锁定了债券的实际收益率；而相比之下，普通固定利率债券虽然名义利率保持不变，但其实际利率则随未来物价指数的变化而变化；浮动利率债券虽然收益率保持浮动，但其钉住的是某一市场利率，债券的实际收益率也要受到通货膨胀的影响。这样看来，在物价指数发生变化的情况下，指数化债券是一种实际利率"固定"的债券，而普通固定利率债券和浮动利率债券则是实际利率"浮动"的债券。也正因为如此，指数化债券常常被称为实际利率债券，而普通固定利率债券和浮动利率债券则被称为名义利率债券。

与名义利率债券相比，指数化债券的优点主要表现在以下三个方面：

第一，降低公债投资的通货膨胀风险。指数化债券将债券的本金和利率与物价指数挂钩，避免了物价上涨对公债实际收益的侵蚀，保护了投资者的利益，也使得债券更具吸引力，这是指数化债券最基本的功能。

第二，降低政府的筹资成本。政府在确定名义利率债券的发行价格时，为了避免通胀风险，确保公债顺利推销，往往需要让与投资者一个“通胀风险补贴”（inflation premium），而指数化债券的发行价格则无需这种折扣。而且，一旦未来物价下跌，指数化债券的本息即可随之下调，可以直接减少政府的本息支付。

第三，显示了政府治理通胀的决心。在名义利率债券的情况下，政府有“人为”制造通货膨胀的倾向，因为即使通货膨胀不会刺激经济增长，也可减轻政府的实际债务负担。而发行指数化债券将大大弱化政府制造通货膨胀的动机，因为指数化债券的实际偿还负担是不会随着物价的上涨而减小的。正是在这个意义上，英国前首相撒切尔夫人将指数化债券称为“沉睡的警察”（sleeping policeman）。

指数化债券与浮动利率债券的相似是两者的名义利率都是不断变化的，这一特点降低了指数化债券的市场流动性。据纽约联储银行的统计，在 1999 年第二季度，指数化公债的每日交易量只占其未偿余额的 1.7%，而固定利率债券则达到 5%；十年期指数化公债的收益率平均每天变动 1.5 个基点，而固定利率公债则为 4 个基点以上；指数化公债收益率变动的幅度为 0.75 个百分点，而固定利率公债为 2.5 个百分点。

（5）预付税款券。预付税款券（advance tax bill）是一种临时性的短期公债。发行这种债券的目的是吸收企业准备用于纳税而储存的资金。

各国政府的所得税大多实行分季征收、年终汇算清缴的办法，如美国的联邦所得税就是一年征收 4 次，要求企业必须在规定的期限内足额缴纳税款。尽管它有利于征管，但对一些规模较大的企业而言，由于应税金额大，日常流动资金不能满足纳税需要，常常需要提前将税款准备好。这部分资金如果闲置不用，对企业便是一种损失。从政府方面看，让企业的税款能较均匀地流入国库，使政府在税收淡季也有充足的收入，到了纳税旺季，还可避免集中在一个时间纳税，过度收缩市场信用，无论从财政本身还是从整个国民经济着眼，都是有利的。而预付税款券正是为解决这个问题而设计的。企业可在税收淡季为储存纳税资金而事先以折扣价购入这种债券，债券到期日通常为各种重要税收的缴纳日，到税收旺季，即所得税集中缴纳之时，再用这种债券按票面额抵付税款。

预付税款券与国库券相比，二者的相同之处在于，都是短期公债，都以贴现方式发行，预扣利息，都具有良好的市场流动性。二者的不同之处在于，预付税款券的认购者主要是一些大型企业；国库券对宏观经济有需求管理之效，而预付税款券尽管本身也具有良好的流动性，但其目的是满足纳税需要而不是作为流动性资产，纳税企业很少频繁买卖，因而它的发行一般不会引起银行信用的扩张，对经济的扩张效应要大大小于国库券。此外，预付税款券有助于政府税收的均匀入库。

2. 不可转让公债的种类

（1）储蓄债券。储蓄债券（savings bond）是指专门用于吸收居民储蓄资金的债券，它是不可转让公债最重要的表现形式。储蓄债券因其特点鲜明已被世界各国普遍采用，有些国家储蓄债券曾一度占到本国公债总额的 40%。近年来，随着各国兼具流动性和收益性的新型债券不断涌现，金融市场流动性的增强，储蓄债券在各国公债余额中的比例开始呈下降趋势（见表 2-6）。

表 2-6　　1970 年以来储蓄债券在西方各国公债余额中的比例　　单位:%

国别 \ 年份	1970	1975	1980	1985	1989	1991	1993	1995
美国	13.9	12.3	8.0	4.2	4.0	3.6	3.8	3.6
英国	10.7	7.8	10.4	14.1	15.4	16.3	14.5	13.5
澳大利亚	—	5.4	10.8	10.8	4.8	1.1	0.2	—
比利时	9.2	7.5	4.3	1.7	1.5	1.2	0.8	0.9
加拿大	31.0	41.1	19.0	22.0	13.8	10.1	7.6	6.6
丹麦	9.3	2.7	0.9	0.3	0.2	0.2	0.2	0.2
法国	21.3	15.1	11.7	3.2	1.9	1.3	0.6	0.3
德国	0.5	3.8	5.2	3.4	3.6	3.0	3.1	3.9
爱尔兰	7.8	4.4	2.9	3.6	5.9	6.6	7.4	10.0
意大利	24.1	17.1	16.0	9.5	10.0	9.5	8.8	9.0
葡萄牙	0.9	0.7	0.4	0.7	7.5	13.7	21.3	21.3
瑞典	18.1	18.4	16.7	15.1	23.8	15.1	11.6	8.9

资料来源：Alessandro Missale, Public Debt Management, Oxford University Press, 1999, P. 69.

从历史上看，在金融市场发展不完善、债券流动性差的情况下，储蓄债券曾因收益率高而备受投资者的青睐。从发行期限看，储蓄债券的期限尽管各国不一，但大多期限较长，一般均在几年或十几年以上，1 年左右期限的极为少见。如澳大利亚为 7~8 年，美国为 8~10 年，德国为 6~7 年。不过，储蓄债券的期限与一般政府债券有所不同的是，储蓄债券的持有者拥有相当广泛的期限选择权（maturity option）。也就是说，这种债券的持有者在遇有急需资金或投资预期发生变化时，可不受债券期限的限制，而提前向政府要求兑现。这是因为，储蓄债券本身是不能转让的，而相对较低的流动性又是吸引居民家庭储蓄资金的不可或缺的因素。因此，允许持有者提前兑现，使储蓄债券具有一定程度的流动性，无疑会提高储蓄债券的吸引力。不过，为了避免过多的债券回流，特别是在发行后较短的时间内回流，各国对提前兑现往往有一定的限制条件。如规定必须持有一定期限方可要求兑现。从收益上看，为提高债券持有人提前兑付的机会成本，许多储蓄债券也采用了“浮动”利率，其中最常见的类型是递增利率（set - up fixed coupon），即债券在发行时即制定一张逐期递增的利率表，政府每期按照利率表支付相应的利息。不仅如此，英国从 20 世纪 70 年代中期开始发行指数化储蓄债券，促使投资者尽可能长期地持有储蓄债券。

储蓄债券的发行条件通常较为优厚，一是它的利息率较高，一般高于可转让公债和银行储蓄存款的利率；二是它的发行价格低于票面额，从中可得到一定的折价收益；三是它的利息收益可免缴或少缴所得税。

政府发行储蓄债券，一方面可以扩大财政资金的来源，使以获利为目的的中小投资者可以通过投资公债获得较高的收益；另一方面专门吸收个人储蓄资金，又可在一定程度上减少个人用于消费的资金，从而达到控制总需求、抑制物价上涨的目的。

（2）专用债券。专用债券是指各国政府专门向金融机构发行的不可转让债券，这种债券种类繁多，名称各异，如美国的“特别发行”（special issue）、德国的社会保险债据（promissory note）等债券均属此列。

专用债券是专门用于从商业银行、保险公司和养老基金等特定金融机构筹集财政资金的债券。它是不可转让公债的一种形式，如在美国的“特别发行”主要面向信托基金账户；德国的社会保险债务面向联邦劳工局、国家公务员退休和养老保险机构等社会保险机构发行。尽管近年来政府发债融资的渠道日益增多，但由于金融机构聚集着大量的资金，政府发行专用债券可以获得长期稳定的巨额资金，因而除英国、加拿大和瑞典等少数国家外，许多西方国家都发行这类债券，且这类债券在一些国家的公债余额中仍占有相当的比重。

与储蓄债券相比，专用债券的期限更长，有的长达 10 年或 20 年以上。如芬兰专用债券的期限为 10 ~ 15 年，荷兰的专用债券为 10 ~ 40 年。一般来看，这种债券也可在持有一定时期后，提前要求兑现，但兑现前持有的期限通常较长，要大大超过储蓄债券，最长可达十几年。

专用债券是专为从特定金融机构吸收资金而设计的，一般不向其他单位或个人推销，而且推销方法在许多国家都带有某些强制性。例如，美国联邦政府管理了 12 个信托基金账户。法律规定，信托基金的盈余资金必须用于认购专用债券，如在其经营过程中出现收不抵支，可通过出售债券进行弥补。西班牙的专用债券是以商业银行和储蓄银行的存款增加额为基础摊派发行的。

尽管专用债券属于不上市公债，但由于强制推销可能会引发金融机构的抵触情绪。因此，许多国家也允许这类公债具有一定的流动性，如德国的特种公债即可在有限次数内转让，荷兰的特种公债可在养老基金和保险公司的范围内自由流通，法国的登记财政部证券可在金融机构之间进行转让等。正是因为专用债券是专为特定金融机构设计，且主要采取强制摊派的办法推销，专用债券发行条件的优惠程度通常低于储蓄债券。

2.2　世界银行对发展中国家和转型国家政府债务分类

以上各种类型债务都是以债券形式存在的，而债券的发行都必须按照严格程序，是非常透明的。这些债务比较好监控，且有一套严密监控的指标体系及其标准，按照这样一套标准，一国政府可以有效控制本国债务，其债务规模一般不会引致一个国家财政金融风险。进入 20 世纪 90 年代以来，各国财政学家和世界银行专家在考察发展中国家与转型国家时发现一种奇怪的现象，很多国家的政府预算表面上是平衡的，政府几乎没有什么债务，即使有少量的债务按照发达国家相关指标衡量也不构成财政风险。但实地调查却发现发展中国家尤其是转型国家无论是中央政府还是地方政府都存在大量债务，这些极其隐蔽和不透明债务并非来自财政自身，而是源于体制转轨过程中沉淀和积累下来的深层次矛盾日益突出和显性化，且已对这些国家造成了巨大的财政金融风险。专家们认为转型国家政府债务不能用发达国家分类及其指标来衡量，必须要用新的分类方法。

2.2.1　波拉科娃（Hana Polackova）的分类方法

20 世纪 90 年代，世界银行的高级经济学家哈纳·波拉科娃（Hana Polackova）把发展中国家政府承担的债务从广义的角度分为两类，即直接负债（Direct debt）和或有债务（contingent debt）。所谓直接负债，是指在任何情况下都要承担的债务，不依附于任何条件，是可以根据某些特定的因素来预测和控制的债务。如政府正常预算范围内的内债和外债、政府立法规定的长期性支出以及由政府法律规定的养老金方面的支出等。或有债务是指由某一或有事件引发的债务，是否形成现实债务，要看或有事项是否发生以及由此引发的债务是否最终要由政府来承担。简而言之，或有债务是指政府所承担的直接债务以外的债务。就本质而言，或有债务不是政府能够完全控制的，同时也不会完全转化为政府负担，其转化程度取决于转化的面和转化概率。对政府而言，判断一种债务是否为或有债务，要看它是否表现为未来政府支出的一种可能性，或有债务可能发生、也可能不发生，可能多发生、也可能少发生，往往表现为某一或某些因素触发而形成的支付要求。直接负债和或有债务又可以从债务风险的角度进一步划分为两种类别：显性债务和隐性债务。所谓显性债务，是指被法律或者合同所认可的政府债务；隐性债务是指政府反映公众和利益集团压力的道义上的义务。

2.2.2　各类政府债务的划分标准与构成

哈纳·波拉科娃把政府债务分为四种类型：直接显性债务、直接隐性债务、或有显性债务、或有隐性债务，表 2－7 列出了其“政府债务风险矩阵”。这种划分实际上指出了两类债务风险：一是直接债务风险，即由财政直接承担的债务，相当于表中的直接显性债务；二是间接财政风险，即由政府间接承担的国家预算体系以外的债务，包括表中的直接隐性债务、或有显性债务、或有隐性债务。

或有债务的概念是对传统政府债务概念的突破，人们在考察政府债务时，由过去过于强调确定性的直接债务，发展到现在直接债务与或有债务并举，无疑将有助于拓展财政风险分析的视野。这是因为，在市场经济条件下，政府在承担公共职能时，其运行必然要受到市场法则和道义责任的约束，要承担一定的风险，从发展趋势来看，政府出于优化资源配置、调节贫富差距、稳定经济和社会等目的，将日益扩大或有债务性质的支出，所以或有债务对财政的影响将越来越大。与之相伴的必然是或有债务风险，尽管这种风险首先表现在其他领域，以企业经营风险、债务风险、金融风险、自然灾害等其他风险形式表现出来，但经过一定的时滞和传导之后，最终可能显性化为财政风险。

从法理的角度分析，或有债务不同于直接债务，不满足直接债务的确定条件，两者是并列而非交叉关系，具有不同的内涵和外延。首先，政府直接债务是现实义务，而政府或有债务则是一些特殊的现时义务和潜在的义务。比如，政府的债务担保就是一种特殊的现时义务，其特殊性表现在政府是否要承担最终的清偿责任以及最终承担多少，具有不确定性。又如某项未决诉讼，起诉者要求政府赔偿，尽管诉讼已发生，但政府能否胜诉未定，这就是一种潜在的义务。其次，结果不同将导致政府债务的程度不同。直接债务无疑会导致政府经济资源的流出，具有确定性的特征；而或有债务则不一定导致政府资源的流出，至少不是与或有债务规模等额的政府资源的流出，原因在于其不确定性的特征。第三，直接债务与或有债务的形成机理不同，直接债务一般由财政自身运行而形成，而或有债务一般由非财政行为或准财政行为所形成，有时甚至是由政府以外的因素或行为形成。或有债务的特征表现为：(1) 或有债务最主要是指过去和现在的事件所引起的有可能对未来财政产生负面影响的事件。(2) 负面影响的影响面有多大、影响程度有多深，具有不确定性。(3) 或有事件具有时效性，随着影响或有事件结果的因素发生变化，或有事件最终可能转化为确定性事件或者转而消失。这些或有债务事项说明，或有债务并非完全由政府或财政所控制，同时也说明或有债务最终不一定会完全转化为财政负担，这主要涉及转化面和转化率的问题。因此，或有债务的发生与否取决于特定事项是否发生，影响其发生的因素既有外生于政府的外在因素，如天灾人祸、自然灾害等；也有内生于政府的内在因素，如政府的担保和决策失误，拯救破产的有政治影响力的大型私有企业等。

表 2－7　　财政风险矩阵表

项　目	直接负债（在任何条件下都存在的债务）	或有负债（在特定事件发生时的债务）
显性债务（由法律和合约确认的政府负债）	1. 国家债务（中央政府借款与发行的债券）； 2. 政府预算涵盖的开支（非随意性开支）； 3. 法律规定的长期性支出（公务员工资和养老金）。	1. 国家对非主权借款、地方政府、公共部门、私人部门实体（如发展银行）的债务担保； 2. 国家对各种贷款（如抵押贷款、学生贷款、农业贷款和小企业贷款）保护性政府担保； 3. 国家对贸易和汇率、国外主权政府借款的承诺担保； 4. 国家对私人投资的担保； 5. 国家保险体系（存款保险、私人养老基金收入、农作物保险、洪灾保险、战争风险保险）。
隐性债务（反映公众和利益集团压力的政府道义责任）	1. 未来公共养老金（不包括公务员养老金）； 2. 社会保障计划（非法律硬性规定的）； 3. 未来保健融资计划（非法律硬性规定的）； 4. 公共投资项目的未来经常性费用。	1. 地方政府或公共实体、私营实体非担保债务（义务）违约； 2. 银行破产（超出政府保险以外的救助）； 3. 实行私有化的实体债务的清偿； 4. 非担保养老基金、就业基金或社会保障基金（对小投资者的保护）的破产； 5. 中央银行可能的负净值或对所承担义务（外汇和约、货币保护、国际收支差额）不能履行； 6. 其他紧急财政援助（如私人资本外逃时）； 7. 改善环境、灾害救济、军事拨款。

资料来源：Hana Polackova Brixi —Allen Schack（2002）。

2.2.3　或有和隐性债务产生的原因

隐性和或有的债务是一种世界各国普遍的经济现象，客观上或多或少存在于每一个国家。相比较而言，发展中国家尤其是转型国家更为严重。从全球近几十年来的情况来看，隐性和或有债务的存在，无论对财政本身还是整个经济体系都有一定的负面影响，特别是影响财政稳定。正因为如此，很多国家都非常重视隐性和或有的债务问题，有的国家已经建立起有效的制度框架来防范和监控这类债务的形成、发展过程。隐性和或有的债务产生的原因非常复杂，很多经济学家从不同的角度对其原因进行了深刻的探讨，提出了一些理论解释。

1. 政府采取机会主义态度形成的隐性和或有债务

为了加入某种地区性的经济组织或从世界银行等取得贷款或援助，一些国家的政府采取机会主义态度形成的隐性和或有债务。如为了保持预算平衡，当面临着诸如欧盟、世界银行提出的预算标准以及当利益集团提出资金援助时，一些国家政府运用隐性和或有债务的方式，将某些财政支出转为隐性和或有的债务，从账面上维系当前预算平衡的良好状态。尽管这些国家政府也都清楚隐性和或有债务存在风险，但毕竟不需要直接支出，从而避开硬性的预算约束。政府的预算会计实行的是现收现付制，而不是权责发生制，这就在制度上为这种“机会主义”行为提供了可能。如为满足某些项目的资金要求，又不便于直接财政出资，往往可以采取财政贷款担保的方式。

2. 或有和隐性债务的产生有其客观的必然性

随着政府职能的转变，政府的隐性担保和显性担保逐渐取代政府直接财政补贴和直接的财政投资，成为政府提供扶持的一种普遍做法。又如，国际金融全球化的速度加快，私人资本跨国界的大规模流动和大幅波动，为隐性担保和显性担保提供了可能。

3. 或有债务与道德风险问题

或有债务与道德风险问题总是联系在一起的。从委托代理关系来看，中央为一方（委托人），脆弱的银行体制、低效的国有企业、地方政府为另一方（代理人），形成了一种委托代理关系，而因信息不对称，中央政府又无法对银行、国有企业和地方政府实行有约束力的契约关系，在自上而下的委托代理关系复杂、委托代理链条过长、权责利不明晰、有效的制衡机制不完善或者所有者监督缺位的情况下，难免不出现代理人的逆向选择和道德风险问题。一旦出现风险，所有的代理人都会将风险向中央政府转移，往往会远远超出中央政府预算控制范围。

4. 转型国家会存在大量隐性和或有的负债的另一种解释

一位学者①对中国存在隐性和或有债务的解释是，中国经济转型在改革步骤的次序安排上体现出了鲜明的层次性，这种层次性在时间的维度上是按照“先易后难”的顺序展开的。最先开始进行体制外改革的是“帕累托改进”改革，所引起的摩擦和震动比较小，因而比较容易进行。而改革向纵深发展，如对金融、国企、社保和财政改革，就必然涉及原有经济乃至政治体制内的产权重新界定和利益的重新分配。这时改革的步骤仍要具有“帕累托改进”的性质几乎是不可能的。而“非帕累托改进”就必然意味着来自各方面现实利益和潜在利益受损者的阻力，客观上加大了政府推进改革的难度。

为了消除改革的阻力，政府的一般做法是对利益受损者进行补偿或赎买，以换取人们对改革的支持。通常有两种方式：显性补偿和隐性补偿。前者动用财政资源对利益受损者进行直接补偿，这种补偿在我国又分为两种具体方式：一是让利行为，即将中央本应纳入财政收入中的一块让渡给企业和地方政府，或者是中央给予某项改革涉及利益受损者直接财政补贴。另一种是隐性的补偿，即政府为各经济部门提供隐性的财政担保。

由于经济改革需要大量的成本补偿，即使财税体制健全，也没有足够财政收入来提供大量显性的成本补偿，加之转型期国家税收体制改革滞后，使得税收增长速度滞后于经济增长的速度，进一步加剧财政支出紧张。在政府拿不出钱补偿的情况下，为了确保改革顺利推进，隐性补偿就成为一种主要方式，即中央政府只好默许地方政府及其公共部门进行大量的隐性融资。随着改革的深入，隐性补偿造成债务越来越重，若不警惕，势必造成巨大的财政

---

① 卢文鹏：“隐性担保、补偿替代与政府债务”，《财贸经济》，2004 年第 1 期。

金融风险。

2.3　公债种类的设计原则

公债结构的设计是公债管理的一项重要工作，需要根据实际情况来决定。

2.3.1　公债的种类设计应力求多元化

实现公债种类设计多样化的意义在于：

其一，种类多样化是顺利推销公债的前提条件。在当今市场经济条件下，公债基本上是以自由买卖的方式发行的。买与不买或购买多少，都要随资金持有者的意愿而定，政府一般不能强制推销。由于资金持有者的收入档次、对投资的预期等，其投资要求也就不同。只有相应设计不同的公债种类，向各类投资者发行不同条件、不同期限的多样化债券，才能吸收和动员尽可能多的社会资金，保证政府公债的顺利推销，保持公债筹资形式的相对稳定性。各国的实践表明公债种类结构大都呈现出多样化的特点。仅以公债的期限种类结构为例，据统计，经济合作和发展组织国家目前所采用的公债期限种类有澳大利亚 31 种，加拿大 20 种，英国 17 种，最少的法国也在 3 种以上。

此外，公债种类多样化还包括面额种类多样化；发行条件种类多样化，如拉开流动性和收益率的档次，既发行流动性高、收益率低的公债，也发行流动性低、收益率高的公债；名称种类多样化，如同时发行国库券、中期债券、长期债券、储蓄债券、专用债券等债种；付息方式种类多样化，如同时采取折扣发行和剪息票付息以及以奖代息等多种方式。

其二，种类多样化是政府执行不同时期公债管理政策的前提条件。不同期限、不同条件的公债发行，对经济造成的影响是不同的。如短期债券的发行对经济有扩张性影响，长期债券的发行则对经济有紧缩性影响。利用公债种类及其构成的变化来执行不同时期的经济政策，是各国政府对经济实行宏观调控、保证经济稳定发展的重要途径。

2.3.2　公债的种类结构应适应经济形势的需要

不同种类的公债发行对经济的影响有着重大差异，因此，公债的种类结构必须根据经济发展的需要加以设计，并随着经济形势的变化灵活调整。

一般来说，当经济发展处于低潮或经济危机时期，政府应当力图增加对经济发展具有扩张性作用的短期债券的发行，而减少对经济发展具有紧缩性影响的长期债券的发行，缩短公债的期限结构，提高短期债券在全部公债中的比重，以求扩大消费和投资需求，刺激国民经济的发展。在经济发展处于高涨或通货膨胀时期，政府应当力图增加对经济发展具有紧缩性作用的长期债券的发行，而减少对经济发展具有扩张性影响的短期债券的发行，延长公债的期限结构，提高长期债券在全部公债中的比重，以求压缩消费和投资需求，抑制国民经济的过快发展。

2.3.3 公债的种类安排应力争债息成本最小化

举债固然必须支付利息，但借债者总是要谋求最大限度地缩小债息成本开支，公债的举借也不例外。由于公债利息开支的最终来源是税收，尽可能降低债息开支，对于减轻政府财政负担显然有着重要意义。而公债种类结构的恰当安排是实现债息成本最小化的一个有效途径。这就是，公债的种类结构要根据市场行情相机确定，在市场利率较高时期多发行短期债券，在市场利率较低时期多发行长期债券；预期利率看涨集中发行长期债券，预期利率看跌集中发行短期债券。这样，通过公债的长短期结构在不同市场条件下的相应调整，可使公债的整体利息率达到最低。

复习思考题

1. 名词解释：直接债务　或有债务　指数化债券　浮动利率债券
2. 比较国库券与预付税款券的异同。
3. 比较储蓄债券与专用债券的异同。
4. 简述国债与地方债的区别。
5. 试分析发行国库券和可转让中长期债券对经济的影响。

第3章 DISANZHANG

西方公债理论

经济学界对于政府借债的争议一直存在较大的分歧。本章的目的在于考察西方公债理论的演变，也试图将各派观点进行总结性的归纳分类，以便在众多的国债观点中理出清晰的头绪①。

3.1 古典经济学关于公债的观点

自由资本主义时期，多数古典经济学家信奉自由主义，反对政府干预。他们认为大规模的政府很可能导致非生产性的开支，并且具有干预自由市场经济的倾向。基于这种观点，古典经济学家认为税收相对于债务融资能更有效地抑制政府的支出。因此，古典经济学对于公债和赤字基本上持否定态度。

古典经济学家在和平时期和战争年代都主张平衡预算，一方面是限制政府干预私人部门的倾向，特别是抑制政府发动战争的动机；另一方面也将平衡预算原则作为政府必须恪守的规则。主张平衡预算的另一个考虑就是公平，通过税收作为政府支出融资的平衡预算将促使人们对于政府支出的成本和效益仔细权衡，而通过举债为支出融资的赤字预算则由于财政幻觉（fiscal illusion）使得支出的成本和收益的联系不那么紧密。例如，目前举债使当代人受益，当未来为偿还债务而征税的时候负担会转移给后代人，因此当代人愿意通过债务融资增加支出。平衡预算能够有效地保护那些没有受益于政府支出的团体利益。

另外，古典经济学家认为不断增长的债务将资本从私人生产领域转移到浪费性的非生产领域，损害了国家经济的发展。

当然古典经济学家并不是绝对地反对举债，在特殊的紧急情况下，如战争或其他突发事件，他们也被迫同意举债。而且公债的积极态度在很长时期被同时代人忽略。马尔萨斯最早提出过度储蓄有可能破坏供给自动创造需求的萨伊法则，这种朴素的有效需求不足的观点是后来凯恩斯经济理论的基础。由于政府举债能够增加有效需求，并且举债也具有再分配效应，因此公债能够刺激生产力的发展，马尔萨斯由此成为最早为公债积极作用进行辩护的古典经济学家之一。马尔萨斯还认为急剧地削减公债规模不但不会增加国家的财富，相反有可

① 类承曜著：《国债的理论分析》，中国人民大学出版社 2002 年版，第 29 ~ 55 页。

能破坏商品和劳动力的交换价值而损害整个经济。虽然马尔萨斯注意到了公债的一些积极作用，但由于时代的局限性，他没有也不可能将自己的逻辑和论点演绎得淋漓尽致，他的一些观点后来被凯恩斯和汉森等人发扬光大。下面着重介绍最具代表性的两个古典经济学家——斯密和李嘉图反对公债的观点。

3.1.1　斯密的公债理论

亚当·斯密（1723—1790）作为古典派的代表人物，其公债思想主要体现在代表作《国民财富的性质和原因的研究》之中。在这部名著中，亚当·斯密以专门的篇幅论述了公债的问题，建立起古典公债理论体系。

在亚当·斯密之前，英国哲学家、历史学家、经济学家大卫·休谟（1711—1776）的公债思想已见诸文字。休谟认为，公债这种有价证券带有纸币流通的性质，必然引起粮食和劳动价格的上升。而且举借债务要支付利息，会加重国民的负担。同时，还使得债券持有人坐享其利，养成以利息维持生活的惰性。这些都不利于经济的发展。他还义正词严地警告政府："国家如果不消灭公债，公债必然消灭国家。"休谟关于公债的观点对古典学派的公债思想影响很大。

亚当·斯密引申了休谟的见解，对公债发行给予了更严厉的批评。亚当·斯密之所以坚决反对公债制度，是因为他所设想的社会是自由竞争的资本主义，由市场机制配置资源、积累财富，实现国家富强。这其实就是产业革命初期产业资本的原始积累过程。

亚当·斯密在休谟理论的基础上，对发行公债作了进一步的阐释。

他指出国家之所以举债是因为当权者奢侈而不知节俭，一旦遇到战争，可采用的方法只能是借债了。如果政府通过税收而不是债务为支出融资，那么政府扩大支出的倾向就会极大地受到抑制，并且如果通过税收支付战争费用，就会遭到公众的强烈反对，政府就更难发动战争，即使战争爆发，也容易尽快结束。举债是战时急速获得充裕经费的唯一有效的方法和途径，因此，公债助长了战争。

而且，斯密指出："当国家费用由举债来支付之时，该国既有资本的一部分，必逐年受到破坏，从而用以维持生产性劳动的若干部分年生产物，必会被转用来维持非生产性劳动。"①

斯密认为公债会削弱一个国家的实力，他列举了历史上一些国家的例子，如意大利的共和国、西班牙和法国等，都是因为债台高筑而走向衰弱和荒废。同时他指出：一旦公债积累到一个比较高的水平，就无法偿还，除非是通过公开的或隐蔽的政府破产。

斯密强烈反对通过提高货币名义价值偿还公债的做法，"这种办法将使私人财产受一种最普遍、最有害的破坏，而在大多数场合，将使勤劳、节约的债权人吃亏，怠惰、浪费的债务者致富；这样，国家资本的大部分，将由能使这资本增益的人，转移到只知破坏这资本的人"。② 斯密明确主张，国家公开、光明正大地宣布破产总比这种隐蔽的赖账好。

斯密上述观点，在当时的时代背景下总体上看是正确的。他关于公债的观点可概括为：(1) 公债是非生产性的，举债将减少生产性的资本，而且当国家费用由举债来支付时，就是把该国一部分用以维持生产性劳动的资本抽出来转用于非生产性的国家财政支出，这样势

---

① 亚当·斯密：《国民财富的性质和原因的研究》（以下简称《国富论》）下卷，商务印书馆 1979 年版。

② 同上，第 497 页。

必对国民经济的发展产生不利的影响。（2）税收融资与公债融资相比，能更有效地阻止政府发动战争并能尽快结束战争。但是战时公债要优越于税收。（3）即使支付公债的利息与为了支付公债利息从纳税人手中征收的税收总额相等，公债的存在也给经济运行带来了负担，这种负担之所以存在是因为更高的税率造成的效率损失和对外投资的抑制效应。（4）当公债累积到一定的规模，不可能偿还，通常只能通过公开或隐蔽的财政破产消灭巨额的公债。（5）通过提高货币的名义价值的办法偿还公债是愚蠢至极的。

专栏

亚当·斯密及其《国富论》

亚当·斯密（Adam Smith，1723—1790），是英国古典政治经济学的主要代表人物之一。他的代表作《国富论》（全称《国民财富的性质和原因的研究》）早已被翻译成几十种文字，全球发行。而他本人也因此被奉为现代西方经济学的鼻祖。

亚当·斯密出生于苏格兰克科第的一个海关官员的家庭，14 岁考入格拉斯哥大学，学习数学和哲学，17 岁时转入牛津大学。值得一提的是，格拉斯哥是当时苏格兰的工业中心，或许亚当·斯密对经济学的兴趣就是在他 14 岁时候产生的。他毕业后，于 1748 年到爱丁堡大学讲授修辞学与文学。1751 年返回格拉斯哥大学讲授逻辑学，次年担任道德哲学讲座的教师。他讲的道德哲学包括神学、伦理学、法学和政治学四个部分。他的伦理学讲义后来经过修订，在 1759 年作为《道德情操论》出版，为他赢得了声誉。而他关于法学和政治学的讲义包含了贸易、价格、税收等财政经济问题，表明他在这个时期已经开始研究政治经济学。亚当·斯密在格拉斯哥一直居住到 1764 年，这使他有可能长期实地观察这个工业中心的经济生活。他曾积极参与当地的社会活动，尤其是经济学会的活动，并支持瓦特改进蒸汽机的实验活动。1764 年，他辞退了大学教授的职务，担任布克莱公爵的私人教师，并陪同公爵到欧洲大陆旅行。在法国巴黎，他认识了启蒙思想家伏尔泰、重农学派代表魁奈和杜尔阁等名流，这对其经济学说的形成有很大的影响。

1767 年，他辞去私人教师的职务，返回家乡克科第，埋首于《国富论》的写作。弹指间，白驹过隙，地球已公转十周。1776 年，凝聚了亚当·斯密十年心血的《国富论》终于问世。此书一出，极受英国资产阶级的欢迎与褒誉，因为它为实行自由放任的经济政策提供了理论根据。亚当·斯密成了最受欢迎的经济学家，《国富论》的观点成了国会议员的常用论据，甚至连当时的英国首相皮特也自称是斯密的学生。不知不觉间，斯密来到了他一生中最风光得意的时刻。1778 年，他出任爱丁堡的海关专员，1787 年一度出任格拉斯哥大学的校长，但经济理论再也没有什么新成就。这究竟是因为他已经来到其所在时代能达到的极限，还是因为“生于忧患，死于安乐”——满足于现状而缺乏进取？就有待后人思考。

无可否认的是，《国富论》的确是一部划时代的巨著。它概括了古典政治经济学在形成阶段的理论成就，最早系统地阐述了政治经济学的各个主要学说，标志着自由资本主义时代的到来。

资料来源：http：//expert. ce. cn/bbs/economist/thread. jsp？ forum = 338&thread = 68073&postsord = 1&thstart。

3.1.2　李嘉图的公债理论

英国古典学派另一个主要代表人物大卫·李嘉图（1772—1823），继承了斯密的公债思想，对公债也持否定态度，把公债看做国民资本被浪费的因素。他认为，政府发行公债融资，相当于抽走人民的生产性资本，会妨碍工商业的发展，因此坚决反对公债的发行。李嘉图以英法战争（1973—1813）积累的公债，以及为处理战后问题所推行的减债基金制度为中心，对公债理论作了阐述。其理论的详细内容，主要集中在论著《政治经济学及赋税》与《公债论》中。

当时英国由于对法战争，财政显著膨胀。战争期间，尽管政府增加了直接税、间接税，并设立了新税，但仍不能满足经费需要，其差额则由发行公债予以弥补。李嘉图认为，课征赋税充当战争费用，在战争结束时，这项赋税应予废止，才是最好的办法。当国家利用负债来筹措资本用于开支时，就必须建立偿还基金，这成为古典财政的原则。偿还基金偿还公债的具体方案是：（1）以赋税筹划资金的方法；（2）以公债作为偿还公债利息或还债方法；（3）以公债筹划资金，而以租税支付公债利息的方法。李嘉图明确表示己见，应选择方法（1）。

在李嘉图看来，税收融资不会影响资本存量，但是债务融资则降低未来资本存量，降低的数量与政府支出增加的数量相等。对于既定数量的政府支出增加，与税收融资相比，债务融资使未来一代人继承的资本数量更少，福利情况更加恶化。

李嘉图认为，为了支付公债的利息而征收的高额税收会促使资本外逃，抑制私人部门劳动和投资的积极性，而且会在不同的产业部门之间造成不合理的资源配置。税收扭曲会减少国民总支出并削弱国家的竞争力。李嘉图建议削弱公债规模以避免为偿还这些公债而征收高额税收以及由此引起的资本外逃。李嘉图与斯密和休谟一样，对于设立偿债基金持悲观态度，因为财政大臣会盗用偿债基金用于其他一般性的财政支出项目。

李嘉图认为债务的负担仅仅在政府支出发生的那个时期产生，债务融资减少了投资，税收融资减少了消费。如果通过举借债务为增加的政府支出融资，那么后代人将继承较小的资本存量。与斯密不同，李嘉图并没有考虑到为偿还债务利息而征收更多的税收导致的效率损失，但是和斯密一样，李嘉图也为巨额公债导致的高税率促使资本外逃而担心。他认为公债有迅速偿还的必要，主张采取一劳永逸的办法，征收两至三年的财产税，予以全部的清偿，也就是经过“一次断然的努力”，来消除这一“空前无匹”的灾祸。

并且，他还意识到支付公债的利息会引起资源从纳税人向公债的持有者转移，而纳税人和债权人可能不同，对于整个社会而言，债务的净负担取决于与纳税人相比，收到资源的公债持有人是否将更多的资源用于生产性投资，取消公债既不能增加收入也不能减少支出。李嘉图认为纳税人和公债持有人在资源的运用上没有什么区别，因此他认为“国家既不会由于支付公债利息而陷入困境，也不会由于免除支付而得到解救。国家的资本只能由储蓄收入与节省开支而增加。取消公债既不能增加收入，也不能减少支出”。[①]

① 大卫·李嘉图：《政治经济学及赋税原理》，商务印书馆 1962 年版，第 209 ~ 210 页。

3.1.3　对古典经济学家公债理论的评述

1. 古典经济学家反对公债的理由

(1) 从本质上讲，公债是延迟的税收。由于存在着财政幻觉等原因，与征收一次性总额税相比，发行同等数额的公债为政府支出融资更容易被纳税人接受。这就助长政府靠举债度日，使政府形成一种奢侈而不知节俭的风气。

(2) 公债具有非生产性。发行公债的真正负担在于，把私人生产性资本用于政府非生产性支出，妨碍工商业的发展，损害经济长期增长能力。

(3) 公债会造成不合理的收入分配结果。公债的大量增长，会使国家每年所得的大部分公共收入，不得不用来冲抵公债费用。从而，人民的土地和劳动养肥了金融界和高利贷者，并没有用于维持政府。而且，公债一般利率很高，如不迅速偿还，就要加重下一代人的负担。因此，在弥补政府开支不足方面，增税优于举债。

2. 古典经济学公债理论的历史背景

(1) 在工业革命的推动下，资本主义经济迅猛发展，经济中最主要的矛盾是如何增加产量以满足不断增长的需求，有效需求不足还没有成为一个突出的问题。因此，后来凯恩斯提出的通过增加政府支出扩大总需求的观点，在当时没有存在的土壤。古典经济学家更担心的是：政府干预会损害私人企业的经济效率。因此，自由放任、国家不干预经济运行的政策势必被当做最好的政策，古典经济学家反对扩大政府支出倾向的赤字财政和公债也就顺理成章了。

(2) 由于在自由资本主义发展的初期，生产的社会化水平还不高，发达市场经济中存在的市场失灵问题，如基础设施提供、发展教育等问题还不突出，还没有成为制约经济发展的“瓶颈”。因此，要求政府解决市场失灵问题的呼声还不强烈。自由资本主义时期，政府投资性支出在政府总支出中的比重微不足道，几乎所有的政府支出都是消费性支出。古典经济学家认为发行公债会损害生产性资本是言之有据的。

(3) 当时公债的认购者基本上是富有的地主和食利阶层，主体税种又是累退性的流转税。通过征税偿还公债的本息，必然产生有利于富人的分配结果，这也成为反对公债的一个重要理由。

(4) 一个重要但容易被忽视的问题是，在自由竞争的资本主义时期，还没有发达的公债流通市场，公债仅仅被当做弥补财政赤字的权宜之计。多数经济学家认为，公债本息必须偿还，公债仅仅是延迟的税收，并且由于要偿还公债利息，将来要征收更多的税。

古典经济学家否定公债的观点是与当时自由竞争的资本主义时期的经济发展水平相适应的，在当时的历史条件下具有相当的合理性。并且从历史发展的角度来看，古典学派的理论代表了新兴资产阶级的利益，具有进步意义。

但是，即使在自由竞争的资本主义时期，公债也有积极的一面。

首先，在自由竞争的资本主义时期，资产阶级国家的大部分公债都是战争的结果。对于战争时期临时性急剧增加的财政支出，通过举债为其融资，不但可以避免短期内征收高额税带来的额外经济损失，而且有利于公平分配。因为战争的胜利能增加未来几代人的利益，战争期间举债，然后对未来几代人征税偿还公债，战争的成本就能在未来几代人之间合理分担。

其次，公债虽然将财富集中于富裕阶层手中，加剧了贫富两极分化。但由于富裕阶层的储蓄倾向较高，公债不但不会减少国民储蓄，反而能提高国民储蓄，有利于资本主义经济的迅速发展。正如汉森教授论证的那样，在19世纪前半叶，正是由于拿破仑战争期间发行的公债导致财富向富裕阶层转移，为英国经济迅速发展提供了急需的资金，推动了战后英国经济的繁荣和发展。

3.2　新正统学派关于公债观点

3.2.1　凯恩斯观点

随着资本主义由自由竞争进入垄断阶段，尤其是1929—1933年的世界大经济危机，客观上要求资本主义放弃传统的健全财政政策，而采取积极的克服经济危机的政策。正是在这种背景下，凯恩斯主义应运而生，为政府全面干预社会经济生活提出了一系列的政策主张，其中包括实行财政赤字、发行公债等方式，以实现社会总供给与总需求的平衡。从此，对公债的态度由否定转向肯定，转而认为公债有益于国民经济。

凯恩斯（1883—1946）于1936年出版了《就业、利息与货币通论》（以下简称《通论》），引起了西方经济学界的强烈反响，奠定了凯恩斯学派的理论体系。在《通论》中凯恩斯从资本主义经济发生了质变（即进入垄断资本主义阶段）这一实际情况出发，找到了实行赤字公债政策的理论依据。凯恩斯认为妨碍克服危机、复苏的主要原因，是由于有效需求不足而导致投资不足，因而发生危机。凯恩斯认为，可以通过货币供给的增加以降低利率进而促使投资增加。但是，凯恩斯敏锐地发现，由于流动性陷阱的存在以及投资在很大程度上并不取决于利率，货币政策作用是有限的。因此，凯恩斯认为总支出可以直接由政府开支或直接由税收变化来刺激，后者可通过提高居民的可支配收入刺激消费支出。由此可见，要使经济达到充分就业，必须由政府通过补充性的财政支出弥补私人支出的不足，这就要求政府实行赤字财政。而赤字财政的结果之一就是公债的发行。

必须指出的是凯恩斯本人对公债和赤字并没有十分系统的论述，但是从凯恩斯的思想中我们至少可以总结出几个论点：

（1）不能盲目地固守古典经济学财政赤字平衡的教条，而应该根据经济的实际运行结果决定我们的政策。

（2）在存在闲置资源的情况下，发行公债并不一定是浪费性的或给经济带来负担的行为，相反，公债的增加有可能提高总产出并且增加社会的财富。

（3）公债支持的项目本身也可能是生产性的，可以直接增加社会的总财富。这就肯定了公债在经济中的积极作用。

3.2.2　勒纳的观点

功能财政的创立者勒纳进一步发展了凯恩斯的理论，甚至将之推向了极端。功能财政的规则如下所述：

政府在任何时候应保持一个合理的需求水平。如果有效需求不足，政府应该减少税收或增加支出；如果需求过旺，政府将通过减少政府支出或增加税收来防止通货膨胀。当政府希望提高税率时，可通过发行公债借入货币来实现，当它希望降低利率时，可通过购买或偿付公债来实现。通过这些做法，政府将保持一个能够引致最合适的投资量的利率。勒纳认为："政府债务的增加不能够被看成最后才能动用的手段……而应被看成无关紧要的……完全从属于保持繁荣和防止通货膨胀的规则之事。"①

勒纳认为经济不会总是处于充分就业状态，政府征税的主要目的不是取得财政收入而应该是控制总需求，税收的主要任务是令总需求与充分就业的总产出相等；公债应该被货币化，直到实现最优的投资水平所要求的实际利率水平为止。

在勒纳眼中，公债并不是赤字的融资工具，主要是通过政府调节利率的工具；如果政府支出是既定的，投资水平也是合意的，那么税收的调整就应该确保消费需求正好等于充分就业产出剩余的部分。

勒纳指出政府根本就不存在无法偿还公债的问题。因为当私人部门认为公债过多而不想持有时，无非是想将手中的公债换成政府的另一种债务——货币，政府可发行货币换回公债。当流通的货币过多时，政府可通过征税将过多的货币收回。勒纳还提出，"即使公债增加，所付利息不一定以现行税收来支付；即使债务利息是用现行的税收来支付，这些税收仅仅构成政府支出所带来收益利息的一部分，而且不会从国民手中丧失掉，仅仅是从纳税人手中转移到公债持有人手中；高所得税不一定妨碍投资，因为适当的减免项目的扣除可以减少投资的实际税后风险。而这种风险的减少，可以补偿由于高所得税而给投资者带来的收入的减少。"② 勒纳甚至要求财政赤字应该完全通过发行货币来抵补。勒纳的分析尽管在某些方面过于简单，但是，对于公债和赤字的分析确实表现了非凡的洞察力和丰富的创造力。

3.2.3　汉森的公债理论

汉森认为，公债是利害兼而有之，不过利大于害。其理由为公债是十分重要的内在稳定因素之一。人们持有政府债务就是持有切实可靠的财产，它也是储蓄银行、人寿保险公司、储蓄和贷款协会以及年金信托基金会的财产，商业银行持有公债即为存款人提供了保证。公债还为经济衰退时期提供了购买力，即使持而不用，也会增强消费者的信心。

他甚至认为，要想使社会富有，最简单的方法就是，发行国家公债以满足支出。理由是：当政府发行新债券卖给公众时，公众即把存款交给政府支配，政府花掉这笔存款，公众的存款又会增加，同时银行持有的政府债券也增加了。所以政府发行新债券就意味着个人和企业的财产均会增加。但要有个前提，即社会要保证足够的生产能力，能够对货币收入的流通量和公众持有的流动资产量赋予实际价值。

在《财政政策与经济周期》一书中，汉森从公债使用后对经济的影响和有无自偿能力的角度，把公债分为三类：

一是死公债（dead - weight debt）。这类公债是指用于弥补国家经常性的非生产性支出的公债，如国防费、行政经费等。汉森认为，由于这类支出的公债丝毫不能增加社会生产

① A. P. Lerner, The economic steering wheel, The University Review, June, 2 ~ 8, 1941.

② Lerner, Functional Finance and the Fderal Debt, Social Research 10, February, 38 ~ 51, 1943.

力，它既不能保本，也不能创造利息。

二是消极性公债（passive debt）。这类公债是指国家用于某些非生产性建筑支出的债务，如公共建筑及国家公园。它们能带来一定的社会收益，但其本身不产生货币所得，也不会增加资本和生产力。

三是积极性公债（active debt）。这类债务是指政府利用公债支出能直接或间接增加社会生产力，为提高国民素质用于卫生及教育支出，以及为增进集体生产力而用于自然资源保护与开发的支出等。汉森认为，应增加后两种国家公债。但他也不得不承认，第一种国家公债所占的份额仍相当大。

汉森还认为，在庞大的政府预算支出条件下，如全部依赖税收势必造成通货收缩和失业，而全部依赖于举债，又势必引起通货膨胀。因此，他主张找出一个适度的既征税、又借债的中间途径，即“要维持与人口增长和技术进步需要相当而不是过分的、足够数量的总需求，要有一个平衡的方案，既征收累进所得税，也举适当数量的公债，这样举债筹措经费的方案，要使公民持有的储蓄券和储蓄存款，除原有数额外，还应有所增加”。

为了有效地利用国家公债，就要对之加强管理。汉森对公债管理提出了四个基本准则：

（1）政府必须使公债成为一种安全可靠的投资，到期即还本付息，且易于兑现；

（2）国家必须保持货币价值的稳定，避免通货膨胀和通货紧缩；

（3）尽可能使国家公债为全体公民持有，使其与累进所得税共同发挥促进收入公平分配的作用；

（4）国家举债应当以促进国民收入的不断增长为首要目的。

3.2.4　新正统学派观点评述

在凯恩斯主义宏观经济学工具中，财政赤字是重要的政策工具，利用这种工具可以弥补经济衰退时期总需求的不足。这种政策是建立在下述观点的基础上：

（1）国家公债是一种不足为虑的有益于社会的措施。如汉森认为，公债并不是少数受公民群众的财阀所占有的，它是一种积极的社会利益。经济学家劳伦斯·R. 克莱因曾根据20世纪30年代以来公债收入的使用情况，指出公债并不是非生产性的。恰恰相反，它倒可以成为增加国民财富的重要因素，“通过公债筹措的资金用来使本来失业的人获得工作、建筑房屋、桥梁、道路、学校。从实质上看，这会使我们更富”。因此，“这种公债不可能是一种祸害”，也不会是一种负担。

（2）国家公债非债。这是针对国内公债而言。内债是政府欠自己人的钱，是“左右口袋”之间的事情。这些债务只保持在国内，收利息的权利和付利息的义务正好抵消，因而就整个国家而言，是不存在债务负担的。

（3）国家公债无须偿还。新正统学派认为应该将公债与私债加以区别。因为只要国家存在一天，总的看债权人无须顾虑其经济利益的安全，国家可以通过债务的管理不断用新的公债去替换旧的公债。旧的公债偿还了，同时又创造出更多的新公债，这已成为当代资本主义制度中公认的部分。

（4）国家公债不会造成下一代的负担。凯恩斯学派认为，就内债而言，从物质资源上看是把资源从一种用途转移到了另一种用途。本期资源用途的改变不会影响下一代的负担。老一代人不仅留下了债务，也留下了债券。下一代不仅继承了债务负担，也继承了债务支付的收益。相反，外债和私债确实给未来的一代人造成了负担。因此，新正统学派反对古典经济学家将公债与私债进行简单类比，认为这种类比犯了合成推理的错误——适用于微观的结论不一定适用于宏观。

（5）国家公债是政府调节经济的重要政策手段。发行国家公债，实行赤字财政可以扩大社会需求，从而消除经济危机和失业。其作用不仅在于吸收通货膨胀时期的剩余购买力，增加经济萧条时期的需求，以稳定经济，而且还能通过公债利率的确定，引导社会资金的有效使用。

3.3　新正统学派反对者关于公债观点

3.3.1　布坎南的公债观点

布坎南遵循的经济学范式是交易经济学，其方法论则是个人主义的，并且在研究方法上深受欧洲大陆财政学家的影响，特别是意大利的财政学家。因此，布坎南对公债的看法与新正统学派大相径庭：后者从宏观的角度研究公债，而布坎南则是从个体的角度研究公债的负担。布坎南认为，税收和公债的本质区别在于：公债是自愿购买的，而税收则是强制性的。税收和公债的另一个区别则在于：为财政支出提供资金的义务由不同的人承担。对征税来说，这些义务归属于在政府开支期间直接对政府提供资金的个人和社会团体。如果是政府借款，在交换政府未来支付更多的实际收入的承诺时，公债持有者是自愿放弃购买力的，尽管债务发行要减少留给私人支配的资源，在资源使用期间它是不会把实际成本加在任何人身上的。由于政府借债，政府支出的成本并不是由政府支出发生时期的纳税人承担，而是由政府债券还本付息时期的纳税人承担。

另外，布坎南作为公共选择学派的领袖人物，按照公共选择观点对凯恩斯主义的赤字财政理论进行了猛烈的抨击。正是因为凯恩斯学派提出的赤字财政有益的观点，破坏了维多利亚时代财政平衡的道德界限，在民主政治中会助长政府扩大开支的倾向。布坎南认为，第二次世界大战后许多国家赤字持续增长、公债负担率不断提高的罪魁祸首就是凯恩斯主义的经济学，这个观点在布坎南和瓦格纳合作的经典著作《赤字中的民主》中得到了淋漓尽致的发挥。在其《公债的公共原理》（第18章，第415页）中，布坎南列举了新正统学派的三个基本观点：

（1）公债的发行不会将实际负担转移给后代。

（2）从本质上看，将公债和私人债务进行简单类比是错误的。

（3）在内债和外债之间存在着截然不同的本质区别。

布坎南详细地探讨了上述三个论点的思想基础，认为这三个观点都是错误的，有必要对这三个流传甚广的观点进行修正。与上述新正统学派的观点相反，从最一般的意义上讲，布坎南的观点可以概括如下：

（1）公债的实际负担或成本，或者更准确地说是债务筹资的支出的实际成本，必定要由那些为债务还本付息支付税收的未来一代人承担。

（2）公债和私债之间的类比从本质上看是正确的，分析私债的逻辑同样适用于公债的分析。不论是公债还是私债，在任何一种情况下的借款都是取得了本期额外的购买力却不发生额外的本期成本。支出的成本被转移到未来，在这些时期里，债权人拥有获取个人或政府的收入的基本要求权。

（3）外债和内债基本是等价的。如果政府靠举债支付消费性支出和转移性支出，而不是资本性支出，这就等于破坏国民资本价值，不管是内债还是外债，这个结论都适用。

（4）公债在某些情况下具有合理性，举债的合理性取决于支出的预期生产力和预期收益的模型。举债作为一种为公共服务筹资的办法，应当被限制于只对预期可以产生长期利益的公共工程提供资金，即公债只适用于为资本项目融资。

专栏

布坎南及其公共选择理论

詹姆斯·布坎南（1919—　），美国人，将政治决策的分析同经济理论结合起来，使经济分析扩大和应用到社会和政治领域的研究。他是公共选择学派的创始人与领袖，代表作有：《同意的计算》，《财政理论与政治经济学》（1960），《民主过程中的公共财政》（1976），《自由的限度》（1975），《立契约中的自由》（1978），《征税的权利》（1980），以及《自由，市场与国家》（1986）等。除此之外，布坎南还发表了很多有影响的论文，如他的“俱乐部经济理论”（1967），就构成公共选择理论中的一个重要组成部分——地方公共决策中的以足投票理论。

布坎南1948年获芝加哥大学哲学博士，现为乔治·梅森大学教授。20世纪60年代是公共选择学派逐渐成形的阶段。在这一阶段，布坎南等人主张恢复政治经济学的研究，主张在经济研究上回到古典学派，分析规则和制度对经济的影响，把政治因素纳入经济分析之中。1962年，布坎南与塔洛克发表了《同意的计算》，为现代公共选择理论奠定了坚实的基础。1969年与塔洛克在弗吉尼亚工艺学院创建了“公共选择研究中心”，并出版了《公共选择》杂志，促进了公共选择理论的迅猛发展，同时使公共选择理论传播到欧洲和日本。1986年，布坎南因把经济方法运用于政治过程研究所取得的成就，获得诺贝尔经济学奖。

布坎南对意大利的公共财政学著作推崇备至，曾于1955—1956年和1959—1960年两度赴意大利进修。

布坎南分析了公共选择学科使用的经济学方法，并把它归纳为三个方面：

一、方法论的个人主义

布坎南强调，无论是在集体活动还是在私人活动中、在市场过程还是政治过程中，个人都是最终的决策者、选择者与行动者，而不管产生总体结果的过程与结构有多复杂。

二、经济人的理性原则

布坎南认为：理性原则并不总是意味着利己主义或一味追求个人主义。但另一方面，他在理论分析中实际上把利己主义因素放在主要地位，认为个人即使在公共选择活动中也主要是追求个人物质利益，只是可能比在私人市场活动中要弱一些，但绝不是像传统理论中认为的那样，只存在公共利益而不存在个人利益。

不过，布坎南也指出理想行为假设有其局限性：第一，与经济活动相比，政治活动有更大的不确定性，从而难以做到行为理性化，甚至连理性行为的定义都难以给出。第二，与经济活动相比，人们在政治活动中对活动结果承担的责任要轻得多，因而不大会进行理性的比较计算。

三、政治的交换过程性质

布坎南认为民主政治活动中的个人活动也具有交换的性质，人们在政治活动达成协议、协调冲突、制定规则无不建立在自愿的基础上，因而类似市场中的交换。另外，布坎南也特别强调把政治作为一种过程来理解，理解为一个在解决利益冲突时进行交换达成协议的过程。

资料来源：http//rwsk. zju. edu. cn/bbs/wdbpost. php? action = reply&forumid = 9&filename = f _ 75，浙江大学人文社科处网页。

3.3.2　其他学者的观点

布坎南关于公债的观点在经济学界产生了巨大的影响，引发了新一轮对公债问题的争论。继布坎南之后，许多著名的经济学家，如莫迪利安尼、马斯格雷夫等，开始反驳新正统学派的公债观点。这些经济学家都将负担定义为政府支出引起资源从私人部门转移到政府部门，最终导致私人消费的减少。分析的目的在于确定是谁在何时承担了公债的负担或政府支出的实际成本。把社会作为一个整体承受的负担与当前的纳税人和未来的纳税人承受的负担区别开来。许多反对新正统学派的公债理论的经济学家赞同布坎南对公债的某些分析，但他们并不完全同意布坎南的术语和定义。因此，一些经济学家通过重新定义“负担”和“代”的概念来改进对公债的分析。

这个时期在公债理论方面最重要的发展也许可以被称为资本存量标准，即国家给公债造成的真正负担在于公债导致整个国家资本存量的减少。1946—1965 年期间，公债负担的这个观点在美国新古典综合派和新古典增长模型中十分盛行，持有这个观点最突出的代表当推诺贝尔经济学奖获得者莫迪利安尼。这种观点认为，政府的财政（公债）政策确实能影响未来一代人的消费机会，判断公债是否带来负担的一个重要的标准，就是看发行公债使我们的子孙后代继承的资本存量是更少还是更多。基于这样的观点，新古典综合派开始注重公债的长期经济效果，开始注重财政政策和货币政策组合的作用。他们认为，紧的货币政策和松的财政政策（高赤字）的组合与松的货币政策和紧的财政政策（高盈余）的组合都可以实现同样的真实产出水平的短期路径。但前一种组合会导致较高的利率水平，因此妨碍资本形成。从流量的角度看，公债在私人储蓄者的财富组合中代替了其他资本。后一种组合的结果恰恰相反，有利于资本形成。因此，新古典综合派提倡前一种组合，反对后一种组合。另外，这个时期经济学家不但分析公债对整个经济运行的影响，同时也开始将分析的视角转向公债对个人的影响，特别是公债对代际公平分配的影响。

3.4　李嘉图等价定理及相关理论的发展

3.4.1　李嘉图等价定理的含义

李嘉图曾经从公债与赋税之间的替代关系，研究过政府举债的经济影响。在其代表作《政治经济学及赋税原理》的第 17 章中，李嘉图指出："如果为了一年的战费支出而以发行公债的方式征集 2 000 万英镑，这就是从国家的生产资本中取去了 2 000 万英镑，每年为偿付这种公债利息而课征的 100 万英镑，只不过由付这 100 万英镑的人手中转移到收这 100 万英镑的人手中，也就是说由纳税人手中转移到公债债权人手中。实际开支的是那 2 000 万英镑，而不是为那 2 000 万英镑必须支付的利息。付不付息都不会使国家增富或变穷，政府可以通过赋税的方式一次性征收 2 000 万英镑，在此情况下，就不必每年征税 100 万英镑。但这样做，并不会改变这一问题的性质。"①

在上述这段话里，李嘉图明确地表述了三点：

（1）征 2 000 万英镑税与发行 2 000 万英镑公债，都会使一国生产资本减少 2 000 万英镑（他假定政府是为战争而筹资）；

（2）在发行公债的情况下，每年由政府偿付的利息，只不过将一部分人的收入转付给另一部分人而已，并不改变一国财富的存量；

（3）因为发行公债与征税一样，会使该国生产劳动者的收入下降，使一国纯损失 2 000 万英镑，所以，个人消费支出也会下降。并且，这种消费行为变化与征税条件下个人消费支出下降是相同的。

关于上述第三点含义，李嘉图作了进一步的说明。他写道："读者决不要根据我以上所说的话作出推论，说我认为举债是最适于支付政府非常开支的办法。这种办法会使我们不知节俭，使我们不明白自己的真实情况。假定战费每年是 4 000 万英镑，每人每年应为这笔战费捐纳 100 英镑。如果立即令其缴足应缴款额，他就会设法迅速从收入中节约 100 英镑。但在举债的办法下，他就只要支付这 100 英镑的利息，即每年 5 英镑，并会认为只需在支出方面省下这 5 英镑，因而错误地认为自己的境况还和以前一样富足。"② 在这种情况下，举债取代纳税，可能会引起消费支出的上升。但是，如果每人都必须借债，每人都明白自己要承担 100 英镑的公债，这意味着个人要损失 100 英镑，那么，消费行为自然就会节俭，其结果与缴纳 100 英镑的税款相同。

3.4.2　巴罗对李嘉图等价定理的坚持和引申

如果李嘉图等价定理是成立的，则会出现重要的宏观经济后果。如果个人认为政府债券与征税是基本相同的，只是实际偿债的日期有所区别，那么，政府无论采取征税还是采取发

① 《李嘉图著作和通信集》第一卷，商务印书馆 1981 年中译本，第 208 页。

② 同上，第 210 页。

行公债的形式来筹措资金，个人的消费行为和投资行为都是相同的。政府发行公债时，个人作为纳税者，就会为未来的纳税筹措资金，于是要增加储蓄，而储蓄的增量恰好等于公债的总价值。

李嘉图关于公债发行与征税条件下消费行为相同的看法，在 20 世纪 70 年代被重新发现，并被命名为李嘉图等价定理。这种重新发现，是由美国经济学家罗伯特·J. 巴罗（R. J. Barro）在《政府债券是净财富吗？》[①] 一文中作出的。

李嘉图等价定理遇到的难题是：每个人实际都不可能是长生不老的，他们也不一定会按自己是长生不老的假定来行动，要是有一部分消费者，甚至所有现存的消费者在公债到期之前去世了，而他们都享受到了初始时由于政府以公债代替征税而产生的减税的好处，难道在这种条件下，他们不会增加自己的消费支出吗？如果消费者只关心自己的利益，则他们确实可以通过死亡来逃避将来的税负，这样，李嘉图等价定理就不再成立了，因为公债代替征税后，个人可以少纳税，而又不用在将来承担偿债负担，人们必然会增加现期消费支出。

巴罗在论文中，却提出了一个独创性的论点。该论点推广了李嘉图的等价定理，使之能够在消费者死于偿债期之前的状况下继续有效。

巴罗的论点建立在代际间利他主义的基础之上。在他看来，消费者都具有将财产的一部分遗留给后代的动机，这种动机会采取一种特殊的形式，就是利他主义。利他主义是指，一个具有利他动机的消费者不但会从自身的消费过程中获得效用，还会从其子孙后代的消费中获得效用。因此，一个对其后代具有利他动机的消费者不但关心自身的消费，还会关心其子孙后代的消费。进一步说，如果利他的消费者的子孙也是利他的，则这些子孙也会关心自己后代的消费，于是，利他的消费者便会间接地关心其全体子孙后代的消费。如果所有的消费者都具有利他动机，则不难推论，一个利他的消费者至少会间接地关心他本人与其全体后代的整个消费过程。

在巴罗看来，既然消费者在代际之间是利他的，则在面临政府以公债替代征税从而造成减税（减当期的税）效果时，消费者是不会增加消费支出的。理由非常简单，对于利他的消费者来说，是由他本人，还是由其子孙后代来支付偿还公债本息所需的税款，是没有区别的。

比如，由于政府以公债来替代税金，一个消费者在初始期减少了 100 英镑的税负，但由于他是一个利他主义者，深知自己后代要偿还这 100 英镑公债的本息，于是，他会保持政府债券形式的 100 英镑，而不会增加自己的当期消费。如果在公债偿还以前他去世了，他会将这 100 英镑的公债遗留给他的后代，其后代或者会用这 100 英镑的债券，去支付公债到期时政府新开征的税收，或者继续将这公债传给更幼小的后代，让更幼小的后代用这笔债券本利，去支付公债到期时个人必须缴纳的新税。这样看来，消费者是否在公债到期之前去世，对于个人的消费是不会产生影响的。买债券仍与纳税一样，会减少当前的个人消费。

3.4.3　李嘉图等价定理引发的争论

对李嘉图等价定理进行激烈争论的重要原因在于：李嘉图等价定理的假设前提过于严

① 罗伯特·J. 巴罗："政府债券是净财富吗？"，［美］《政治经济学杂志》（《Journal of Political Economy》），1982 年 11 ~ 12 月号。

格，以及这些假设前提在现实中未必存在。一旦这些约束条件不存在或不现实，那么，李嘉图等价定理的结论无疑是不合现实的。

1. 代际利他主义问题

李嘉图等价定理不但要求消费者是利他的，还要求消费者在遗留财产给后代时保证遗产值不为负。后一种要求在现实生活中并不完全出现。因为一个有利他动机的消费者，可能为自己的后代遗留负值的财产，而并不违反利他属性。比如，消费者的后代可能比该消费者本人富裕，以致该消费者可以从孩子那里获取资源来满足本人消费，而不影响孩子的效应。这样在他觉得为子女留下负的遗产时，仍不会影响子女的效用，就会使遗产值为负。如果法律与习俗不允许消费者遗产值为负，消费者就会使遗产值为零。在这种情况下政府发行公债，消费者就会增加自己的现期消费。

伯恩海姆（Bernheim，1985）认为，由于儿孙们是家庭与其他身份不明的家庭联姻的结果，所以人们的跨代转移财富的动机是很复杂的，因此，巴罗的利他主义不尽合理。在伯恩海姆看来，人们的遗赠是一种“策略性遗产”动机。尽管这一动机必须以利他主义为前提，但这仅是一个前提而已。人们遗赠的目的还在于：能够使自己年老时得到后代更好的赡养，获得更大的效用满足。即使在人们更加偏好自己子女的条件下也是如此。至于将遗产留给哪一个子女或留给多少，取决于各个子女对自己的老年生活给予照顾的程度，经济学家们称这一种过程为“拍卖选择过程”。

2. 非一次性总付的税收

李嘉图等价定理暗含的假设前提是：政府所课征的税收是一次性总付，因而政府举债对课税的替代只会造成一种税收的总额变化。但是，现实经济运行中，大多数的税种都是针对特定的经济行为而设立的，并非一次性总付。这样，以举债代替税收，肯定会引起人们经济行为的调整，于是可能导致李嘉图等价定理的失效。

托宾认为，李嘉图等价定理还暗含着这样的前提，减少的税负均等地落在每个消费者身上，且每个消费者具有相同的边际消费倾向。然而，在经济运行体系中，由于税种都是针对特定的经济行为而开征的，减税的效应就不会均等地落在每个消费者身上。同时，各个经济主体的消费倾向也不一致，如果因减税而受益的那一部分经济主体的消费倾向，高于受损的消费者的边际消费倾向，则总消费量必定会增加；反之，则总消费量会减少。这样，以公债代替征税形成的收入再分配，就可能引起总消费量的变动，李嘉图等价定理就不再有效了。

托宾指出，只有当社会存在着关于个人税负的保险市场时，即税负保险市场可以担保个人收入与财产不会因收入再分配而发生变化，以公债代替征税才不会引起总消费量的变动，李嘉图等价定理才会有效。这样，等价定理是否成立，又取决于社会是否存在个人税负的保险市场了。①

3. 不确定性的收入与消费行为

布坎南、瓦格纳、费尔德斯坦等学者认为，由于未来收入的不确定性会影响人们的消费与储蓄决策，从而使李嘉图—巴罗等价定理失效。费尔德斯坦（1976 年，1988 年）认为，对单个人来说，未来收入的不确定性很大，人们无法确切知道自己未来一定时期内的收入变

① J. 托宾（J. Tobin）：《财政积累与经济活动》（《Asset Accumulation and Economic Activity》），芝加哥大学出版社 1980 年版。

动规律。因此，他们对后代留有多少财富也是不确定的，公债融资对税收的替代就不一定导致私人储蓄的增加；同样，这也会影响有遗赠动机的人们的消费与储蓄决策。

萨克斯与拉伦（Sachs & Larrain，1993 年）认为，个人的理性程度和视野不如政府，即由于个人理性程度的有限性，李嘉图等价定理难以成立。因为人们对政府公债融资引起的税收在不同时间的替代，难以有充分的认识和完全的预期，也就很难通过自己的决策来抵消政府决策的效应。

由于人类存在有限理性，每个人的知识水平和对事物的分析能力有限。当人们在消费和储蓄之间进行选择时，由于涉及的计算较复杂，时期较长，因此存在大量难以量化的不确定性。因此，在选择消费时，个人可能并非完全最优化的。人们往往遵循经验规则，给现期税后收入赋予了很大的权数。宏观、微观经济学都有证据证明这一现象的存在。如果人们确实遵循这类规则，那么，即使人们一生的预算约束未受影响，面对凭借债券融资的减税，他们的反应还会是增加其现期消费。

4. 开放的经济条件

开放的经济条件下，由于国外居民持有本国公债，会导致公债发行国居民的经济行为调整，从而可能导致李嘉图等价定理失效。

李嘉图等价定理暗含的一个假设前提是：公债的购买者是国内居民。这样，国内居民在购买公债后就持有一笔债权，或者说获得一笔财富。同时，由于政府在未来通过征税来偿还，其结果使居民持有未来的同等债务。这些行为都发生在国内居民的身上，在其他条件不变的情况下，就会使巴罗—李嘉图有效。

然而，在一个开放型经济条件下，国外居民购买本国发行的公债，就可能使整个情况发生变化。因为本国的公债由国外的居民持有，就形成外国居民对本国居民的债权。本国政府在债券到期日只有征收国内税收，来偿还外国居民持有的公债，于是，这笔公债对于国外居民来说是一笔财富，对国内居民来说就是一笔硬债务。

5. 李嘉图等价定理的经验检验

经验研究也并不支持李嘉图等价。费尔德斯坦考察了 1930—1977 年美国税收政策对消费的影响。考察结论是，在政府支出固定不变的条件下，减税趋向于增加私人消费。

对李嘉图等价是否符合 20 世纪 80 年代的美国经济实况，劳伦斯·萨默斯和詹姆斯·波特巴作了研究。20 世纪 80 年代，美国由于减税而出现了巨额预算赤字。根据李嘉图等价，这应当导致私人储蓄增加，因为家庭预期未来将增加税收。但是，萨默斯和波特巴发现，减税之后私人储蓄率却保持不变，甚至还有所下降。

在一次相关的全面调查中，道格拉斯·伯恩海姆得出的结论是：“一系列的研究已经确证，赤字与总消费之间存在一种很强的短期关系。这种情况尽管有许多潜在的解释，但它至少与传统的（非李嘉图等价定理的）凯恩斯学派的观点相一致……无论是理论推理还是行为分析，都表明李嘉图式的结果不太可能出现。”①

① （美）杰弗里·萨克斯、费利普·拉雷恩：《全球视角的宏观经济学》，上海三联书店，上海人民出版社 1997 年版，第 299 页。

3.4.4 当前关于公债问题的主流观点

20 世纪七八十年代宏观经济学争论的主要问题就是围绕李嘉图等价原理展开的，不同学派的经济学家对该原理进行了研究和评述。支持和反对这个原理的人都不在少数，而且辩论的双方都利用计量经济分析得出了有利于自己观点的结果。

20 世纪 80 年代以来，发达国家和发展中国家财政赤字激增，公债负担率居高不下，对于公债和赤字的研究再一次成为宏观经济政策的中心问题。历史经过循环又回到了起点，当年古典经济学家关注的公债负担以及巨额公债对经济的危害，也是当前的经济学家关注的焦点。但是令人遗憾的是，直到今天，经济学家在公债和赤字方面仍然存在着深刻的分歧。

尽管经济学家对于公债和赤字争论不休、观点各异，但目前大部分经济学家至少在以下几个方面基本上达成了共识：

（1）从宏观的角度看，就一个封闭的经济而言，国内公民手里的公债，并不像私人欠债那样会成为明显的负担，因为公债的偿还除了收入分配的影响外，并没有将资源转移出国外。

（2）对于一个国家整体而言，公债的真正负担只表现在两个方面：举借公债会降低一个国家的国民总储蓄进而妨碍资本形成；将来为偿还公债征税会导致额外经济损失。

（3）公债的增加至少在短期内会增加总需求，在存在失业的情况下，这会诱发更多的消费，进而引致更多的投资，这样总产出和就业就会提高，同时为将来留下更多的资本存量。即公债增加不但不会挤出投资，反而有可能挤入私人投资。

（4）由于存在挤出效应，从长期来看，公债是以私人生产性资本形式存在的资产的替代物。公债的增加就会促使人们增加消费，那么（国民）储蓄就会减少，资本存量也会相应减少。资本存量的减少在长期内会减少一个国家的总产量，在均衡状态下，消费也被迫减少。哈佛大学的费尔德斯坦甚至把这个论点加以扩充，把社会保障这种隐性债务也包括在内，认为社会保障制度的建立（特别是现收现付制的社会保障制度）会降低一个国家的资本存量。

（5）政府支出可分为经常性支出和资本性支出。资本性支出是能够增加未来生产能力的支出，通过资本性支出建成的项目一般可以在较长时期内使用，用在这些项目上的支出不能由项目建设时期的纳税者承担，而应该由这些项目的全体受益人（纳税者）逐渐承担，公债就是把这些支出在各代人之间公平、合理分担的一个工具。

3.5 西方不同经济学派关于公债观点比较

在前面，按照公债理论发展的历史顺序对西方的公债理论进行了介绍，很明显，经济学家围绕公债和赤字展开的争论可谓源远流长（甚至与经济学的历史一样悠久）。经济学界关于公债和赤字的主流观点随着经济的发展、变化而不断发展、变化。

以斯密和李嘉图为代表的古典经济学家几乎一致反对公债，他们坚信维多利亚时代恪守的平衡预算信条才是政府财政正确的标志。随后，资本主义的大萧条使凯恩斯的观点成为主流观点，他认为财政赤字可以增加总需求，从而增加产量和就业。直到 20 世纪 70 年代，凯恩斯的这种观点主宰了整个经济学界。但是，由于近些年来发达国家和发展中国家持续出现巨额赤字导致政府债台高筑，再一次激起了经济学家对公债和赤字的极大关注，争论也更加激烈。由于财政保守派代表人物布坎南、声名显赫的货币主义学派和极富影响力的理性预期学派从各个角度对凯恩斯主义的公债理论进行了富有成效的攻击，因此，凯恩斯主义的公债观点一统天下的局面已经不复存在。

目前，经济学家在公债问题上依然充满了争论，而且分歧深刻。从理论方面看，经济学家对于公债和赤字的观点大体上可以分为三种：新古典学派、凯恩斯学派和李嘉图学派，其核心观点依次可以称为公债有害论、公债有益论和公债中性论。从本质上看，这三个思想学派的真正分歧在于各自信奉的哲学思想和基本假设不同：凯恩斯学派认为政府的明智管理是现代民主社会之魂，主张通过政府干预纠正市场失灵；新古典学派和李嘉图学派则信奉自由主义和原子论的意识形态，认为尽管存在市场失灵，但政府干预会把事情搞得更糟，坚信“管得最少的政府才是最好的政府”。

新古典学派、凯恩斯学派和李嘉图学派基本假设的不同点主要在于：传统凯恩斯学派的观点以两个核心的假设为前提，第一个假设前提是经济运行中存在闲置资源，第二个假设前提是大量的个人是短视的并且受到流动性约束，这个假设保证了总消费需求对可支配收入非常敏感。李嘉图学派的核心假设是个人具有完全理性，具有理性预期行为特征的个人将认识到现在的债务将来某一天必定被偿还，并且未来税收经过贴现的现值与目前财政赤字相等——与税收的时间路径无关。标准的新古典模型有三个核心特征：首先，每个人的消费决策都是建立在追求一生效用最大化的基础上，任何人都可以按照市场利率借款和贷款；其次，个人的生命周期是有限的，每个人都属于特定的一代人，相邻的两代人生命周期存在部分交叠，即存在迭代现象，这一点与李嘉图学派无限生命周期学派有着本质的区别；第三，市场永远出清，这一点则是新古典学派和凯恩斯学派的显著区别。

这三个学派都声称在实证研究的过程中找到了支持论点的证据。一个人认为公债是好、是坏还是无关紧要，基本上取决于他按照哪一种学派的研究范式进行研究。可以说，这三个学派的公债理论和观点都不能完美地解释现实，但都能在某一个方面对现实作出比较成功的解释。[①]

☑ 复习思考题

1. 简述古典经济学家的公债思想。
2. 请评述新正统学派的公债理论。
3. 简述布坎南的公债观点。
4. 介绍李嘉图等价定理的含义和有关争论。
5. 请比较西方不同经济学派有关公债的不同观点。

---

① 类承曜：《公债理论分析》，中国人民大学出版社 2002 年版，第 49 ~ 55 页。

第4章 DISIZHANG

公债的作用[①]

公债兼有财政和金融的双重功能，公债学是财政和金融的交叉学科。从理论上看，对于公债问题，从财政角度和金融的角度所做的分析以及得出的结论不尽相同，有时截然相反。立足于财政角度展开分析，人们对公债基本上持比较消极的态度。普遍认同的看法是：财政运行必须遵循“谨慎财政”原则，即必须追求收支平衡，不到万不得已，政府不能产生赤字，当然也就不发行国债。与此相应，一旦财政预算有盈余，政府便自然地要净额清偿公债。与此相反，对于公债，金融界一般持比较积极的态度，至少金融界的人们一般不会去讨论公债规模是否过大的问题。故本章拟从财政和金融两个方面系统介绍公债的作用。

4.1 公债在财政方面的作用

众所周知，历史上公债最初大规模的出现主要是战争的结果。在自由竞争的资本主义时期，除了弥补战争等紧急事件造成的财政赤字外，公债的积极作用十分有限。但随着经济的发展，社会化大生产程度的提高，市场经济运行本身对发行国债的要求越来越迫切，人们也逐渐认识到公债的积极作用，并有意识地利用公债为经济的发展服务。

4.1.1 发行公债是政府扩大总需求的有效手段

在自由资本主义时期，在工业革命的推动下，资本主义经济迅猛发展，当时经济运行中的主要矛盾是供给无法满足急剧增长的需求，同时垄断仍然是例外的现象。因此，古典经济学提出的充分竞争和充分就业的假设前提以及市场经济能自动恢复到充分就业均衡状态的观点基本上符合当时的经济事实。

但随着经济发展水平的不断提高，总需求逐渐成为决定总产量的主要因素。凯恩斯令人信服地论证了市场经济不存在自动恢复均衡的机制。因此，政府必须干预经济运行、管理总需求以解决失业和经济波动的问题。在简单的凯恩斯主义模型中，财政政策作为一种宏观经济管理工具，在解决失业问题并且使经济走出萧条方面具有不可替代的作用。失业是总需求不足的结果，而市场无法自动地解决总需求不足的问题。工资具有向下调整的刚性，而且即

① 本章是由类承曜著的《国债的理论分析》（中国人民大学出版社2002年版）第四章整理而成。

使工资下降，也可能由于价格下降而不会提高实际的需求。同时利率不可能无限制地降低，增加的货币供应量将被无限弹性的流动性需求吸收。通过征税增加政府支出则由于税收具有紧缩效应而无法有效地扩大总需求。因此，赤字财政就是政府扩大总需求以恢复充分就业的唯一可行的方法。政府既可以通过发行公债也可以通过创造货币为财政赤字融资。而发行货币弥补财政赤字有可能增加未来的通货膨胀压力。因此，凯恩斯的宏观经济理论为发行公债的必要性提供了理论依据：政府可以利用公债政策实现稳定经济的目标。

另外，通过分析凯恩斯的有效需求理论进一步明确政府发行公债对于维持充分就业水平的必要性。凯恩斯认为，储蓄和投资是由不同的人群做出的，储蓄由收入（产量）和边际消费倾向决定，投资则取决于基于不确定性的对未来收入的预期，因此计划（事前）的储蓄和计划的投资很难一致。如果人们储蓄增加（消费需求减少）而投资需求没有相应的增加，导致计划投资小于计划储蓄，那么总需求的减少就会降低总产量，总产量的降低又进一步减少了储蓄，直至事后储蓄等于事后投资，经济在较低的总产量水平上达到新的均衡。因此在凯恩斯模型中，任何计划投资和计划储蓄之间的不平衡都会导致数量调整而不是古典学派所认为的价格（利率）调整，通过总产量的调节实现储蓄和投资事后的平衡。在充分就业的经济中，如果私人部门计划储蓄增加（消费需求减少），而计划投资并没有相应地增加，那么政府支出的增加就应该等于计划储蓄与计划投资的差额，使总需求保持在充分就业时的产出水平。只有如此，总产出和总就业才不会减少，如果增加的政府支出是投资性支出，那么，政府投资与私人投资之和（计划投资）就会等于私人部门的计划储蓄。因此，私人部门的计划储蓄与事后储蓄（包括私人投资和国债两部分）相等，财政赤字不但维持了充分就业，而且增加了国民储蓄、提高了国民储蓄率，从本质上看政府投资弥补了私人投资的不足。即使增加的政府支出全部用于经常性支出，也会提高总体社会福利水平，尽管私人部门的计划储蓄①没有实现，仅仅等于计划的私人投资，但是财政赤字增加了总支出，消除了失业，即在就业不足的经济中财政赤字确实吸收了一部分储蓄，否则这部分储蓄就会消失在更低的收入和更低的就业量中。因此，政府发行公债的必要性就在于弥补私人投资需求和消费需求的不足，维持经济处于充分就业状态。

4.1.2 为政府投资性支出筹集资金

由于在自由竞争的资本主义发展初期，生产的社会化程度还不高，在发达的市场经济中存在的市场失灵问题，如基础设施短缺、教育水平落后等问题还不突出，还没有成为制约经济发展的“瓶颈”，私人部门要求政府解决市场失灵问题的呼声还不强烈，政府的职能基本上限于“维持社会的秩序”和“保卫国家的安全”等最基本的公共服务。政府投资性支出在政府总支出中仅仅占据了微不足道的比重，自由竞争资本主义时期几乎所有的政府支出都是消费性支出，古典经济学就认为发行公债会损害生产性资本是言之有据的。但随着经济的发展、人均收入的提高，财政支出占 GDP 的比重也逐渐提高，这就是著名的瓦格纳法则。在经济快速发展的早期阶段，要求政府为经济发展提供基础设施，如交通系统、环保系统、医疗卫生系统、教育科研体系以及其他用于人力资本的投资等，而按照经济学理论，这些投

① 在这种情况下，私人部门表面上仍实现了计划储蓄，事后储蓄正好等于私人投资和国债总额。但是由于政府举债的收入用于经常性支出，私人拥有的国债并没有对应的资产，私人实际的事后储蓄仍然等于计划投资（私人投资）。

资一般来说投资大、周期长，因而政府投资支出融资的最适当的方式就是发行公债，既符合成本—收益标准，也符合公平的原则。为了详细说明这一论点，按照英国古典财政学家Ursula Hicks的分类方法，将政府投资性支出分为消极支出和积极支出。① 消极支出是指可以产生效用，但既不产生货币收入流也不能提高劳动力和资本生产率的政府投资性支出，如城市绿化工程、公共建筑等。积极支出包括两类政府投资支出：（1）资本性支出项目，并且该项目投入使用后本身能产生足够的货币收入流以收回最初的投资，如电站、通信网络等；（2）能够直接或间接提高一个国家生产力的政府投资性支出，例如旨在提高劳动生产率的基础科学研究和公共教育支出，以及旨在提高一个国家整体生产率的保护自然资源或提高资源利用效率的投资性支出。

对于政府投资性支出而言，不论是消极支出还是积极支出，从规范的角度看，最适当的融资方式都是发行公债。首先，从消极支出来看，政府在投资期内一次性投入大量资金，投资支出项目完成后可以在较长的服务期内令几代人受益。按照受益支付原则，消极支出的成本不应该全部由生活在项目投资期内的纳税人承担，而应该由该项目的受益人逐渐承担，公债就是把这些支出成本在受益的各代之间公平分担的一个有效手段。其次，就积极财政支出而言，对于能产生货币收入流并能实现自我融资的政府投资项目（第一类积极支出），政府发行公债为其融资，并利用该项目将来的收入偿还公债利息，在这种情况下发行公债的合理性，可用私人部门通过贷款为盈利性的投资项目筹集资金的理由进行解释。能直接或间接提高国家生产力的第二类积极支出，其成本在投资期内一次性支出，但收益却体现在未来国家经济增长率的提高上。这类支出与第一类积极支出的区别就在于它的收益是间接的而且没有形成货币收入流，属于典型的公共产品或具有正外部性的产品，政府只能通过征税而不能像第一类支出那样通过收费补偿投资支出成本。考虑到第二类支出的集中性和收益的分散性，最适当的融资方式还是发行公债。因为这类支出会提高国民经济增长率，相应增加了税基，于是政府为偿还公债而征税有了坚实的收入基础。另外，从经济效率的角度分析，通过举债而不是课税为政府投资性支出融资，还可以减少税收的额外经济损失。

综上所述，对于一个发展中国家来说，在经济发展的初级阶段，加大政府投资仍是经济发展的必要条件，为政府投资性支出筹集资金的最适当的方式就是发行公债，这样不但能符合效率的要求，而且有利于公平分配。

4.1.3　弥补经常性收支差额

理论上，将政府支出划分为经常性支出和投资性支出是很有意义的。上述规范性理论分析表明，应该通过发行公债为投资性支出筹集资金。而经常性支出的收益和支出都发生在同一时期（即期），在经常性支出项目上公债是否无用武之地了呢？答案是否定的。因为在一个财政年度内，财政收入和财政支出在时间上并不一致，在财政支出已经发生而相应的财政收入还没有收到的情况下，可以通过发行公债弥补临时性的财政赤字，待税收征收上来后再

① Ursula Hicks在其经典名著《英国财政，1920—1936》（Oxford University Press，1938）中将国债分为三类：消耗性国债、消极国债和积极国债。消耗性国债是指其收入以下政府支出项目的国债，这类政府支出既不能增加该国的生产力，也不能在未来产生效应流和货币收入流。最典型的消耗性国债就是为战争融资而发行的国债。而消极国债和积极国债则分别指为本章中的消极支出和积极支出融资而发行的国债。

偿还公债。在各财政年度之间，由于财政体制存在自动稳定器机制，经济衰退时期出现财政赤字，而经济繁荣时期则出现财政盈余，在经济衰退的年份就可以发行公债弥补财政赤字，这种公债可以通过经济繁荣年份的财政盈余偿还。

在许多国家，特别是发展中国家和转轨国家，出现经常性收支差额的原因主要有两方面：一是政府支出迅速增加的同时，由于立法程序滞后、政治上阻力太大或者是税收征管手段不完善，税收收入无法相应地增加；二是如果强行提高税率、扩大税基实现税收收入与政府支出同步快速增长，税收增长导致的额外经济损失有可能阻碍经济的发展。在这种情况下，发行公债（不是发行货币，因为发行货币有可能导致通货膨胀）弥补财政赤字就不失为一种合理的选择。一方面可以为政府将来通过立法提高税率和加强税收征管赢得时间；另一方面将目前应该征收的税收额在将来分几次征收，每次征收的税额较少，不但可以减少税收的额外经济损失，也容易被纳税人接受。而且将来经济发展了，政府的税基也扩大了，政府为偿还国债而征税的能力也相应地提高了。

4.2　公债在金融方面的作用

随着金融市场的发展，公债作为最基础的金融工具，对金融市场和整个国民经济运行都具有越来越重要的意义。公债在中世纪刚刚诞生时，就已经开始作为一种有价证券、金融工具在新兴的欧洲交易所广泛交易。20 世纪 70 年代以后，一些发达国家巨额的预算赤字导致公债规模的日益庞大。布雷顿森林体系崩溃后各国纷纷建立浮动汇率制，金融自由化的加快、金融全球化的发展以及令人目不暇接的金融创新，极大地促进许多国家和全球金融市场的发展。公债作为最基础的金融工具在金融市场中的作用日益凸显，公债市场在整个金融市场中的地位更是举足轻重。其实公债市场与金融市场是相辅相成、相互促进的，公债政策不仅影响政府财政，而且影响金融市场和货币政策，通过金融市场的传导机制影响宏观经济运行。本节的目的在于从宏观经济角度介绍公债作为一种金融资产所具有的作用。

4.2.1　公债作为金融资产的特性

从投资学的角度，公债就是一种金融资产，与其他私人债券从表面上看没有什么区别，都是发行人（债务人或借款人）据以允诺在一定的时间内偿还贷款人或投资者所借数额加利息的一张契约。公债与其他金融资产一样，也能给持有者带来收益流。分析公债作为金融资产的特性，也就是分析公债与货币和私人债务的异同点。

公债与货币的异同点：从政府角度看，公债和货币都是政府负债，公债是财政部负债项目，而货币是中央银行的负债项目。两者的区别是公债支付利息，而货币不需要支付利息。因此许多经济学家将货币和公债都算做未清偿的政府债务，将货币当做不付息的政府债务。因此，政府既可以通过发行公债弥补财政赤字，也可以通过发行货币弥补财政赤字。从私人部门的角度看，公债和货币都是金融资产，区别在于货币的流动性较强，但盈利性较差，而公债正好相反，其盈利性较强，而流动性较差。两者的安全性则没有任何差别，因为两者都是以国家信用为担保。公债与货币相比至少提供了两种类型的收益：向公债所有者支付利息，在持有债券期间债券价格上升时所能得到的资本收益。对货币所有者而言，货币之所以是一种金融资产，是因为它提供了一种收益流，即提供了作为交换媒介的服务。

从上述分析可以得出重要结论，政府偿还公债无非是把政府的一种负债（货币）换成政府的另一种负债（公债），而私人部门则是将自己手中的一种政府资产（货币）换为另一种政府资产（公债）。因此从理论上讲，政府偿还公债的能力是无限的，公债没有违约的风险，政府也不可能因为公债过多而破产，因为政府有创造货币的权力。政府有强制征税的权力，从另一方面保证了公债不具有违约的风险，但这并不意味着政府可以毫无限制地扩大公债的规模。因为如为偿还巨债而发行的货币量超过国民经济正常的货币需求量，那么通货膨胀就难以避免，而通过征税偿还公债则可能由于政治程序上的限制或经济效率的损失而无法实施。

公债与私人债务的异同：公债和私人债务都能给持有者带来利息收入和资本利得两种收益。但两者的信用风险是不同的。私人债务的偿还以私人资产和资产的收益为担保，而公债的偿还能力则以货币发行权以及征税能力为担保，对于用于投资性支出的公债，其偿还能力也是以投资形成的资产和资产的收益为担保。另外，个人的生命是有限的，其债务在某一时点必须偿还，国家从理论上讲则具有无限长的生命，公债也与国家一样永远地存在，无需在某一时点全部偿还。公债和私人债务最本质的区别就在于发行人不同，前者的发行人是国家，后者的发行人则是私人，因此公债的信用（违约）风险为零，而私人债务是有信用风险的。

4.2.2　公债的需求

了解公债的需求非常重要，因为只有相对于公债需求而言判断公债规模是过大还是过小才有意义。那么经济主体为什么需要公债呢？如上所述，公债具有与其他金融资产不同的特性，货币和私人债务等金融资产不能完全代替公债的作用。也正是因为公债具有这种独特的金融资产特性，才使得公债在不同的经济主体的资产组合中具有不可或缺的重要地位。

不同的经济主体需求公债的原因：

1. 中央银行

货币政策和财政政策是政府调节宏观经济运行的两个主要工具。而中央银行货币政策的“三大法宝”则分别是公开市场操作、再贴现和存款准备金率。但是在这三大货币政策工具中，再贴现制度和准备金制度的地位正在无可挽回地下降，而公开市场操作以其主动性强、灵活可控等特点，作用日益突出，地位逐渐上升[①]。主要原因在于公开市场操作在三大货币政策工具中最富于弹性，最为市场化，而且货币当局拥有最大的自主权。中央银行成功地实施公开市场操作的前提是中央银行拥有一种合适的准备资产，使当局能够根据调节经济运行的需要，通过买卖这种资产自主地增减货币供应量，这正是公开市场操作的主要精神。适合充当公开市场操作对象的资产必须具备以下条件：第一，这种资产的市场规模应当或可以变得很大，能够为货币供应量的吞吐提供足够的空间。第二，这种资产应该具有很高的安全性并且价值应该稳定，否则，这种资产的风险和价值波动将使中央银行的资产项目处于不稳定之中，迫使中央银行根据剧烈变动的资产项目不断调整其资产负债表，而无法自动控制货币

① 高林：《间接调控下的中央银行公开市场操作》，东北财经大学出版社 2002 年版。

供应量的变化。第三，这种资产不应该具有“针对性”，不应该与微观经济主体或微观经济活动发生直接联系，否则，公开市场操作将变成有利于某些经济主体和经济活动的信贷分配政策。第四，这种资产应该具有广泛性、交易活跃且不间断，即各经济主体在自己的总资产中都愿意持有一定比例的该种资产，并且该种资产的流动性极强。唯有如此，中央银行的公开市场才能以该种资产作为载体传导到经济运行的各个层次，货币政策的作用才能有效地发挥。私人部门的股票、私人债券和外汇等金融资产都不能全部满足上述条件，例如私人债券具有针对性，当中央银行为扩大货币供应量而购买私人债券时，私人部门就会把风险很高的债券推向市场，而当中央银行为减少货币供应量而出售私人债券时，就会极大地压低债券的价格，给私人债券的持有者造成很大的损失。外汇一方面由于汇率的波动使其价值极不稳定，另一方面外汇储备的数量主要取决于国际收支而使中央银行的货币政策失去了控制，因此也不适合作为中央银行的储备资产。

不难发现，只有公债中的国债适合作为中央银行的储备资产。因为只有国债能较好地满足上述条件。国债没有信用风险，国债的规模可以大到为中央银行吞吐货币提供足够的空间，在公开操作市场上，中央银行可以根据自己调节经济运行的需要，自由地购入或卖出几乎是任意数量的国债，因此中央银行能自主地实现其扩张或紧缩货币供应量的目标。另外国债的价值相对稳定，中央银行买卖国债只会影响到私人和政府之间的关系而不会影响私人部门之间的关系，因此国债对于微观个体和微观经济活动不具有“针对性”；国债广泛地被各经济主体持有。

2. 商业银行

所谓商业银行，即是以利润最大化为目标，可以办理支票流通和转账结算的金融企业。商业银行最初是为办理短期工商业存贷款而建立的，随着金融业的不断发展，尤其是各国金融管制逐步放松，商业银行的业务范围不断扩大，已从传统的存贷款业务扩大到信用卡、融资租赁、投资咨询，甚至债券承销、证券投资、投资银行等业务领域，发展成兼营多种业务的综合性金融企业。尽管如此，商业银行所具有的基本特点并没有改变，一是以利润最大化为目标，它是商业银行开展业务以及进行金融创新的动力源泉，此特点将商业银行与中央银行区别开来；二是办理支票流通和转账结算业务，这一点则赋予了商业银行独特的信用创造功能，它将商业银行与非银行金融系统区别开来。

商业银行之所以要认购公债，是由其业务特点决定的。尽管现代商业银行的业务发展日新月异，衍生创新层出不穷，但主要业务仍然是资产负债业务（许多其他业务也是以资产负债业务为基础的）。商业银行的资产业务以贷款为主，而贷款的本息通常只有在贷款合约到期后才可收回，具有一定的刚性；负债业务以存款为主，它随时可能被提取[①]，又有相当的随机性。刚性的资产业务与随机性的负债业务相匹配，使商业银行在经营管理中常常会陷入两难境地：如果将资金足额放贷出去，那么银行可能随时产生支付危机，更何况贷款还存在着到期无法收回的风险；如果持有大量的货币作为支付准备，则又因资金闲置降低了资产的营利性。此时，投资公债即成为商业银行调节资产结构、优化资产负债匹配的优良工具。首先，商业银行购入政府债券是一项有利的投资，持有政府债券可以获得利息收入，避免因储备大量现金而造成资源浪费。其次，政府债券流动性高，随时可在金融市场上出售，极适

① 即使具有一定稳定性的定期存款，也大多可以提前贴现。

合于作为商业银行的第二线储备资产。当第一线储备资产（现金）不足时，随时可通过出售一定数量的政府债券来换取现金。

具体来说，商业银行主要经营的是短期存贷款业务，因为商业银行除了面临信用风险和利率风险以外，还必须保留足够的准备金满足存款者随时提取资金和贷款的要求。商业银行应付提款和贷款要求的方法有：（1）吸引更多的存款；（2）以现有证券为抵押品向中央银行和其他金融机构借款；（3）出售持有的证券；（4）在货币市场上借入短期资金。第（2）、（3）个选择要求商业银行将其资金的一部分投资于具有高流动性、高安全性以及几乎没有价格风险的证券，这种证券非短期国库券莫属。

3. 非银行金融机构

所谓非银行金融机构是指不能办理支票流通和转账结算的业务，或者说不具有货币创造功能的金融机构。作为公债认购主体的非银行金融机构主要有以下几种：

（1）投资银行。即指专门从事商业资本运营，并在证券市场上进行证券承销、投资咨询以及套利投机的金融机构。在西方各国，许多大的证券公司都具有投资银行的职能。投资银行的公债投资业务主要可分为三种：一是在一级市场中直接参与公债券的承购包销和投标，然后再将购入的公债分销出去；二是在二级市场中低吸高抛，赚取差价；三是在期货交易、期权交易等衍生金融交易中充当客户的交易对手。此外，投资银行出于投资组合的需要，在其总资产中也应持有一定比例的公债，因为与不包括公债的投资组合相比，包括公债的投资组合可以在实现同样水平收益率的前提下，承担更低的风险。

专栏

投资银行在公债市场中的地位

美国著名的历史学家和金融专家罗伯特·索贝尔曾说过：“如果没有证券市场，资本主义也可维持下去，但如果没有投资银行，就不会有我们所理解的自由企业资本主义。”也许索贝尔先生的话有些言过其实，但投资银行对美国历史发展的影响的确不可低估。

早在南北战争期间，领袖级的投资银行家杰伊·库克就通过广泛兜售公债券为北方政府筹集了大量的战争军费，为北方最终胜利提供了必要的经济保障。1894 年，当格罗福·克利富兰总统为挽救金本位制而在国外销售联邦债券遇到困难时，著名投资银行家杰·普·摩根应允在欧洲销售 1 亿美元债券，消息一经传出，立即引发债券行市上涨，促使联邦债券很快销售一空。1907 年，当西奥多·罗斯福总统面对严重的经济危机和金融混乱而一筹莫展之时，又是摩根挺身而出，“领导”着当时的财政部长科特留在纽约销售债券，最终使政府渡过了难关。

在经济金融日益复杂化和专业化的今天，投资银行家已不再具有当年左右历史进程的影响力了，但却深深地融入了市场经济的运行中。在公债市场上，投资银行在一级市场中充当政府与最终投资者的中介，在二级市场上充当投资者之间交易的中介，成为公债市场运转须臾不可分离的中间人和润滑剂。投资银行家正是利用其丰富的投资经验和投资技巧、大胆的创新精神、灵敏的市场嗅觉力推动着债券市场的发展。

资料来源：杨大楷等：《国债市场体系》，上海财经大学出版社 2000 年版，第 171 ~ 173 页。

（2）保险公司。主要指商业性保险公司和社会保障基金，这些机构平时向投保人收取保费，在投保标的发生损失或被保险人寿命达到一定年龄时，即向受益人支付一定保险金。经营风险的业务性质决定了保险业是一个高风险行业。为了保护投保人的利益，保证保险公司的偿付能力，几乎所有国家的政府都对保险资金的运用进行了限制，降低其投资风险性。这样，具有良好安全性、流动性和稳定收益的公债券就成为保险机构主要的投资工具。

通常来看，保险公司可以分为两类：人寿保险公司、财产和意外伤害保险公司（简称财产险公司）。前者出售保险单，投保人在死亡、因病丧失工作能力或退休时，可凭保险单取得收入；后者则专门出售为意外事故、火灾和盗窃等提供赔偿的保险单。对于人寿保险公司而言，由于人口的死亡率就总体而言相当稳定，并可以通过精算准确预测，即人寿保险公司可以精确地计算他们未来将向其保单持有者支付多少钱（也就是人寿保险公司的负债）。因此，人寿保险公司发行的大多数合同都具有合同规定的固定利率，并经过一定的年数后支付给保险单持有人。人寿保险实质上具有储蓄机构的性质，这类机构承担的大多是长期债务（当然也包括少量的短期保险，如航空保险、旅游保险），这种负债的性质决定了其将大部分资金分配到长期债券上，特别是收益率高而且稳定、安全性强的长期公债。当然，正因为人寿保险资金稳定，政府也常常向其定向发行特种债券，这也成为人寿保险公司持有公债券的途径之一。

财产保险公司的保险责任期短于寿险公司，财产保险公司的负债发生的确切时间和数量是未知的，毕竟财产损失较之人口死亡率来说要不确定得多，他们很难像人寿保险公司那样精确地预测出自己的负债（向保险单持有者支付多少钱）。财产保险公司负债的性质决定了安全性强的流动资产在其总资产中应该占有相当的比例，短期的公债正是满足财产保险公司上述需要最理想的金融资产。在美国，财产保险公司持有的市政债券和联邦政府证券（包括短期的国库券和联邦机构证券）占其总资产的一半以上。[①]

（3）社保基金。对于社会保障基金来说，人们最关心的就是基金的安全性（保值），只有在安全性得到保障的前提下才能考虑社会保障基金的盈利性，并且社会保障基金必须为参加者提供稳定的收入。由于股票和企业债券预期收益率不稳定和存在的信用风险，它们均不适合成为社会保障基金最为主要的投资对象。相反，公债不但安全而且具有稳定的预期收益率，对于视安全性为生命的社会保障基金而言，相当一部分资金都应该投资于公债，这不仅是理论分析的结果，而且也被各国社会保障基金的资产结构所证明。如发达国家政府债券在养老基金资产中的比例一般都在 10% ~40% 之间[②]，1990 年，英国、美国、德国和加拿大政府债券在社会保障（养老）基金资产中的比重分别为 11%、20%、17% 和 39%。

除投资银行、商业保险和社会保险机构之外，非银行金融系统还包括：各类专业银行，这些银行专门从事特定领域内的存贷款业务，如储蓄银行、农业银行、工业信贷银行、房地产抵押银行、进出口银行、信用合作社等；投资基金通过向投资者发售受益凭证或基金凭证募集资金，然后通过投资于债券和股票等金融资产获利，基金持有人根据所持基金份额分享

① 市政债券在美国财产保险公司的资产中占有相当高的比例，这主要是由于税收的考虑，因为市政债券可以免除联邦所得税。

② 政府债券在养老保险基金的资产中的比例在各西方发达国家不尽相同，其原因是多方面的，如相对于本国证券市场规模而言的养老保险基金的规模、证券市场的发育程度、各国基金管理的会计制度等。

投资收益；财务公司，财务公司通过发行债券或向商业银行借款获得资金，以消费信贷、证券投资、票据贴现甚至不动产抵押贷款营利。上述几类金融机构的资金来源都比较稳定，中长期公债以及不上市公债是它们主要的投资对象。

4. 私人部门

私人部门包括个人和非金融企业。私人部门需要公债的一个重要原因就是公债可以作为一种价值贮藏手段而发挥作用。众所周知，货币的一个重要职能就是价值贮藏，但由于与货币同样安全的其他金融资产（如公债和国有专业银行的定期存款）的收益率要高于货币，因此货币与这些安全的金融资产相比是一种“劣势资产”。货币价值贮藏的职能在很大程度上可由这些同样安全的、收益率更高的金融资产来代替。[①] 在我国，由于长期以来国有专业银行以国家信用为基础，因此事实上在国有专业银行存款的安全性与国债和货币的安全性并没有什么差别。而且我国公债市场不发达，公债的流动性比国有银行存款的流动性还要差，即提前兑付公债比提前支取银行存款更为困难或损失更多。正因为如此，我国公债利率必须高于同期银行存款利率（以收益率的提高弥补国债流动性的不足）才能对投资者产生吸引力。

可以期待的是，随着我国国有专业银行向国有商业银行战略性转变的实施，特别是国有专业银行股权多元化改革的深入，我国其他商业银行的发展以及国外银行的进入导致的银行业竞争的加剧，国家不可能像过去一样为公众在国有专业银行的储蓄存款提供无限制的担保，国有专业银行国家信用的基础将被动摇，代之以银行本身信用，国有专业银行将与其他银行站在同一起跑线上展开公平竞争。[②] 这样一来，以银行信用为基础的银行存款的安全性就会低于以国家信用为基础的公债的安全性。另外，如果公债市场（特别是公债二级市场）进一步完善，公债的流动性会进一步提高，在拥有发达的公债市场的国家，公债的流动性比银行存款的流动性更高。由于公债与同期限的银行存款相比在流动性、安全性方面均处于优势，因此公债的利率应该低于同期银行存款的利率。换个角度看，如果公债利率等于或高于同期存款利率，那么公债对投资者的吸引力将超过银行存款对投资者的吸引力。近两年来我国公债提前兑付条件的放松，即公债流动性的提高，令投资者对公债趋之若鹜，就充分地说明了这一点。所以随着我国公债市场的逐步完善，随着公债信誉相对于其他金融资产的提高和其流动性的增强，公债利率应比相同期限的其他任何金融资产的利率低，这是一个必然的趋势。公债作为价值贮藏手段也必将更多地受到投资者的青睐。按照资产选择理论分析，公债在私人部门的总资产（包括货币、债券、股票和实物资产等）中必将占有一定的比例。随着私人部门资产（收入）的增长，私人部门对公债的需求量也将不断增加。

以下将用资产选择理论分析公债需求。公债是与货币、其他金融资产以及实物资产互相依存、互相替代的一种资产形式。资产选择理论假定，个人在某一时点拥有一定的财产，个人可以通过 5 种形式持有自己的财产：货币、公债、企业债券、股票和实物资产。资产选择方法认为，个人将根据每种资产的边际收益率（考虑了风险性和安全性）相等的原则来决

① 仍有一些原因可以说明货币作为价值贮藏手段为何具有吸引力，例如在地下经济中货币使它的持有者可以匿名；另外在金融不稳定时期，人们可能不相信金融机构而将银行存款提取出来以现金形式保留自己的财富；在政府债台高筑时，人们对政府偿债能力失去信心也可能导致抛售国债而以现金保持自己的财富。

② 存款人对过去以国家信用为基础的国家专有银行的信任在短时间内恐怕很难消除。

定持有各种资产的数量和比例。只要能满足这个一般性条件，个人就能使自己财产的总收益达到最大化。当个人具体选择是否购买并持有某种资产以及购买多少该种资产时，必须考虑下面四个因素：

（1）财富，即个人拥有的、包括所有资产在内的总资源。

（2）一种资产相对于替代性资产的预期回报率。

（3）一种资产相对于替代性资产的风险（收益的不确定性程度）。

（4）一种资产相对于替代性资产的流动性（即一种资产变现的容易程度和速度）。

我们基于上述理论构造我国私人部门公债需求的函数：

$$B^d = f(Y, r_b - r_m, r_b - r_e, r_b - r_c, u)$$

式中，B^d 为私人部门对公债的需求量；Y 为收入，因为财富指标很难计量，这里用收入来代替；r_b 为国债的预期回报率；r_m 为货币（包括银行存款）的预期回报率；r_e 为股票的预期回报率；r_c 为企业债券的预期回报率；u 为国债流通市场日平均交易量占国债余额的比例，本节用这个比例衡量国债的流通性。[①] 其中：$\frac{\partial B^d}{\partial Y} > 0$，$\frac{\partial B^d}{\partial Y(r_b - r_m)} > 0$，$\frac{\partial B^d}{\partial Y(r_b - r_e)} > 0$，$\frac{\partial B^d}{\partial Y(r_b - r_c)} > 0$，$\frac{\partial B^d}{\partial u} > 0$。

综上所述，一个国家的公债需求由中央银行、商业银行、非金融机构、私人部门等对公债的需求构成。研究一个国家的公债需求之所以重要，是因为由公债需求量决定了公债规模，而中央财政不需要偿还，可通过“借新还旧”的方式偿还即可，如果公债需求超过了目前的公债余额，则财政除偿还旧债外仍有增发新债的空间，如果公债发行量超出了公债需求，那么政府就很难发行公债。一些债台高筑的南美国家公债无法销售出去，最后不得不通过债务货币化走向通货膨胀的深渊，最能说明这个问题。

4.2.3　公债在金融市场中的作用

公债除了具有满足经济主体对国债的需求的作用外，在金融市场中还具有以下重要的作用。

第一，公债的利率为金融市场提供了基础利率。在所有的金融资产中，公债的信誉度最高，在存在发达的公债市场的前提下，公债的流动性也相当强，因此公债的利率应当比相同期限的其他任何金融资产的利率低；同时公债的交易量大，交易速度快，交易成本也低，公债的利率也最能及时地反映金融市场资金供需状况。在西方一些发达国家（如美国），国库券利率、中长期公债利率分别起着基准利率的作用。其他金融资产的利率基本上都是在同期公债利率的基础上加上一个上浮的幅度。建立高效率金融市场的前提是利率的市场化，而公债市场的完善对于利率的市场化建设则是至关重要的。

第二，公债的存在可以降低金融市场和投资者的风险。通过上面的论述可知，公债比企业债券更安全，没有信用风险。一方面是因为国家可通过征税和发行货币来保证国债的偿还；另一方面是公债可以避免单个企业面临的企业和行业萧条的风险以及经济周期衰退的风

① 这一比例也部分地反映了国债的风险性，在金融理论中用来衡量金融资产风险性的一个主要指标是收益率方差，国债市场的深度和广度与国债价格波动成负相关关系，因此用上述比例可以部分反映国债的风险。

险。作为安全性很高的金融资产，公债的存在会扩大金融市场资产组合的种类，降低整个金融市场的风险，用数学语言说，在维持整个金融市场预期收益率不变的条件下，可以降低收益率的方差。

投资组合的分析表明，对于投资者而言，如果能将一部分资金投资于一种无风险资产，就能显著地降低总投资风险，满足自己（许多投资者）规避风险的需要。所谓的无风险资产是指这样的一种资产，投资者在购买该种资产时，清楚地知道持有资产时期结束后的资产价值，即无风险资产的标准差为零。由定义可知，由于无风险资产有确定的收益，因此这类资产一定是没有信用风险的固定收入证券。因为所有公司证券都有信用风险，所以由公司发行的证券不可能是无风险资产。这种没有信用风险的资产只能是由政府发行的。然而，并不是所有政府发行的证券都是无风险资产，即公债到期日等于投资者持有时间的公债。投资者可以用一部分资产购买无风险资产，其余资金用于购买马科维茨可行集上的某种风险资产组合。① 无风险资产国债的引入，会改变投资者有效集的形状。具体来说，可以在维持预期收益率不变的前提下，减少投资者的风险。因此无风险资产公债的引入，极大地改善了投资者的经济福利。

第三，公债和货币的存在，方便了上代人与下代人之间的契约关系。它允许现在正在工作的一代人进行储蓄，在缺乏积累其他不贬值资本的能力时，能向下一代人要求得到退休后的赡养。②

复习思考题

1. 简述公债在财政方面的作用。
2. 用凯恩斯理论分析公债在扩大内需中的作用。
3. 中央银行进行公开市场业务操作，为什么要选择国库券作为操作对象？
4. 简述公债在金融方面的作用。

① Harry Markowits：Protfolio Selection：Efficient Diversitication of Investments，New York，John Wiley，1959。

② 详细的分析请参阅诺贝尔经济学奖获得者 Vickrey 的精彩论述，Willam，Vickrey，Public Economics，421 ~ 431，Cambrige University Press，1994。

第5章 DIWUZHANG

公债的经济效应

公债的经济效应，是宏观经济学中一个十分重要而且充满了争论的问题。直到今天，不同的经济学流派在公债的经济效应这个问题上，观点迥然不同。本章主要介绍研究公债经济效应的两种方法，以及公债对财政收支、货币供给、收入分配的影响。

5.1 研究公债经济效应的两种方法①

政府的收支必须满足政府预算约束的要求，即在一定时期内，政府的所有支出（转移性支出加购买性支出）必须等于政府从各种融资渠道（包括印刷货币）获得的所有收入。用一个简单的公式表示为：

$$G = T + \Delta D + \Delta H \tag{5.1}$$

式中，G 为政府支出；T 为税收收入；D 为公债的余额；H 为基础货币的供给量；Δ 为变化量。政府预算约束式（5.1）表明：政府的支出所需要的资金既可以通过税收，也可以通过发行公债，还可以通过增加货币发行量来筹集，当然也可以是上述三种方法的某种组合。同时政府预算约束也意味着单独研究举借公债的经济效应是不可能的，因为在其他政府预算变量（G、T 和 ΔH）保持不变的条件下，公债余额的变化量（ΔD）也不可能单独变化。政府预算约束要求公债余额的变化量必然与政府支出、税收和基础货币变化量三者之和相等（$\Delta D = G - T - \Delta H$）。由此可见，公债的经济效应不是一个一维的概念；公债的经济效应只能是公债余额的变化量和相应的其他政府预算变化量的净效应。

因此，分析公债的经济效应时，必须明确何种预算变量被假定为保持不变，何种预算变量发生了补偿性的变化。由此产生了研究公债经济效应的两种基本方法：一种是绝对的（absolute）方法，一种是差别的（differential）方法。应当指出，在分析公债经济效应时产生的许多混乱，主要原因之一就是没有明确区分这两种研究方法。前者研究的情况是，增加财政支出，同时保持税收和货币发行量不变，由此形成的财政赤字通过发行公债弥补，即公债的发行量与政府支出的增加量相等。按照绝对的方法研究公债的经济效应就是分析比较以下两种情况中经济运行结果的差异：一种情况是政府增加支出并通过发行公债为增加的政府

① 类承曜著：《国债的理论分析》，中国人民大学出版社 2002 年版，第 56～70 页。

支出融资；另外一种情况则是政府支出不变，也不发行新公债。后者研究的情况则是保持原来的财政支出水平不变，由减少税收而形成的财政赤字通过发行公债弥补，这种方法本质上是研究在保持财政支出水平不变的前提下，公债和税收发生等额、但方向相反的变化对经济运行产生的影响。简而言之，绝对的方法就是研究增加政府支出而发行公债的经济效应，差别的方法则研究在政府支出不变的前提下为弥补因减税产生赤字而发行公债的经济效应。

如果一个国家财政支出具有刚性，同时政府出于种种原因很难通过增加税收或由于通胀压力很大，政府不愿意通过增加货币发行量为不断增长的支出融资，那么，就应该采用绝对的方法研究这种公债的经济效应。另外，如果经济没有达到充分就业，政府为扩大总需求而增加政府支出并通过发行公债为财政赤字融资，则采用绝对的方法分析这种公债的经济效应就比较合适。而如果政府通过减税扩大总需求，那么就应该采用差别的方法分析公债的经济效应；如果政府支出比较稳定，同时政府又能有效地控制公债的发行量和税收收入，那么由于减税而发行的公债的经济效应就应该采用差别的方法来研究。另外，在充分就业的情况下，政府也不会增加支出，为某些特定的支出是通过举债融资还是通过征税融资会产生更好的经济效应是政府最关心的问题，研究这类问题最好是采用差别的方法。

5.1.1 绝对的方法

（1）我们假设经济中存在着闲置资源（就业不足），为实现充分就业，增加总需求，政府决定增加支出，所有增加的支出完全用于经常性支出，增加财政支出形成的赤字通过发行公债融资。那么根据标准的IS－LM模型分析，按照投资乘数原理，在原有的利率水平上，较高的政府支出水平提高了总需求水平，为满足增加的产品需求，产量必须上升。若利率保持不变，政府支出的增加在经济未达到充分就业之前会按照政府支出增加的倍数（政府支出乘数）扩大总产出，但是由于产量和收入的增加，资本市场出现了不均衡，收入增加，货币需求量因而上升，利率将由于超额的实际余额需求而上升。在较高的利率水平上，私人的投资支出和消费支出下降（主要是投资支出下降），总需求也相应降低，这就是人们熟知的挤出效应。由于挤出效应，部分产出增加的效果也可能被抵消。挤出效应的大小取决于货币需求对收入反应和对利率反应的敏感性。货币需求对收入反应和对利率反应的敏感性越弱，同样数量的政府支出引起利率上升的幅度就越小，挤出效应也就越小。特别是如果经济陷入流动性陷阱从而LM曲线是水平的，政府支出将发挥完全的乘数效应。此时，利率并不随着政府支出的增加而增加，因而不会挤出投资支出，所以政府支出增加的收入效应不会被减弱。再者，如果中央银行配合财政政策扩大货币供应量以防止利率升高，那么挤出效应也就不会发生。在开放经济中，增加政府支出引起的利率升高可能会吸引外资流入，这样本国的私人投资也可能不受影响，这种情况下财政支出的增加实际上挤出的是外国投资。另外，更重要的是，在有闲置资源的经济中，财政支出的增加必然提高总需求，进而提高收入水平，而储蓄水平随着收入的上升而上升。储蓄增加反过来有可能为较多的预算赤字融资而无需取代私人支出。

为了更清楚地说明上述观点，考察通过国民收入恒等式推导出来的一个简单的关系式很有必要。令Y代表国民收入，C代表私人消费，S代表私人储蓄，T代表税收（总税收扣除政府向私人部门的转移支付，注意，转移支付中包括公债的利息支出），总收入可以表示如式（5.2）：

$$Y = C + S + T \quad (5.2)$$

总收入恒等于总需求，而总需求则由四部分构成，如式（5.3）：

$$Y = C + I + G + NX \quad (5.3)$$

式中，I 为总投资（包括私人投资 Ip 和政府投资 Ig 两部分，即 I = Ip + Ig）；G 为政府消费性支出；NX 为净出口，将式（5.2）和式（5.3）合并可以得到：

$$S = Ip + NX + (G + Ig - T) \quad (5.4)$$

其中 G + Ig - T 就是财政赤字，恒等式（5.4）表明私人储蓄可以用于三个方面：私人投资、净出口和弥补财政赤字。

等式（5.4）很能说明问题。在储蓄和净出口既定的条件下，赤字增加必然降低投资。简而言之，当赤字上升时，政府必须举债来支付其增加的支出。政府借款使用了部分居民储蓄，供厂商借款来作为投资支出的储蓄剩余部分因而减少。

但是，在存在闲置资源的经济中，上述结论就不成立了，因为私人储蓄会发生变化。由于政府支出的增加会增加总产出和总收入，则收入增加会导致储蓄的增加。理论上完全有可能发生这样的情况，私人储蓄的增加等于（甚至超过）财政赤字的增加。因此，财政赤字确实吸收了一部分储蓄，但是如果没有财政赤字，这部分储蓄也会消失在就业不足的经济中。这样，在有闲置资源的经济中，政府支出的增加在增加总产出的同时，既有可能挤出一部分私人投资，也有可能对私人投资没有影响，还有可能促进私人投资的增长，这取决于私人储蓄的增加量是小于、等于还是大于财政赤字的增加量。最后一种情况是指由于总产量的增加，未来经济形势趋于好转，这将提高私人投资的获利性和私人投资成功的可能性，促进私人投资的增加。即存在闲置资源的情况下，政府的财政赤字不但不会挤出私人投资，反而有可能“挤进”私人投资。

当经济处于充分就业时，IS - LM 模型分析表明，LM 曲线是垂直的，政府支出的增加不会影响总产出的水平，只能提高利率，这意味着政府支出完全挤出了私人支出。而通过标准的 AS - AD 模型分析，在充分就业的情况下，政府支出增加会影响总产量，唯一的结果就是提高价格。

需要注意的是，上述分析都是以政府增加的支出用于经常性支出为假设前提的。政府增加的支出既可以用于经常性支出，也可以用于资本性支出。如果增加的支出用于资本性支出，那么上述结论就要更改，即使发生了完全的“挤出”效应，财政赤字对整个国家的国民储蓄率和资本形成也没有任何影响，影响的只是国民总投资的结构——政府投资和私人投资的比例。如果从国民经济运行的角度来看，政府的投资性支出比被自己挤出的私人投资具有更高的效率，那么这种挤出就是合意的，不但不会损害经济，相反还有利于整个国民经济。更有可能发生的情况是，政府投资性支出的增加，不但不会挤出私人投资，而且还会促进私人投资的增加。这是由于政府在基础设施、科技开发和教育方向增加投入，这可以为私人投资创造良好的投资环境和条件。另外，政府还可以采取对投资进行补贴的形式，这种做法将直接促进私人投资的增加。当政府补贴投资时，本质上是在向每个企业支付投资的部分成本，在任意利率水平上，企业现在计划进行更多的投资，总需求因而随投资支出的增加而增加。

（2）政府支出增加对国际收支的影响。一般来说，在浮动汇率制下，政府支出增加会使本国货币升值，本国货币升值会使本国商品相对于外国商品更加昂贵，这将导致净出口

NX 的降低，从而部分抵消了财政政策对扩大总需求的直接影响。但如果在固定汇率制下，中央银行为了维持原来的汇率购买外汇而增加货币供给，那么 NX 不变，政府支出的增加将导致私人储蓄 S 的增加。同时作为央行购买外汇的结果，官方国际储备也增加了。

总之，在存在失业的情况下，政府增加财政支出并通过发行公债为增加的支出融资，其经济效应是增加了总产出，对私人投资的挤出效应即使存在也很小，更可能发生的是“挤入”效应。国民储蓄绝对额既可能减少，也可能不变，更可能增加；如果政府增加的支出用于资本性支出，那么国民储蓄（投资）的绝对额肯定增加。当然国民储蓄率有可能升高，也有可能降低，这主要取决于国民储蓄和总产出各自的增加幅度。

在充分就业的情况下，标准 AS－AD 模型分析表明，政府支出增加的唯一结果就是价格的上升，总产量保持在充分就业水平而不会改变。标准 IS－LM 模型的分析表明，政府支出的增加会完全挤出私人投资。当然，增加的政府支出如果用于资本性支出，那么总投资不会改变，改变的只是政府投资和私人投资的结构。因此，在充分就业情况下政府支出的增加有可能降低国民储蓄（投资）率，也有可能维持国民储蓄率不变，主要取决于增加的政府支出是用于经常性支出还是资本性支出。

5.1.2 差别的研究方法

按照差别的研究方法分析公债的经济效应，我们假设政府支出不变，通过发行公债为税收减少而形成的财政赤字融资。另外，除非特别提及，这里还要假设货币政策不受政府债务政策的影响，这样就不用考虑债务货币化的影响，可以集中精力根据债务的实际值而非名义值研究其经济效应。公债政策对经济产生的效应可以分为短期效应和长期效应，本节首先讨论公债的短期效应，接下来分析公债的长期效应。

1. 公债的短期效应：增加总需求和总产量

假设政府保持支出不变的前提下削减税收产生了财政赤字。这种政策将提高家庭的可支配收入，并且有可能增加家庭的财富，家庭可支配收入和财富的增加会促使家庭增加消费支出。如果削减的是公司所得税或对投资活动实施税收优惠政策，那么私人投资将受到促进，这都将提高总需求。

在短期内，经济运行符合凯恩斯主义理论的描述，因此总需求的增加将提高总收入（产量）。这主要是由于在短期内存在价格和工资的粘性，或人们在短期内无法充分正确理解总需求变化的真正含义，因此总需求的增加将会促进更多的生产要素投入使用。如果是在就业不足的情况下，削减税收对总产出的刺激作用就更明显。

2. 公债的长期效应：影响国民储蓄

在长期内，经济运行更加符合古典经济理论的描述。在长期内价格和工资将变得更有弹性，人们对经济变化的理解也更加正确。长期内财政政策唯一能影响的就是生产要素的供给。为了更清楚地研究公债的长期经济效应，将等式（5.4）重新整理，可得到如下等式：

$$S + (T - G) = I + NX \tag{5.5}$$

恒等式（5.5）表明私人储蓄和政府储蓄之和（国民储蓄）必须等于投资和净出口总额。

根据国际收支平衡表可知，经常账户的余额与资本账户的余额正好相等但符号相反，经常账户主要包括三部分：商品和劳务的净出口 NX、本国居民的投资和单方面转移。后两个部分由于所占比重很小，通常情况下可以忽略不计。资本项目余额的负数被称为净国外投资，或 NFI，在数值上等于本国居民在国外的投资减去外国居民在本国的投资差额。因此，我们可以得出：NX = NFI，即商品和服务的国际流动必须与资本的国际流动相匹配。等式（5.5）可以变换为：

$$S + (T - G) = I + NFI \tag{5.6}$$

等式（5.6）左边表明国民储蓄等于政府储蓄和私人储蓄之和，右边表明国民储蓄可以用做两种用途：国内投资和国外投资。等式（5.6）也可以用来描述可贷资金市场的供求双方。

现在假定政府支出不变（G 和 I 中的政府投资部分均保持不变），政府削减税收，这种政策的结果是增加了财政赤字并减少了政府储蓄。从等式（5.6）可以看出，在 T - G 不变的条件下，要想保持等式成立，等式中的其他项 S、I 和 NFI 必须发生相应变化。下面分充分就业和就业不足两种情况顺次考察这些项目可能发生的变化。

（1）在充分就业的经济中，政府减税增加了居民的可支配收入，居民的储蓄随着可支配收入的增加而增加。经济学的主流观点认为，出于私人部门必将一部分增加的可支配收入用于消费，因此，私人储蓄增加量将小于政府储蓄的减少量。这样，国民储蓄必定减少，国内外投资总额也必将减少。

一定时期内投资量的减少将导致国内资本存量的减少（或资本存量以更低的速度增加）。资本存量的减少导致了总产出和总收入的降低。根据边际报酬递减的规律，资本存量的降低将导致资本的边际生产率会更高，这将提高利率水平并提高单位资本的收益率。同时，劳动生产率也会降低，因此，降低了平均实际工资和劳动工资总收入。

一段时期内净外国投资的减少将导致本国居民在国外拥有的资本存量的减少（或外国居民在本国拥有更多的资本）。无论是哪一种情况，国内居民从国外获得的投资收入都会减少。而且通过等式（5.5）可知，在私人储蓄 S 和总投资 I 保持不变的前提下，政府减税产生的赤字会令本币上升，并增加经常项目赤字。财政赤字和贸易赤字这种联系在 20 世纪 80 年代的美国成为一个十分突出的现象，被称为“孪生赤字”。产生“孪生赤字”的机制是这样的：削减税收引起的产出增加提高了对实际货币持有量的交易需求，货币供给量和价格水平保持不变的情况下，货币需求的增加推动利率上升，按照利率平价理论，在浮动汇率制下，本币必须升值以产生足够大的贬值预期来抵消升高的有利于本币存款的国际利率差异。本币升值导致经常项目赤字的增加。由此也可以看出，政府减税产生的财政赤字会令本国货币升值，这种升值使国内产品相对于国外产品变得昂贵，从而把国外居民对本国产品的总需求“挤出”了一部分。但如果是固定汇率制，政府为了维持汇率稳定，就必须购买外汇增加本国货币供给，结果是汇率不变，中央银行的官方国际储备增加。

（2）在存在失业的经济中，政府减少税收产生的财政赤字在经济未达到充分就业之前会按照乘数效应扩大总产出和总收入。而居民收入的增加将促使居民增加储蓄，私人储蓄的增加量很有可能超过政府储蓄的减少量，这样总投资和净出口不但不会减少反而会增加。

与绝对研究方法中的逻辑完全一样、减税产生的财政赤字更可能发生的结果是促进更多的私人投资，特别是对投资实施税收优惠时就更是这样，即 S 增加的数额大于公共储蓄减少的数额。一般来说，政府减税产生的财政赤字都会使本国货币升值，增加经常性项目赤字（或减少经常项目盈余）。

5.2　公债的财政效应

通常政府支出靠税收维持，这种依靠国家政治权力取得的收入，是国家财政资金的主要来源。然而，财政发展过程也表明，政府收入除了税收之外，还存在其他的形式，债务收入便是其中之一。由此，公债对财政的影响首先可以从财政收入方面考虑。财政收入的变化，可以引起其支出数量的相应变化。再则，公债与税收的主要区别之一在于有偿与无偿的差异，公债需要还本付息。所以，分析公债对财政的影响，还有必要再从财政支出方面考虑。以下将分别从财政收入和财政支出的角度来说明公债对财政的影响。

5.2.1　公债的财政收入效应

从时间延续的角度来看，财政收入是一种运动过程，或者说是一种收入流。而如果对财政收入流量给予一定的时间段分割，则形成不同时期的财政收入。这里主要分析两个方面的问题，其一针对当年财政收入，其二针对今后年度财政收入。

1. 公债对当年财政收入的影响

政府为了行使其职能，必须进行一定量的财政支出，于是也就必须拥有一定量的财政资金。一般而言，政府的正常收入为无偿收入，其中尤以税收为主要项目。设 R 为政府当年财政收入，T 为政府当年以税收为主的无偿收入，如果该无偿收入能够弥补政府当年财政支出，则政府无须再从别的途径寻求追加资金。那么，就有等式（5.7）：

$$R = T \tag{5.7}$$

但是，当政府无偿收入不能抵补其支出需要时，就有寻求追加收入的要求，此时，公债往往成为政府增加收入的手段。设 D 为政府当年公债收入，则当政府举借公债时，就有等式（5.8）：

$$R = T + D \tag{5.8}$$

显然，举借公债的直接效益应是形成政府当年财政收入的增量。设该财政收入增量为 ΔR，则比较上面两个公式，可以得到等式（5.9）：

$$\Delta R = D \tag{5.9}$$

以上分析表明，公债对当年财政收入的影响是增加了政府在该年度的收入总量。如果公债发行采用平价发行，那么财政收入的这一增加量也就等于公债票面总额。如果不是平价发行，而是采用溢价发行或者折价发行，则财政收入的增量就可能高于公债票面总额或者低于票面总额。但是不管什么情况，增加财政收入的效果总是存在的。

其实，无论是公债产生之初，还是在当今世界，公债的财政作用最主要的是用来弥补财政收支缺口。当然，发行公债主要是利用社会上的闲置资金，将其使用权暂时转移到国家手中。它对财政的直接负担是今后需要偿还，因此，举借公债要考虑到今后财政偿还债务的能力。

2. 公债对今后年度财政收入的影响

公债作为当年财政总收入的组成部分，形成了收入的增量，这种影响是直接的。而公债对今后年度财政收入就不存在这种直接影响，因为当年的债务收入不能直接计入今后年度的财政收入中。那么，公债能否影响今后年度财政收入呢？如果从经济运行角度考察，分析公债收入的使用情况，这种影响还是存在的。

一般来说，财政收入是要随着经济的增长而增长的。如果用国民收入表示经济发展水平，那么，国民收入增加，财政收入一般也随之增加；反之，国民收入减少，财政收入一般也会减少。联系到政府发行公债，同理有：若当年公债收入使用后，能引起今后年度国民收入变化，则财政收入也会随之相应变化。

设 R 为财政收入，Y 为国民收入，在 Y 大于零的区间内，R 可以表示为 Y 的函数，即有等式（5.10）：

$$B = F(Y) \tag{5.10}$$

一般情况下，该函数是单调上升的（图 5－1），R 随 Y 作同方向变化。

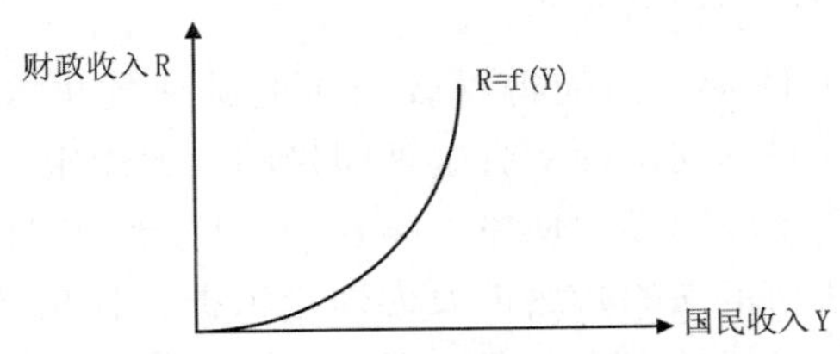

图 5－1　财政收入随国民收入的增加而增加

接下来再考察国民收入，国民收入受多种因素的影响，它可以表示为多种经济变量的函数，公债也是其中之一，于是：

$$Y = f(D, a_1, a_2, \cdots)$$

其中，D 为公债，a_1、a_2 等分别为其他经济变量。公债使用对国民收入的影响不是单向的，它既可能促进今后年度的国民收入的增加，也可能减少今后年度的国民收入。将上面两个公式结合起来，得到（5.11）式：

$$Y = F[f(D, a_1, a_2, \cdots)] \tag{5.11}$$

这一公式表示今后年度财政收入受当年公债使用及其他经济变量的影响。若 R 对 D 求导数，有（5.12）式：

$$R'(D) = F'(Y) \cdot f'(D) \tag{5.12}$$

通常情况下，F′（Y）总是大于零的，而 f′（D）可以大于零，也可以等于零或者小于零。这表明，公债使用对今后年度财政收入既可能有增加效应，也可能有减少效应，或者不发生影响。定性的结论可以表述为：若当年公债收入经使用后能增加今后年度的国民收入，也就可以增加今后年度的财政收入；反之，若当年公债收入经使用后减少了今后年度的国民收入，也就减少了今后年度的财政收入。从这一点也可以理解，公债对今后年度财政收入的影响是间接的。

5.2.2　公债的财政支出效应

从形式上看，公债是财政收入的手段。因为这一点，人们往往把较多的注意力放在公债可以增加财政收入的效果上。其实，公债对财政支出也有不容忽视的作用。对于这方面的分析，仍然采用上面的办法，先就公债对当年财政支出的效应作出说明，再对公债影响今后年度财政支出情况进行阐述。

1. 公债对当年财政支出的影响

公债对当年财政支出的影响表现在两个方面，一是直接的影响，二是间接的影响。

直接的影响是指由于公债发行而使得财政当年在债务方面的还本付息支出增加了。实际上，公债属于有偿性财政收入，公债到期，政府应该偿还，因此，公债的还本付息就成为政府支出的内容。如果公债是短期的，短至在发行当年就必须偿还，那么，该公债既形成当年财政收入的增量，也形成当年财政支出的增量，若考虑到利息支出，则财政支出的增量还将大于财政收入的增量。设 D 为政府当年短期公债收入，d 为当年短期公债利息，则财政支出增量 ΔE 为：

$$\Delta E = D + d$$

从这一公式中可以看到，ΔE 大于财政收入增量 ΔR（即 D）。因此，在发行短期公债的情况下，公债直接增加了当年的财政支出。

间接的影响是指由于公债发行而使得财政当年的其他支出（指非债务支出）增加了。应该看到，政府举借债务，对其支出确实有这种间接的扩大作用。政府支出的日益膨胀，在现代社会的很多国家是一个比较明显的现象。早在 19 世纪后半期，社会政策学派的代表人物瓦格纳，就以发达国家活动范围的必然扩大为理论依据，提出政府经费膨胀的必然法则。而当代以布坎南为代表的公共选择学派，在研究政府机构及官员的政治行为时，也得出追求公共机构权力极大化的政府必然带来财政支出规模极大化的结论。在这种支出膨胀的倾向下，当税收的约束比较严厉时，公债就会被用来作为扩张支出的财源。

用假设的数字可以更加清晰地描述这种情况。比如，设政府的税收等无偿收入为 100，不发行公债时，其支出也只能为 100。现在发行了 10 个单位的公债，则支出可以相应扩大到 110。由于我们还很难精确地确定政府最低限度的支出究竟是 100 还是 110，所以，增加 10 个单位的支出完全有可能是因举借公债比较容易而引起的。

2. 公债对今后年度财政支出的影响

公债对当年财政支出的影响表现在两个方面，同样，公债对今后年度财政支出的影响也表现在两个方面：一个是直接的，另一个是间接的。

直接的影响是指公债增加了今后年度的财政偿债支出。公债有不同的期限，短期公债在一年以内，而中、长期公债在一年以上，所以，对于大部分公债来说，它们的偿还期与它们的发行期不在同一年度。这样，当年发行的公债，就会使得今后年度财政支出产生一个增量，即对该公债的还本付息，或者表示为：

$$E = E' + \Delta E$$

式中，E 是今后年度财政总支出，E′是今后年度财政的非债务支出，ΔE 是当年举借公债引起的今后年度财政还本付息额。

公债对增加财政今后年度偿债支出数额大小的影响主要取决于三个因素，一是公债发行额，二是公债利率，三是偿还债务的年限安排。首先，发行额越大，利率越高，今后年度财政还本付息支出必然越大；反之，发行额小，利率低，财政今后年度还本付息就少。其次，偿还债务的年限安排对今后财政偿债额也有影响。比如，甲年发行一笔公债，若安排在以后乙年一次偿还本息，则乙年的财政偿债支出将包括整个这笔公债的本金和利息支出。若安排在以后的乙、丙、丁几年分次偿还，则乙年的财政还债支出可以相对减轻，而丙、丁年就要相应增加。

设 D 为当年公债发行额，i 为公债利率，n 为公债期限则今后年度财政还本付息额 ΔE 为：

$$\Delta E = (1 + i^{n})\ D$$

这是按照单利办法计算的公式，若按照复利办法，计算公式如下：

$$\Delta E = (1 + i)^{n} D$$

公债对今后年度财政支出的间接影响是指由于公债发行而使得财政在今后年度的其他支出（指非债务支出）增加了。这种影响的基础在于财政支出的许多项目具有单向刚性。实践上往往可以看到这样的现象，对于具体的政府职能部门来说，它们使用财政拨款行使相应的职能。在这一过程中，增加经费拨款一般不会受到资金使用者的阻碍，而减少经费拨款在没有相应减少工作任务的情况下，就会在职能部门产生消极影响。所以，表现出来的通常是政府拨款的维持或不断增加。当然，其中的原因可能还有其他方面，如职能的扩大、成本的提高等，但是最后的结果总是呈现扩大财政支出容易、压缩财政支出困难的局面。由此，如果当年公债发行造成了当年财政支出中的非债务支出上升，那么，这种扩大的支出规模在以后年度中还可能会继续延续，推动今后财政支出同样扩张。这就是公债对今后年度财政支出增加的间接影响。

分析公债对财政支出的影响，至少可以给我们这样的启示：第一，公债并不仅仅是财政收入的工具，它也是财政支出的内容，而且具有包含债息增量的效果。第二，政府在举借债务时要注意公债对扩大财政支出的间接作用。当政府预算出现收支缺口时，如果不作努力而过分依赖公债，政府的支出可能会轻易扩大，从而不能取得适当的财政规模。

5.3　公债的货币信用效应

社会经济的正常运行，从货币角度来看，要求货币供给与货币需求相适应。在货币供给理论中，货币供给量一般被定义为现实流通中的存款量和现金量。当然，根据现金和不同种类存款的流动性，可以划分不同的货币层次。公债的运行过程，对社会货币供给量有一定的影响，这种影响也被称为公债的货币效应。

5.3.1　公债发行的货币供给效应

公债体现了一种政府与社会投资主体参与的借贷关系，公债发行意味着这一借贷关系的成立。在这一借贷关系中，借方与贷方共存，既有债务人也有债权人。一方面，公债的债务人是政府，它发行了公债券，得到了货币资金，形成了公债收入。这里，借方是单一的，只有唯一的中央政府。另一方面，公债的债权人是公债承购者，它们得到了公债券，付出了自己的货币资金，表现为公债承购款。这里，除非政府发行公债时带有限制性条件，否则，在公募发行的情况下，公债承购者将非常广泛，可能是社会上各种企业、投资机构、个人。所以，贷方是多方面的。为了便于说明公债发行对货币供给的影响，将公债承购者分为三类，一类是中央银行，另一类是商业银行，再有一类是非银行部门（图 5 - 2）。这样分类的原因在于，三类主体承购公债时，在货币供给中起的作用不同。

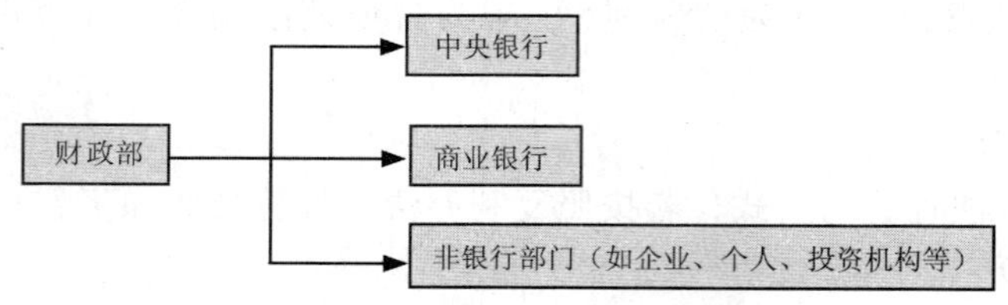

图 5-2 公债向不同投资主体的发行

1. 中央银行承购公债的货币效应

中央银行在一国货币政策中起着关键的作用，它的职能体现在三个方面，即货币发行的银行、银行的银行和政府的银行。由于它具有的特殊地位和职能，在货币供给方面就能起到一种控制闸门的作用。

在政府的管理机构中，财政部和中央银行的关系往往是比较密切的。我国在 1993 年及其之前，一直存在允许财政部向中国人民银行透支的做法。尽管财政透支与中央银行直接购买政府债券在定义上或者规范性方面不一样，但它们对货币供给的影响是一样的，所以在这里的分析中，可以将财政透支视同中央银行直接承购公债。如果政府发行的债券由中央银行直接购买，它对社会上货币供给起什么作用呢？结论为：一般起扩张效应。根据中央银行的资产负债表项目来分析，财政存款通常是存在中央银行的，它是中央银行的负债项目。政府债券是中央银行的资金运用，它构成了中央银行的资产项目。当中央银行承购公债时，就会直接增加财政存款，即财政部在交给中央银行一张公债券的同时，也得到了一笔可以随时支取的货币资金。如果运作过程到此为止，那么社会上还未出现增加的货币供给，因为仅是中央银行账面上资产项目和负债项目的等额增加。但是政府的公债收入总要用于各项开支，当政府再持这笔货币资金拨给社会上的部门、企业和个人时，由于它们的账户开立在商业银行，于是商业银行的社会存款就会增加，其结果就使货币供给量扩大了。

在现代银行制度下，中央银行具有信用创造货币的机制，以上说明的内容就是中央银行向财政部提供信用从而创造了货币。同时，商业银行又具有扩张信用、创造派生存款的机制，它表明商业银行虽然不能创造货币，却能够在中央银行放出货币的基础上，进一步向社会扩张信用规模。于是，当中央银行承购公债时，扩大的货币供给量并非仅仅是公债数量本身，而可能是扩大了许多倍。具体分析，按照存款准备金制度，当财政向社会有关方面进行拨款后，商业银行的社会存款将会增加。于是，其中一部分作为存款准备缴存中央银行，余下的另一部分可用来发放贷款。贷款的结果又使得社会存款增加，此乃派生存款。有了派生存款后，一部分仍作存款准备金，另一部分又可以用来继续发放贷款。如此进行，使得信用扩张。如果设 M 为扩大了的货币供给量，D 为政府动用公债收入款项而向社会各方面的拨款，R 为存款准备金率，则将有如下的关系式：

$$M=\frac{D}{R}$$

以上分析表明，中央银行承购公债是非常容易扩张社会货币供给量的。如果社会经济正好处于货币供给大于货币需求的状况，那么中央银行承购公债将会带来或者加剧严重的通货膨胀。

实践中，许多国家对中央银行直接购买政府债券规定了一定的限制条件。我国早在 20 世纪 80 年代中期的有关管理条例中就有"中国人民银行不得直接购买政府债券"之条款，后来在 90 年代中期又通过法律形式予以规定："中国人民银行不得对政府财政透支，不得直接认购、包销公债和其他政府债券。"在其他国家，也曾有类似的规定。

2. 商业银行承购公债的货币效应

在现代社会，商业银行的经营要遵循安全性、流动性和盈利性的原则。商业银行承购公债的目的，正是为了使其持有一定量的流动性资产，因为政府债券信誉较好，规模又大，在市场上的变现能力较强。一旦商业银行现金资产不足，就可以通过出售公债来补充准备金。而且，持有公债又符合盈利性要求，能获取一定的利息收益或者转让的价格差收益。

当商业银行承购公债时，对货币供给量有何影响？分析这一问题，首先要明确商业银行购买公债有什么资金来源。在商业银行资产负债表的资金运用方面，主要项目有政府债券、贷款以及在中央银行的存款（准备金）等。如果不考虑政府债券项目（因为出售政府债券再来购买新的公债等于是不同政府债券品种的调换），于是，可选择的购买公债资金来源只有两个：一是收回已向社会发放的贷款，二是动用超额的准备金。在第一种情况下，即选择压缩贷款购买公债的办法，那么，贷款收回属于货币供给量的直接缩减。同时，商业银行承购公债使财政存款增加，财政部门运用这笔资金后又将扩大货币供给量。结合这两个方面，一般认为，商业银行靠压缩贷款来承购公债，不会改变货币供给。在第二种情况下，即选择动用超额准备金购买公债的办法，那么，动用准备金时并未减少社会存款，货币供给量没有减少。而银行购入债券后政府运用其增加的资金，会扩张货币供给。所以考虑综合的效果，一般认为，商业银行靠动用超额准备金来承购公债，会扩大货币供给量。

实际上，商业银行动用超额准备金购买公债，是将其潜在的货币扩张能力做了现实的释放。换言之，如果不购买政府债券，这部分超额准备金也可以随时用来增加贷款。此外，若商业银行承购公债时既未能相应减少其对社会的贷款，也没有超额准备金可供支用，那么另一途径便是依靠中央银行的再贷款解决。此时，中央银行起着银行的银行这一作用。在这种情况下，社会货币供给量将扩大，其实质是中央银行通过再贷款向商业银行注入了基础货币。如果公债发行的政策是向商业银行强制摊派，则有可能会造成这种情况。

3. 非银行部门承购公债的货币效应

非银行部门的范围非常广泛，在我国，包括了企业、事业单位、投资基金、机构投资者、个人投资者等。非银行部门投资公债的目的可能各不相同，投资公债的品种也不会一致，但是分析它们承购公债的货币效应时，可以不考虑这些差异性，而把它们看成是同质的经济主体，购买的是同一公债。

非银行部门承购公债时，其资金来源或者是存款，或者是手持现金，也可能是两者兼有。不管是在商业银行的存款，还是在自己手中的现金，都是货币供给量的组成部分。购买公债后，这些存款和现金转化为财政部在中央银行的存款，故社会上的货币供给量减少。接下来再考虑政府对公债资金的运用。财政有了发行公债的收入后，要进行支出方面的拨款，其结果增加了接受拨款单位和个人在商业银行的存款和手持现金，它们也都属于非银行部门，即意味着社会上的货币供给量增加。所以，分析的一般结论是：非银行部门承购公债，造成货币购买力由非银行部门向政府的转移，而政府资金运用的结果，会造成货币购买力的反向转移。如果舍弃其他因素，比如不考虑货币购买力转移中货币结构的变化（现金与存款比重的改变)，那么一般来说，最终将不改变社会的货币供给量。

5.3.2　公债流通的货币供给效应

公债有流通和非流通之分。对于可流通的公债来说，在其到期偿付之前，可以在证券市场上买卖。有些公债虽然不能上市交易，但有时规定可以提前向一些特定机构兑现。公债在其期限之内的这种运动，对社会货币供给也会产生一定的影响。

人们在讨论公债流通对货币供给量的影响时，通常是从公债的流动性能力考察的。而且一般强调，政府债券是属于一种具有较强流动性的金融资产，是“货币近似物”或者“准货币”。若转换视角，不从公债流动性能力考察，而从公债流通的交易双方入手，分别不同经济主体进行阐明：在上面发行阶段的探讨中，将非政府的经济主体划分为中央银行、商业银行和非银行部门，这里将继续运用这种分类。于是，如图 5－3 所示，公债的流通就分为两种情况：一种是公债在同类经济主体之间的转让，如商业银行 A 与商业银行 B 之间，非银行部门 A 与非银行部门 B 之间。其中，因中央银行只有一家，是唯一的，故不存在公债在其内部的转让；另一种是公债在不同类经济主体之间的转让，如商业银行与非银行部门之间，中央银行与商业银行之间以及中央银行与非银行部门之间。下面分析这些转让活动的货币效应。

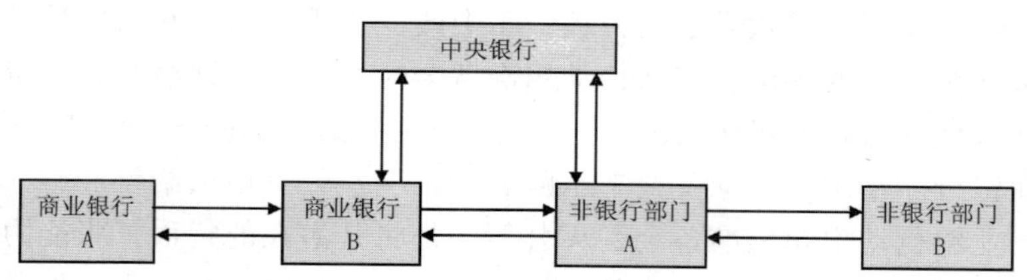

图 5－3　公债在不同主体之间的转让

1. 公债在同类主体之间转让的货币效应

公债在同类经济主体之间的转让有两种情况，一种是公债在非银行部门之间的转让，另一种是公债在商业银行之间的转让。

先考虑第一种情况，即公债在非银行部门之间的买卖。这是一种常见的公债交易情形，如在我国证券交易所的公债市场上，大量的参与者属于非银行部门，它们互相之间通过证券交易所进行公债现货交易和其他方式的交易。参与者有个人，也有机构，还包括投资基金等。在分析的时候，不必追寻它们的具体身份，而只需用非银行部门 A、非银行部门 B 等代替即可，因为它们进行公债交易的货币效应是相同的。如果公债是在非银行部门之间交易，比如非银行部门 A 的公债转让给非银行部门 B，那么，B 因买入公债而失去了其相应的货币购买力，而 A 则因卖出公债得到了相应的货币购买力。这样，从整体上来说，这种购买力转移对货币供给量的扩大或者缩小没有影响。当然，给出这个结论实际上还应该有一个假设的前提条件，即非银行部门 B 因购买公债而减少的银行存款，等于非银行部门 A 因出售公债而增加的银行存款。否则，它们在商业银行的存款总量增减不一致，会引起商业银行超额准备金的变化，而这种变化有可能带来后续的货币供给量的扩大或者缩小。

再考虑第二种情况，即公债在商业银行之间的买卖。在我国证券市场上，银行间债券市场近年来兴起。这一市场的参与者主要是商业银行，所以符合这里的第二种情况。如果公债是在商业银行之间交易，比如商业银行 A 的公债转让给商业银行 B，那么，商业银行 B 购买公债的资金来源如同前面分析的有两个：一是收回贷款，二是利用超额准备金。如果商业银行 B 的购债资金是来自收回贷款，就会先有一个货币供给量的收缩效应，因为原来接受贷款的企业在商业银行的存款减少了；然后商业银行 B 向商业银行 A 购买公债，商业银行 A 就出现债券资产减少而准备金增加的状况，增加的准备金使商业银行 A 又可以增加对企业的贷款，其结果又扩张了货币供给量。综合考察这一过程可以判断，社会货币供给量没有改变。如果商业银行 B 的购债资金不是来自压缩贷款，而是用其原有的超额准备金，那么，动用超额准备金时并没有货币供给量的收缩，只是商业银行 B 资产方的有关项目进行了转换。但是对商业银行 A 来说，资产方项目的变化正好相反，政府债券减少而准备金增加，增加的准备金使其可以增加对企业等的贷款，结果是扩大了货币供给量。这一过程的实质，可以理解为商业银行 B 原来的超额准备金通过政府债券交易而由商业银行 A 最终投放出来，达到了扩张货币供给量的效果。

2. 公债在不同类主体之间转让的货币效应

公债在不同类经济主体之间的转让有三种情况：第一种是公债在商业银行与非银行部门之间的转让；第二种是公债在中央银行与商业银行之间的转让；第三种是公债在中央银行与非银行部门之间的转让。

首先考虑第一种情况，即公债在商业银行与非银行部门之间的买卖。在我国证券市场上，商业银行有过参与公债交易的经历，这种交易可能一方是商业银行而另一方是非银行部门。另外，现阶段我国个人购买的凭证式公债也可以在到期兑付前向商业银行贴现。如果公债是在商业银行与非银行部门之间的交易，那么依据交易主体在公债买卖中所处的地位，要区别两种不同的交易方向分析：一是商业银行的公债转让给非银行部门，二是非银行部门的公债转让给商业银行。前者，非银行部门从商业银行购得公债，将使其在商业银行的存款减少，而商业银行则表现为持有的政府债券减少。表面上看，社会存款量此时减少了，但是存款减少后将使商业银行出现超额准备金，如果超额准备金一旦投放贷款，存款数量又将恢复原来水平。所以，商业银行向非银行部门转让公债的结果，是在减少其政府债券的同时，准备金相应增加或者是贷款增加，故实际是其资产项目的调换。后者，仍然与前面分析的方法相同，要区分商业银行的购债资金来源。如果商业银行是压缩贷款采购买债券，会引起社会存款的减少，但同时，非银行部门因出售了公债而使其存款增加，所以对货币供给的收缩效应和扩张效应可以抵消。如果商业银行是用超额准备金来购买债券，则非银行部门出售公债而增加的存款，将表明货币供给量已经扩大，其实质是超额准备金投放了出来。

其次考虑第二种情况，即公债在中央银行与商业银行之间的买卖。中央银行参与公债交易，属于中央银行的公开市场业务。在西方发达国家，以政府债券为对象的公开市场业务，是中央银行控制货币供给量的三大政策工具之一。在我国，中央银行的公开市场业务也于 20 世纪 90 年代中期开始试运作。目前，我国中央银行在银行间债券市场上进行公债买卖时，其交易对象很多是商业银行。如果公债是在中央银行与商业银行之间的交易，也要区分两种不同的交易方向，一是中央银行的公债转让给商业银行，二是商业银行的公债转让给中央银行。先分析中央银行的公债转让给商业银行。商业银行从中央银行购得公债，对商业银行本身来说，一方面表现为其资产方的政府债券增加，另一方面表现为其资产方的贷款减少或者准备金减少。贷款减少意味着货币收缩，准备金减少意味着潜在的扩张货币能力消失；

而在中央银行账上，只表现为资产方的政府债券减少和负债方的银行存款减少。所以总体而言，中央银行向商业银行抛售公债，是一种紧缩银根的政策。再分析商业银行的公债转让给中央银行。中央银行向商业银行购入公债，中央银行资产方的政府债券就会增加，负债方的商业银行存款亦会增加。同时，在商业银行账上，资产方的政府债券减少，准备金增加。商业银行增加的超额准备金，可以随时被投放出去，扩大社会货币供应量。因此，中央银行从商业银行购入公债，是一种放松银根的政策。

最后考虑第三种情况，即公债在中央银行与非银行部门之间的买卖。中央银行进行公开市场业务操作时，其交易对手不一定都是商业银行，有时也可能与非银行部门进行公债买卖。比如，在我国 1993 年 12 月 31 日印发的《中华人民共和国公债一级自营商管理办法（试行）》中，就规定公债一级自营商享有的权利之一是“优先取得直接与中国人民银行进行公债公开市场操作的资格”。所以，中央银行与非银行部门进行公债交易的可能性也是存在的。如果公债买卖是在中央银行与非银行部门之间进行，分析其货币效应时仍然要区分两种不同的交易方向，一是中央银行的公债转让给非银行部门，二是非银行部门的公债转让给中央银行。当中央银行的公债转让给非银行部门时，非银行部门的货币购买力减少，在商业银行账上，将表现为负债方的社会存款减少，以及资产方的准备金减少，这里假定非银行部门通过提取存款来购入公债。同时，在中央银行账上，将表现为负债方的商业银行存款减少，以及资产方的政府债券减少。所以，中央银行向非银行部门销售公债，将起到紧缩银根的作用。反过来，当非银行部门的公债转让给中央银行时，情况与上面分析的正好相反。非银行部门因出售了公债券而增加了货币购买力，即在商业银行的账上表现为负债方的社会存款增加，资产方的准备金相应增加。同时，在中央银行账上，亦将表现为负债方的商业银行存款增加，资产方的政府债券相应增加。因此，中央银行向非银行部门购入公债，将起到放松银根的作用。

5.3.3　公债偿还的货币供给效应

公债到期之时，政府需要还债。政府偿债资金来源从形式上看有预算结余、偿债基金、举借新债、投资收益和课征税款五种：不过从分析货币效应的角度来归纳，由于预算结余和偿债基金一般也是由税收收入转化而来的，投资收益还债的货币效应又类同税收，所以这里主要分析两个方面，一是以税偿债，二是借新债还旧债。选择这两种不同的偿债资金来源，对社会货币供给量的影响也不一样。同时，分析偿还公债的货币效应，还要考虑不同的公债持有者，我们仍然将它们分成三类：中央银行、商业银行和非银行部门。图 5－4 表示了公债偿还对象的结构，它与图 5－2 的流程正好相反。

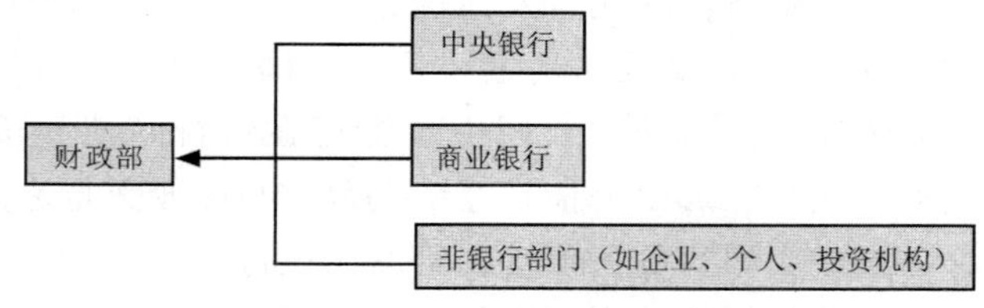

图 5－4　公债向不同持债主体的偿还

1. 以税偿债的货币效应

政府征税，纳税人在商业银行的存款就会减少，因此，社会上的货币数量减少。同时，这一过程的另一面是，政府在中央银行的财政存款将增加。所以，纳税人资金作为税款流向政府的影响，实际是社会存款货币变为中央银行的基础货币，故有一种收缩的效应。政府有了税款后，分别向三类公债持有者偿付。首先，假定政府用这笔税款偿还非银行部门持有的公债，则非银行部门在商业银行的存款增加，当然政府在中央银行的财政存款将减少。这一社会存款的扩张过程正好与上面征税的收缩过程相反，总体来说，这种偿债将不影响社会货币供给量，或者说呈中性。其次，假定政府用这笔税款偿还商业银行持有的公债，则在中央银行账上，仍表现为负债方的财政存款减少和商业银行存款增加，而在商业银行账上，表现为资产方的准备金增加和政府公债减少。若到此为止，则货币供应量因前期的政府征税而减少了，但商业银行在政府偿债后，增加了准备金，这是一笔随时可以用来扩大货币供给量的资金，一旦运用，将会抵消征税的收缩效应。最后，假定政府用这笔税款偿还中央银行持有的公债，结果将表现为中央银行账户财政存款和政府债券的等量减少，没有扩张货币。考虑到前期征税的货币收缩，因此，从总体上来说，这种情况是减少了货币供给量。

2. 借新债还旧债的货币效应

政府将举借新债的收入向旧债的持有者偿还是公债偿还的一种方式，在这里先不考虑政府用发行公债收入的扩张效应。如果政府举借新债和偿还旧债的对象是一致的话，比如用向非银行部门借得新债的收入来偿还非银行部门持有的旧债，或用向商业银行借得新债的收入来偿还商业银行持有的旧债，亦或用向中央银行借得新债的收入来偿还中央银行持有的旧债，均等于是将这些经济主体手中的公债直接调换了，或者说是旧债券的期限又延长了，所以对社会货币供给量不发生影响。现在要考察的情况是：

（1）新债的发行对象是非银行部门，偿还的旧债是商业银行持有或中央银行持有。如果新债由非银行部门认购，则它们在商业银行的存款减少。再假定政府偿还商业银行持有的债券，商业银行得到政府偿债款后，准备金又增加。一旦准备金动用投放贷款，又将增加货币供给量，所以这种情况从总体上看，对货币供给量呈现中性。假定政府此时偿还中央银行持有的公债，则不存在向社会投放贷款而扩张货币的过程，所以总体上是减少了货币供给量。

（2）新债的发行对象是商业银行，偿还的旧债是非银行部门持有或中央银行持有。如果新债由商业银行认购，则或者其贷款减少收缩货币，或者其超额准备金减少。假定此时政府偿还非银行部门持有的债券，则它们在商业银行的存款将增加。从总体上看，对货币供给的影响是中性或者是潜在的投放能力得到现实释放。假定此时政府偿还中央银行持有的债券，则只有商业银行认购新债时的收缩货币效应或超额准备金减少效应。

（3）新债的发行对象是中央银行，偿还的旧债是非银行部门持有或商业银行持有。如果新债由中央银行认购，则在中央银行的资产方与负债方各加记等量金额，但社会货币供给量还未受影响。假定此时政府偿还非银行部门持有的公债，非银行部门在商业银行的存款就将增加，货币供给量扩大。假定此时政府偿还商业银行持有的公债，则商业银行的政府债券减少，准备金增加。增加的准备金将是一笔随时可以扩张货币供给量的资金来源。

5.4　公债的收入再分配效应

收入分配也是政府的职能之一。公债作为政府的一种收入工具，尽管其运作是有偿的，但是在收入分配方面也能起到一定的调节作用。

公债运行简单地划分，可以区分为发行过程、流通过程和偿还过程。从静态来看，在这三个过程或者三个时点，公债运行将有可能改变社会不同阶层的收入状况。

1. 公债发行对社会成员收入的影响

公债发行是资金由公债承购者流向政府的过程，单纯考虑这一过程，可以看到，对于公债承购者而言，其收入总数并没有减少，但是现实可以用于消费或者其他方面的资金减少了；对于政府而言，其负债增加，同时现实可以运用的资金增加了。再结合政府行为的另一个方面来分析。政府取得公债款项后，正常情况下总是要用于支出的。现在假定，这笔支出全部用于转移支付。那么，对于接受政府转移支付的人来说，其个人收入将增加。因此，如果把公债政策与转移支付政策结合起来考察，实际将会改变社会成员的收入状况。如果政府的收入分配目标是要缩小贫富差距，那么，在公债发行政策上的可能办法是向高收入者举债，并将这部分资金补贴给低收入者。

但是，这样的政策在实践中运用，仍然存在一些困难。第一，认购公债是自愿的。如果高收入阶层不愿承购公债，或者承购的数量达不到政府为改善社会公平所需要的量，则这一政策就无法实施或者效果会打折扣。所以，实践中常用的是累进税收加转移支付，而不是公债加转移支付。第二，更重要的一点是，上述分析只停留在发行阶段一个时点上，而公债是要偿还的。如果再考虑这一后续过程，则这种政策所导致的在偿还阶段时点上的影响，反而可能会不利于低收入阶层收入状况的改善。这一点在后面再作分析。

2. 公债流通对社会成员收入的影响

在公债发行阶段或者偿还阶段，资金流动都会涉及政府，即或者是资金由承购者流向政府，或者是资金从政府流向公债持有者。在公债流通阶段，情况不同，资金流动不涉及政府，除非政府直接参与公债流通交易。因此，公债流通对社会成员收入的影响，就在于社会成员参与公债流通交易而发生的收入转移。

假设有甲和乙两人，甲转让给乙一张到期一次还本付息公债券，面值100元，最后付息30元。再假设政府偿还债务的资金来源是税收。那么，如果该公债交易价格是在面值与本息和之间，比如120元，则收入分割的实质是未来纳税人的一部分收入（20元）转移给了甲，一部分收入（10元）转移给了乙；如果该公债交易价格低于面值，比如90元，则乙的收入增量（40元）一部分来自甲（10元），一部分来自纳税人（30元）；如果该公债交易价格高于本息和，比如135元，则甲的收入增量（35元）一部分来自乙（5元），一部分来自纳税人（30元）。

总的来说，公债流通会影响社会成员的收入状况，影响的程度决定于他们参与公债交易的盈亏情况。有的时候，这种盈亏额可能是巨大的。比如在一些具有杠杆性质的公债交易中，如公债期货，一次只需付少量保证金就可以买卖大量公债，所以，我们不能低估公债流通对人们收入状况的影响。

3. 公债偿还对社会成员收入的影响

公债偿还是资金由政府流向公债持有者的过程。政府为了支付公债本息，就必须增加税收。如果这部分偿债资金全部来自增加的所得税，那么，我们可以按如下方式分析公债偿还对社会成员收入的影响。

设社会成员分为低收入阶层和高收入阶层。一般来说，低收入阶层的消费比重大，投资比重小；高收入阶层正好相反，消费比重小，投资比重大。从而，高收入阶层持有的公债一般也比低收入阶层多；同时，根据所得税的特性，一般来说，高收入阶层的实际税率高，低收入阶层的实际税率低。在这些前提下，可以作如下推理：纳税数量和公债持有数量都是累进的，即它们都随社会成员收入的增加而增加。由于公债偿还将使公债持有者受益，公债持有数量越多，受益的份额也就越大。于是，以税偿债对社会成员收入分配的影响，将取决于纳税数量和公债持有数量的累进程度。

如用横轴代表不同阶层的社会成员，并设原点到 R 之间为低收入阶层，R 的右边为高收入阶层；纵轴代表纳税数量和公债持有数量。在图 5－5（a）的情况下，由于纳税数量的累进程度（图中的 T 线）和公债持有数量的累进程度（图中的 D 线）相同，社会各阶层的收入状态不发生改变；在图 5－5（b）的情况下，公债持有数量的累进程度高于纳税数量的累进程度，于是，高收入阶层的纳税额小于其得到的公债偿债额，而低收入阶层的纳税额大于其得到的公债偿债额，这样，政府以税偿债对收入分配的影响，是导致收入从低收入阶层流向高收入阶层；在图 5－5（c）的情况下，公债持有数量的累进程度低于纳税数量的累进程度，于是，高收入阶层的纳税额大于其得到的公债偿债额，低收入阶层的纳税额则小于其得到的公债偿债额，所以，政府以税偿债对收入分配的影响与上面情况正好相反，导致收入从高收入阶层流向低收入阶层。

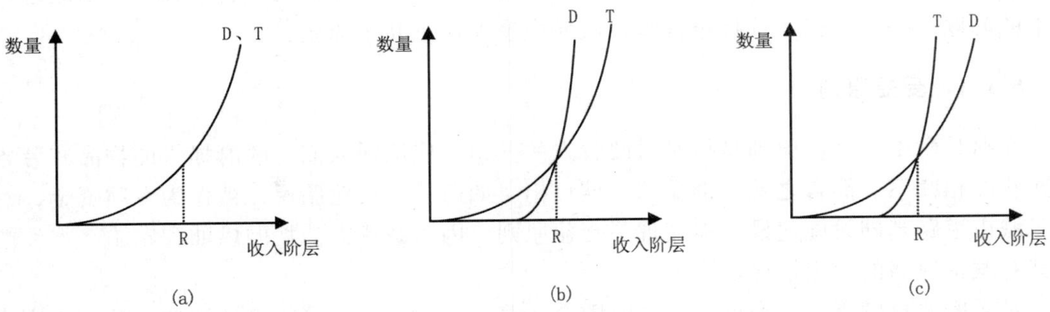

图 5－5　纳税数量与公债持有数量累进程度的比较

复习思考题

1. 论述公债效应的两个方法。
2. 分析公债对财政收入的影响。
3. 分析公债对财政支出的影响。
4. 分析公债的货币供给效应。

第6章 DILIUZHANG

公债的负担与规模

如果忽视公债和税收对资本存量的影响，那么，从效率角度来看，公债融资将优于税收融资，也就是说选择公债融资有其合理性。虽然从表面来看，政府举债将其他经济主体控制的经济资源暂时让渡给政府，然后再由政府征税或举借新债予以偿还，这一过程只引起了全社会资金结构的暂时变化，既不会影响经济主体的经济利益，也不会改变国民经济的总量，政府举债似乎并不会产生任何负担。但是事实是：政府举债是会产生负担的。由于政府举债会产生负担，不同的债务规模会引起不同大小的经济损失或负面影响，因此对公债规模加以控制就很有必要。

6.1 政府征税与举债融资的选择

政府融资的方式主要有征税和发行公债两种。如何在二者之间进行选择，是财政理论最基本的问题之一。一般在选择过程中，政府应遵循以下几个原则：

6.1.1 受益原则

在财政学中，受益原则是指对财政收入的分担，应该同人们对政府提供的物品和劳务的消费状况相联系。简言之就是谁受益、谁负担。如燃油税或轮胎税，被作为专项资金，专门用于城市道路基础设施建设，就体现了受益原则。因为纳税人消耗的燃油和轮胎，大致能反映其对城市道路的使用情况。

对政府选择融资方式来说，受益原则意味着，一项特定政府支出计划的受益人，应当为此项支出提供资金。如果这项支出计划能给后代人带来利益，那么，政府通过借款融资把负担转嫁给后代人，就是合适的①。从而对于政府的投资性支出而言，由于其资本项目能长期发挥效益，惠及后代子孙，因而不妨用公债融资。

6.1.2 公平原则

公平原则即“代际公平原则”，指当代人的福利增加的同时，也不会使后代人的福利

① ［美］哈维·S. 罗森：《财政学》，中国人民大学出版社 2003 年版。

减少。

代际公平是可持续发展理论的一个重要内容。在可持续发展理论中，“代际”概念是指不同利益主体之间、上代人与下代人之间的关系。诺贝尔经济学奖获得者罗伯特·索洛在《自然资源在两代人中的分配》（1986）一文中指出：我们对下一代公平地尽到我们的责任，留给他们可继承的财富不少于我们所继承的。R. 里佩托（1986）提出：追求一种危害后代福利的政策是不公平的，因为后代人不能出席现在的任何政治和经济论坛。佩基（T. Page，1988）首先提出“代际公平”的概念。他认为，代际公平问题，就是当前决策的后果如何在后代人之间进行公平分配的问题。他提出了“代际多数”原则，即当一项决策涉及多代人利益的时候，应由这多代人中的多数作出决策。由于难以操作，佩基替多数后代人作出一个选择，即当代人应保持资源基础完整无损。

把代际公平运用到政府融资上，假设由于技术进步，我们的后代要比我们更为富有，如果在一代人内部把收入由富人转移给穷人是合理的，那么，为什么我们不把收入从富的一代转移给穷的一代呢？当然，如果预期后代比我们更贫穷，例如不可再生资源的枯竭，那么，按我们的逻辑就会产生相反的结论。

6.1.3　效率原则

政府融资的效率原则是指，债务融资和税收融资哪个会导致更高的超额负担。实际上，政府开支的每一笔增加，最终必须由税收的增加来筹措资金。这样一来，税收与公债融资的选择就成为征税时间安排上的选择：运用税收筹资时，进行支出的同时必须征收一大笔款项；运用公债筹资时，要在一定期间，支付多笔用于偿还公债利息的小额开支。课征税收的现值在两种情况下必须相等。

假定用于偿还债务的所有收入都是通过课征税收融资，西方经济学理论认为：税收会引起相对价格结构的变化，价格的变化又引起私人对消费、生产和投资动机的改变，由此减少了征税以前经济选择所能取得的经济福利，即造成了一定的效率损失。这种效率损失是在税收负担之外的，所以称为“税收的超额负担”。在西方税收理论中，习惯用需求曲线、供给曲线、消费者剩余等理论来解说和测度税收的超额负担，见图 6－1。

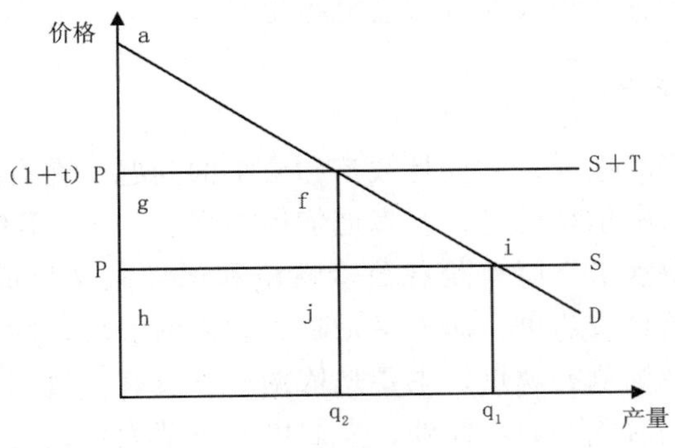

图 6－1　税收的超额负担

在图 6－1 中，以 D 线表示对某种应税物品（X）的需求曲线，S 线表示税前对 X 的供给曲线（假定在固定成本的情况下，所以供给曲线与横轴平行），供求曲线在产量为 q_1 时相交。再假定按比率 T 对 X 征税，这样新的价格为（1 + t）P，相应的供给曲线为 S + T，供求曲线在产量为 q_2 时相交。由图 6 - 1 可知，gfih 部分是征税后减少的消费者剩余，gfjh 部分是政府获得的征税收入，而 fij 部分既没有为厂商所得，也没有形成国家的税收收入，而是随着国家征税在无形中损耗了，这种损耗就被称为“税收的额外负担”。

以上述分析为理论基础，西方学者常借用图 6 - 1 来测度课税的超额负担。其方法为：税收的超额负担即为三角形 fij 的面积 A，A 可由下式给定：

$$A = \frac{1}{2} \times 底 \times 高 = \frac{1}{2} \times (ji) \times (fj)$$

fj 正好是含税价格与不含税价格之间的差额（△P）：

$$fj = \triangle P = (1 + t) P - P = t \times P$$

di 是价格上升引起的数量变化（△q）：

$$di = \triangle q$$

现在，请注意，价格弹性 η 的定义是：

$$\eta = \frac{\Delta q / q}{\Delta P / p}$$

所以，

$$\triangle q = \eta \times \frac{q}{P} \times \triangle P = \eta \times \frac{q}{P} \times (t \times P) = \eta \times q \times t$$

于是得到：

$$A = \frac{1}{2} \times (ji) \times (fj) = \frac{1}{2} (\eta q t) \times (tp) = \frac{1}{2} \times \eta \times P \times q \times t^2$$

可以看出，超额负担 A 按税率 t 的平方增加——当税率 t 提高到原有的 2 倍时，超额负担 A 会上升到原来的 4 倍。因此，从超额负担的角度来看，两次小额增税与一次大额增税不是等价的，前者带来的效率损失比较小。以上分析的含义是，债务融资将带来一系列比较低的税率，所以从效率上说，它优于税收融资。

不过，这一观点忽视了债务和税收对资本存量的影响。如果税收只扭曲劳动供给的决策，那么，从效率角度来看，债务融资无疑是可取的。如果债务融资存在挤出效应，那么两者的效率优势就需重新考证，税收融资就会显得更具吸引力。

6.1.4　道德和政治因素

税收融资和债务融资的选择，不仅是效率和公平的问题。在有些人看来，征税与发债的决策还是一个伦理问题。威尔曾说过，过多地依赖赤字，“……不仅仅是甚至主要不是一个经济问题，它反映着道德水平下降，是在公众性格和保守主义形成过程中的缺陷。”① 这一理论的逻辑是：道德要求自我约束，而赤字是缺乏约束的表现，因此，赤字是不道德的。不过，值得注意的是，这种规范的观点，主要是依据一个没有经过证实的实证性假说——债务的负担转嫁给后代人——为依据的。此外，人们也不清楚为什么这种特定的规范观点要优于其他观点，如受益的原则。

反对赤字支出的一个或许更具有说服力的非经济观点，是政治上的。有人指出，政治程

① ［美］哈维·S. 罗森：《财政学》，中国人民大学出版社 2000 年版。

序常常低估政府支出的成本，而高估政府支出的效益。平衡预算原则可能会使人们更慎重地权衡政府支出的收益与成本，从而防止公共部门的增长超越其最合适的规模。

6.1.5　宏观经济因素

在政府融资过程中，选择税收还是发行公债，受到宏观经济中的失业率和通货膨胀水平的影响。

在标准的凯恩斯宏观经济模型中，在短期，如何在税收融资和赤字融资之间进行选择，取决于失业水平。如果失业水平很低，那么，政府支出增加就会导致通货膨胀。这时，就有必要从私人部门拿走一部分支出能力，即增加税收。相反，如果失业率很高，那么，为了刺激需求，增加财政赤字则是明智的办法。勒纳的功能财政论认为，财政应以保持整个经济稳定发展为目的，利用税收和赤字使总需求保持在恰当的水平上，而不必担心预算本身是否平衡。

不过，即使在凯恩斯主义模型中，财政政策的变化要转化为就业的变化，到底会需要多长时间，也有许多不确定的因素。成功的反失业政策要求时间的选择必须恰当。否则，很可能最终出现这样的情况：在已不需要的时候刺激经济，反而可能引起通货膨胀。

6.2　公债的负担

6.2.1　公债负担的内涵

分析公债负担可从以下三个角度进行：

1. 政府的债务负担问题

公债最终是要偿本付息的，政府借债时获得了财政收入，但偿还公债则属于财政支出，公债的还本付息就构成财政负担。如果债务过大，就有可能产生债务危机。

2. 纳税人的公债负担

从实质上看，公债的负担最终是纳税人的负担。首先，认购者的负担是短期性的，从公债偿付周期看，认购者负担最终能从政府的还本付息中获得补偿。其次，政府的负担是形式上的，它最终会转嫁到纳税人身上。因为政府活动主要是提供公共商品和服务，其活动本身不能带来直接收入或不能带来足够的直接收入，以保障债务的清偿，最终要以税收收入作为偿债的基本来源。马克思就是从这个角度，得出公债是一种延期税收的结论。

纳税人的负担包括两个层次：一是因政府的偿债需要而造成的课税数额增加；二是由于政府增加课税，给经济活动带来的超额负担。这都会影响纳税人的实际福利水平，并产生再分配效应。①

3. 公债的代际负担

公债负担还存在代际转移问题，即政府通过“借新债还旧债”和举借长期债务的方式，

① 李友元、姜竹、马乃云：《财政学》，机械工业出版社 2006 年版。

把偿债时间向后推移，让下一代人来承担还债的责任。

公债负担在代际间转移的合理性，取决于公债资金运用项目的性质。若举债资金用于即期耗费性项目上，即意味着将后代人的税收用于当代人的公共消费，这往往是缺乏经济依据和道德基础的。

若举债资金用于能产生长期效益的资本项目上，则公债是将项目成本在代际之间合理分摊的一种工具，它有助于将各代人的受益与其付费（税）对应起来。从代际转移看，当代人不仅给下代人留下债务，同时也留下相应的有效资产，因而这种负担转移具有一定的经济依据和道德基础。因此，根据公债负担的性质，长期公债融资适用于公共资本项目。

6.2.2　公债负担的理论

债务负担问题，实质上是放在代际背景下的税收归宿问题。和许多其他归宿问题一样，债务负担是难以定论的。以下是经济学界一些基本的观点。

1. 内债无代际负担

勒纳认为内债不会给后代带来负担。他的观点得到许多人的赞同，在20世纪40年代和50年代非常流行。

在赞成者看来，内债主要由本国人而非外国人持有。政府通过举债，使社会资源从一部分公众手里转移到另一部分人手里，偿付不会引起资源流往国外，社会的总消费水平不变。待政府债务到期时，再向后代人征税来偿还债务。由于利息和本金的支付，仅仅意味着收入从纳税人向公债持有者的转移。政府偿还债务的活动发生在同代人之间，对这一代人来说，债务负担为零。这样一来，无论从国民经济全局，还是从整体债务运转周期来看，居民的收入都未发生变化。政府举借内债，就好比“右手欠了左手”一样。总之，不必对内债总额和其利息费用过于担心，因为这只是购买力在国内公民之间的再分配。

2. 即使是内债也可能产生代际负担——世代交叠模型

勒纳的分析框架中，一代人是由某一时点活着的所有人组成的。这一假设并不符合实际情况。如果假设一代人是年龄相近的群体，无疑更加合理。这样一来，任一时点便有几代人同时并存。世代交叠模型正是在这样的假设下，说明债务负担是如何在各代之间转移的。

假定一个社会由青年人、中年人和老年人组成，每一代为20年。在这20年内每个人有1.2万美元的固定收入，没有储蓄，即每个人消费掉他的全部收入。这种情况被认为可以永远持续下去。2001—2021年间，老中青三位代表的收入水平见表6－1。①

表6－1　世代交叠模型

		时期2001—2021年		
		青年人（美元）	中年人（美元）	老年人（美元）
（1）收入		12 000	12 000	12 000
（2）政府借款		－6 000	－6 000	

① ［美］哈维·S. 罗森：《财政学》，中国人民大学出版社2003年版。

续表

		时期 2001—2021 年		
		青年人（美元）	中年人（美元）	老年人（美元）
（3）政府提供的消费		4 000	4 000	4 000
		……	……	
			2021 年	
		……	……	
	青年人	中年人	老年人	
（4）为还债政府课税	－4 000	－4 000	－4 000	
（5）政府归还债务		＋6 000	＋6 000	

假定在 2001 年，政府决定为公共消费借款 1.2 万美元，期限 20 年。由于老年人估计 20 年后已不在人世，所以只有青年人和中年人愿意借钱给政府。假定青年人和中年人各承担 1.2 万美元的一半，则他们个人的消费水平在 2001—2021 年期间会下降 6 000 美元。假设政府将借款筹集来的 1.2 万美元均等地向每个人提供等量的消费，则每代人会获得 4 000 美元的收益。因此，没有借钱给政府的老年人，也得到政府借款带来的好处。

当 20 年后的 2021 年政府债务到期时，2001 年时的老年人已离开人世，新的青年一代降生了，那时的中年人已成为老年人，青年人已成为中年人。为了归还 2001 年借的 1.2 万美元，政府必须征税 1.2 万美元。事实上，政府对每代人征收 4 000 美元，就能够实现这一目标。2001 年时的中年人和青年人，从政府借款中享受了 4 000 美元的好处，因此，4 000 美元的税款对他们来说正好相等，他们不赔也不赚；2001 年时的老年人享受了政府借款带来的好处，却因 2021 年已经去世，而无需承担任何代价；2021 年时的青年人却恰好相反，他们没有享受政府借款带来的好处，但要承担政府为还债而增加的税收。4 000 美元从 2021 年青年人的手中，转移到了 2001 年的老年人手中。

表 6－1 记录了政府借款、使用借款筹集来的资金以及归还借款的全过程。从中，我们可以观察到债务负担是如何在各代之间转移的。在世代交叠模型中，政府债务是内债还是外债是无关紧要的，即使政府债务全是内债，债务负担也会在代际之间发生转移。

3. 公债因挤出私人资本而产生代际负担

新古典模型强调，当政府开始实施一个项目时，不管是用税收还是用借债筹资，都会挪用私人部门的资源。通常的假设是：用税收融资时，挪用的资源主要是减少了消费；政府借债时，主要影响的是私人投资。因为政府借债会与那些想把这笔钱投资于自己项目上的个人和企业争夺资金。如果这些假设条件是正确的，那么，在其他条件相同的情况下，债务融资留给后代人的资本存量较少。因此，后代人的生产率和实际收入就会比没有债务融资时低。这样一来，债务通过它对资本形成的影响，而给后代人造成了负担。

在新古典分析中，政府举债减少私人投资的假定，起着关键作用。这被称为“排挤假说”——当公共部门取走可用于投资的资源时，私人投资会被排挤掉。排挤现象是由于利率的变动引起来的。当政府增加对信贷资金的需求时，作为信贷资金价格的利率就必然会上升。如果利率上升，私人投资的成本就会增加，因而投资会下降。

巨额债务如果真的对私人投资产生挤出效应，将不利于经济增长，然而要精确判断其潜在的危险性却并非易事。事实上，要估计政府债务的代际负担，需要对政府债务筹资影响私人资本的形成进行实证研究。

4. 公债是否会产生代际负担，取决于公债资金的用途和使用效果

如果公债资金的使用能够给后代带来收益，就是有益的；如果将公债资金仅用于增加当期的消费，则政府债务可能给后代带来负担。因此，分析公债是否产生代际负担，需要考察公债资金的用途和使用效果。

从机会成本的角度看，公债是否会给后代造成负担，不仅取决于它是否被用于资本的形成，而且还取决于投资的收益率。一般来说，公债若将资金从效率低的部门引向效率较高的部门，后代就会受益；反之，公债将使后代受到损害。

假如公债被公共部门用于投资性支出，私人部门的投资边际收益率为10%，而公共投资的收益率为12%，那么公债实际上是将资金从低投资收益的私人企业部门，转移到了投资收益率较高的公共企业部门。这项借款（A）在若干年后，比如N年后的还本付息额为 $A*(1+10\%)^N$，而这项贷款的投资所形成的资产则为 $A*(1+12\%)^N$。同样，问题的关键不在于若干年后政府需要还本付息，而在于它创造了一笔价值的资产。如果政府不发行公债，这笔资金将会被私人企业占用，它所形成的资产在N年后为 $A*(1+10\%)^N$。在这种情况下，公债不仅不会给后代造成负担，反而会提高未来社会的福利。

如果公债所支持的投资项目收益率低于它所排挤的私人部门投资的收益，或者从极端情形来看，它不仅没有收益反而还发生亏损，比如说亏损率为10%，那么这项投资所形成的公共资产价值，N年后即为 $A*(1-10\%)^N$。也就是说，未来社会可以继承的资产，少于将这笔资金用于私人部门投资的情形。显然，在这种极端情况下，借债将给后代造成负担。

5. 外债一般被认为会产生代际负担

外债的偿还包含着资金的外流和生产机会的实际丧失，而不是简单的再分配效应。外债负担的转移与内债的不同主要表现在以下两个方面：一是由于公共支出所需的追加资源是从外国取得的，私人部门的消费和资本形成仍然不变。借债时，当代人不需要降低其支出。二是外债利息的受益者是外国人而非本国公民，因而外债不是欠自己的债，后代要承担偿付外债的责任。

当然，外债是否真的产生代际负担，同样需要考虑资金的使用方向和使用效果。如果政府将借的外债用于消费支出，则政府向本国下一代征税，用以支付国外到期债务，必然带来下一代消费水平的下降。下降的数额等于向国外支付的本金和利息。如果将国外借款用于建造或购置长期性资产，则给下一代的影响是双重的：从长期资产中受益和承担外债负担。如果边际收益大于边际成本，则后代的境况会变好；相反，境况变坏。

6.3 公债规模

6.3.1 公债适度规模的理论解释

公债的适度规模实质上是由举债的成本—效益决定的。为便于分析，需要引出三个概

念：(1) 公债的**边际效益**，即政府多举借单位公债所产生的效益，当然，这一效益既包括间接的宏观效益，又包括直接的经济效益，它与私债效益存在着本质区别；(2) 公债的**边际成本**，即政府多举借单位公债所需付出的成本，这一成本不仅包括举债的利息和各种费用开支，还包括可能存在的发行失败、使用不当以及无力偿还等无形成本；(3) 公债的**净效益**，即公债的总效益与总成本相抵后的净额。

首先来看边际效益。公债使用的效益通常取决于政府运用公债的客观条件，具体包括经济发展水平、政府的宏观管理能力、本国（或本地区）的潜在资源、债务管理人员的能力和经验、有关债务管理的法律环境等。一般来说，在举债规模比较小时，对上述条件要求不高，每增加一单位公债将产生更多的效益，公债的边际效益呈上升趋势。随着公债规模的增加，债务使用效益对客观环境的要求也越来越高，这时公债的边际效益在达到一个最高值后开始下降。

再来看边际成本。随着政府债务规模的增加，不仅可能导致债务利率和各种费用开支等有形成本的增大，而且债务管理（如组织发行、偿还等）的工作也更为复杂。但是，平均来看，政府每增发一单位公债所导致的成本上升不会太大。为简单起见，这里假定政府举债的边际成本不变。

根据如上分析，我们可将公债的边际效益和边际成本绘成曲线加以考察（见图6－2）。通过边际效益曲线（MP）和边际成本（MC）的叠合不难看出：当公债规模小于 Q_1 时，政府举债的总成本大于总收益，举债的净效益为负；当公债规模为 $Q_1 \sim Q_3$ 时，政府举债的总收益大于总成本，举债的净效益为正；当公债规模大于 Q_3 时，政府举债的总成本大于总收益，举债的净效益为负。其中 Q_1 和 Q_3 是两个临界点，它们都代表举债净效益为0时的公债规模。

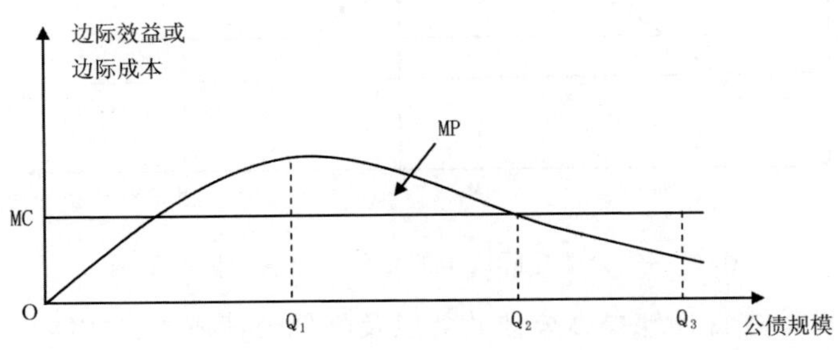

图6－2　公债成本—效益示意图

图6－2说明，公债规模只有控制在 $Q_1 \sim Q_3$ 的范围内，政府举债才会不同程度地促进国民经济的发展，处于这一区间的公债规模即为公债的适度规模。进一步分析，当公债规模为 Q_2 时，公债的边际效益等于边际成本，公债的净效益达到最大值，这一点为公债的最适规模。

尽管我们通过公债成本效益分析对公债的适度规模进行了解释，但以此来实际测算公债的适度规模绝非易事，这是因为政府举借公债效益和公债成本的内涵极为广博，许多无形效益和无形成本是很难或是根本不可能量化的。而且，现实生活中大量偶然因素的存在也会影响曲线的形状，如政府所借公债是否予以充分运用，公债运用的综合效益是否为最大化，等等。

尽管如此，理论分析也给我们提供了一些有益的启示。图 6－3 显示了公债边际效益的提高对适度规模和净效益的影响。当边际效益曲线由 MP 上升到 MP′时，公债适度规模的范围由 $Q_1 \sim Q_3$ 扩大到 $Q'_1 \sim Q'_3$，最适规模由 Q_2 扩大到 Q'_2。针对某一既定的举债规模 Q 而言，边际效益曲线的上升也使得公债的净效益由 ABCD 增加到 AB′C′D′。

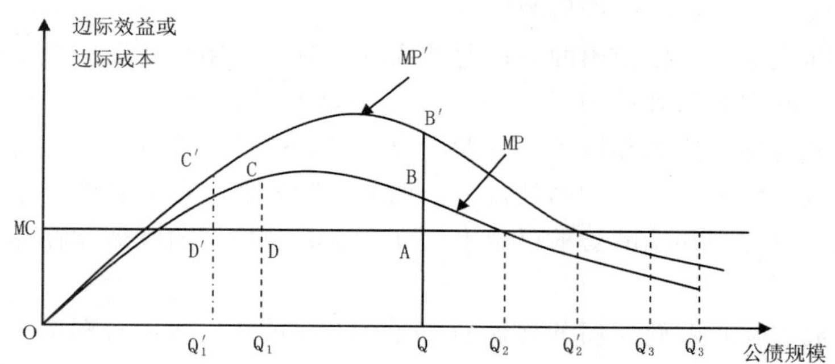

图 6－3　公债边际效益曲线的变化对适度规模的影响

扩大公债适度规模范围的另一条途径是降低边际成本曲线。图 6－4 表明，当公债的边际成本曲线由 MC 下降到 MC′时，公债适度规模的范围由 $Q_1 \sim Q_3$ 扩大到 $Q_1' \sim Q_3'$，最适规模由 Q_2 扩大到 Q_2'。针对某一既定的举债规模 Q 而言，边际效益曲线的上升也使得公债的净效益由 ABCD 增加到 A′B′C′D′。

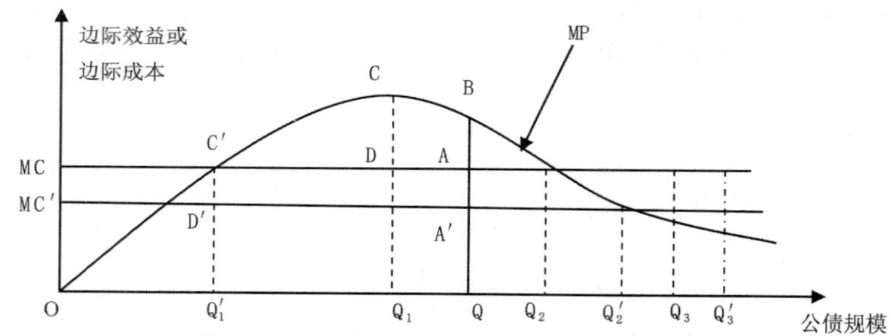

图 6－4　公债边际成本的变化对适度规模的影响

总之，政府只有千方百计地提高公债效益以及降低公债成本，才能扩大公债适度规模的范围，并在同等公债规模下获得更大的净效益。①

6.3.2　衡量公债规模的指标体系

正因为公债的适度规模在实践中难以准确测定，因而债务指标就成为政府加强债务规模管理的重要工具。由于公债规模与公债负担密切相关，而公债负担又是由国民经济、纳税人以及社会公众来承担的，因此，公债的适度规模直接取决于一国经济总量、财政收入、居民储蓄等客观经济变量。目前衡量政府债务规模的指标主要有：

1. 债务依存度

债务依存度包括国家财政债务依存度和中央财政债务依存度两个不同口径的指标。前者

① 高培勇、宋永明：《公共债务管理》，经济科学出版社 2002 年版。

反映全国财政支出对债务的依赖程度，后者反映中央财政支出对债务的依赖程度。国家财政债务依存度的国际警戒线为 20%；中央财政债务依存度的国际警戒线为 25% ~30%[①]。

中央债务依存度是指当年公债发行额与中央财政支出额之间的比率。用公式可表述为：

债务依存度 =（当年公债发行额/中央财政支出）×100%

无论是国家债务依存度还是中央债务依存度，如果依存度过高，都表明财政支出过分依赖债务收入，财政收支平衡处于较脆弱的状态。这对未来的财政发展和平衡，构成一定的潜在风险。

2. 公债偿债率

是指当年公债还本付息支出额与当年财政收入的比值。用公式可表述为：

公债偿债率 =（当年的公债还本付息额/当年财政收入）×100%

这个指标反映了当年财政收入中用于公债还本付息的份额，是一个国际通用的指标，比债务支出收入比率更能反映“借新还旧”的程度。公债的有偿性和财政资金的有限性，决定了政府负债规模必然要受到国家财政资金状况的制约。因此，政府负债规模应控制在与财政收入相适应的水平上，超过了这个适当水平，表明政府面临较大的债务风险。关于公债偿债率的数量界限，许多学者主张应控制在 8% ~10% 范围内。

表 6 -2　　我国的公债偿债率（1990—2006 年）

年份	当年公债还本付息额（亿元）	当年财政收入（亿元）	公债偿债率（%）
1990	190. 07	2 937. 10	6. 47
1991	246. 80	3 149. 48	7. 84
1992	438. 57	3 483. 37	12. 90
1993	336. 22	4 348. 95	7. 73
1994	499. 36	5 218. 10	9. 57
1995	882. 96	6 242. 20	14. 15
1996	1 355. 03	7 407. 99	18. 29
1997	1 918. 37	8 651. 14	22. 17
1998	2 352. 92	9 875. 95	23. 82
1999	1 910. 53	11 444. 08	16. 69
2000	1 579. 82	13 395. 23	11. 79
2001	2 007. 73	16 386. 04	12. 25
2002	2 563. 13	18 903. 64	13. 56
2003	2 952. 24	21 715. 25	13. 60
2004	3 671. 59	26 396. 47	13. 91
2005	3 924. 51	31 649. 29	12. 40

① 裴育：“构建我国财政风险预警系统的基本思路”，《经济学动态》2003 年第 9 期。

续表

年份	当年公债还本付息额（亿元）	当年财政收入（亿元）	公债偿债率（%）
2006	5 519.45	38 760.20	14.24
2007	1 052.90	51 321.78	2.05
2008	1 305.90	61 330.35	2.13
2009	1 491.28	68 518.30	2.18
2010	1 844.24	83 101.51	2.22

数据来源：根据各年《中国统计年鉴》中相关数据计算整理而得。

表6－2表明，我国自1990年以来，除个别年份外，公债偿债率均高于安全线。不过，不少学者认为，这主要是由于当时我国财政收入占GDP的比重较低。而财政的债务承受能力与财政收入在国民经济中的比例有关。因此，问题不在于减少公债发行量，而在于增加财政收入总量。

3. 公债负担率

公债负担率指一国年底公债余额与当年GDP之比，用公式可表示为：

公债负担率＝（公债余额/当年GDP）×100%

公债的应债来源就是GDP。公债负担率既反映了国民经济应债能力和公债干预经济的程度，又表明了公债发行的限度和空间。

这一指标广泛用于西方经济发达国家和绝大多数发展中国家，因此具有国际间的可比性。此指标国际公认的警戒线是45%～60%。

欧盟签订的《马约》中，规定的公债负担率上限为60%。不过，近年来欧盟国家中低于60%的负担率几乎是不存在的。事实上，大部分国家的负担率为70%左右，而比利时甚至达到了90%。然而，高礼雍和莫兹什克（Colligono and Mundschenk）认为，尽管负债水平达不到要求的60%，但并不会对欧盟公共财政的稳定和持续性构成威胁。

不少专家指出，由于欧美等发达国家的财政收入占GDP的比例一般在30%～40%，公债的负担率约为该比例的1.5～2倍（表6－3）。而目前我国政府总收入占GDP的比例大约为20%～25%。我国财政学者邓子基曾推算，我国国民可以承受的公债负担率应在40%～50%。

表6－3　　发达国家的公债负担率（%）

国家＼年份	1980	1981	1982	1983	1984	1985	1986	1987	1988	1989	1990	1991
澳大利亚	17.1	16.2	15.0	15.5	17.8	18.6	18.6	17.5	14.8	12.9	11.0	
奥地利	19.0	19.0	2.06	24.2	27.5	30.2	34.63	8.7	39.3	40.3	40.4	
加拿大	24.9	25.2	28.7	33.2	36.1	39.7	41.0	42.0	43.5	44.4	46.8	
丹　麦	23.9	32.9	43.5	53.1	58.4	58.4	52.5	49.2	48.1	48.7	50.5	
芬　兰	4.0	4.0	4.7	6.0	6.3	6.4	0	7.6	7.2	6.1	6.1	
法　国		16.8	19.2	20.5	22.3	23.9	24.3	25.7	26.5	27.7	28.6	28.5

续表

年份 国家	1980	1981	1982	1983	1984	1985	1986	1987	1988	1989	1990	1991
德　国		18.5	20.1	21.5	22.0	22.7	22.8	22.9	23.9	23.4	24.4	24.2
希　腊						24.3	25.0	31.6	40.7	48.1	5.8	
爱尔兰		56.4	56.3	59.1	64.4	67.3	65.7	69.0	69.1	64.0	62.5	60.3
意大利						69.8	72.7	75.9	78.2	81.1		
荷　兰		31.8	37.8	44.5	49.4	53.1	53.9	56.6	60.1	60.3	60.9	61.7
新西兰			28.0	30.8	34.6	35.7	30.9	33.4	32.3	30.0	27.5	27.5
挪　威	29.6	24.8	22.8	23.1	25.3	28.5	36.8	27.7	25.8	25.7	22.6	
瑞　典		42.2	48.2	51.1	53.6	54.0	53.4	48.7	45.4	40.9	40.2	44.2
瑞　士		17.1	16.9	16.4	17.2	17.2	15.9	15.2	14.6	13.2	12.9	13.7
英　国						44.7	44.0	42.0	38.4	35.1	34.0	
美　国	34.3	33.9	38.0	41.6	44.2	48.5	52.4	54.1	55.3	56.7	61.6	

资料来源：摘自《公债管理运作实务全书》，转引自中国债券信息网 www. chinabond. com. cn，2002 年 9 月 25 日。

4. 公债借债率

指当年公债发行额与当年 GDP 的比率。用公式表示为：

公债借债率 =（当年公债发行额/当年 GDP）×100%

它反映了当年 GDP 对当年公债增量的利用程度，也表明经济对公债发行的承受程度，是衡量政府新增债务负担程度的指标。西方发达国家的借债率一般在 3% ~10%，而大多数都维持在 8% 左右。因此，不妨借鉴国际经验，把这一指标警戒线定位在 8% ~10%。

与公债借债率相近的一个债务指标是赤字比率，即政府当年的财政赤字与 GDP 之比。由于目前各国政府都存在巨额的公债，政府发行公债不仅要弥补赤字，很大一部分还要用于债务偿还，因此公债借债率要远远大于赤字比率。由于战后西方各国均推崇赤字政策，因而各国的赤字比率一度很高，20 世纪 90 年代初期绝大多数 OECD 国家都在 4% ~5% 左右，意大利最高达到 9.6%。近年来，各个国家经济增长较快，为缩小赤字和控制公债规模奠定了基础，各国赤字比率开始下降。以美国为代表，1997 年实现了收支平衡、略有节余，随后的几年里不仅出现了财政盈余，而且盈余额在迅速扩大。美国的示范效应带动各国积极消减赤字，目前，除少数国家（如日本）外，绝大多数工业化国家的借债率都已控制在1% ~2% 左右。

应当指出的是，上述指标的国际标准线只是经验数据，并不是国际通用警戒线。事实上，各国国情千差万别，公债在各国经济中所起的作用也各不相同，因此很难寻求一个整齐划一的公债规模评价标准。为此，对相对指标的国际比较只能作为参考，评价公债的规模还需具体情况具体分析。①

① 高培勇、宋永明：《公共债务管理》，经济科学出版社 2002 年版。

专栏

计算我国公债有关指标时的数据调整

目前对公债指标的分析林林总总，很多没有对相关的财政数据作相应的调整与处理。实际上，在对公债进行有关指标的计算和比较时，要注意统计口径的统一。这就需要对数据进行调整，调整内容包括：

第一，统计年鉴的数据中，“财政支出”一项不包括国内外债务还本付息支出。不过，国家预算制度规定，从2000年起将公债利息支出列入经常性预算，与公债本金分开。这是遵循国际惯例的做法。这样，2000年起的“财政支出”中，就开始包括国内外债务付息支出。而统计年鉴中，“债务还本付息支出”一栏从2000年起，就成为债务还本支出。付息支出则列在“财政支出项目”下的子目中。因此，对2000年以后的债务还本付息支出数据，就要进行调整。

第二，中国的收支项目中，有一个很特别的处理办法。那就是“企业亏损补贴”冲减财政收入，而不是计入财政支出中。这一做法不符合国际惯例。因此，要将这一块加入到现有的财政支出中去。这块支出主要包括工业企业、商业企业、粮食企业的补贴。

第三，计算财政支出时，应考虑到预算外支出。预算外收支是指，国家机关、事业单位和社会团体为履行或代行政府职能，依据国家法律、法规和具有法律效力的规章而收取、提取和安排使用的未纳入国家预算管理的各项财政性资金。

预算外收支的范围主要包括：法律、法规规定的行政事业性收费、政府性基金和附加收入等，国务院或省级人民政府及其财政、计划（物价）部门审批的行政事业性收费，国务院及财政部审批建立的政府性基金、附加收入，以及其他未纳入预算管理的财政性资金，社会保障基金在国家财政尚未建立社会保障预算制度以前，先按预算外资金管理制度进行管理，专款专用。财政部门在银行开设统一的专户，用于预算外资金收入和支出管理。部门和单位的预算外收入必须上缴同级财政专户，支出由同级财政按部门预算或预算外资金收支计划和单位财务收支计划统筹安排，从财政专户中拨付，实行收支两条线管理。

资料来源：毛晖著：《经济增长中的财政政策——中国的积极财政政策》，湖北人民出版社2006年版。

6.3.3　影响公债规模的因素

从公债规模的三个绝对值来看，公债的发行规模具有重要的意义，它直接决定了公债余额和公债偿本付息额的大小，控制政府债务的规模必须而且只能从发行规模入手。综合看来，影响公债发行规模的因素主要有：

1. 国民经济增长的速度

公债规模的增长幅度可以和国民经济的增长速度保持一致，或者说，国民经济的发展速度决定了公债的运用规模。如果公债的增加与国民经济的增长是同步的，那么它就是在公债运用的适度范围之内，公债的数量再多，也不是值得忧虑的事；反之，如果公债的增加与国民经济的增长不是同步的，超过了国民经济的发展速度，那么它就超出了公债运用的适度范围，公债的数量就是过多了。

这是目前较为流行的观点。美国哈佛大学经济学教授阿图·埃克斯坦在《公共财政学》一书中，就是通过列举 1940—1980 年间联邦政府债务占国民生产总值比重数字的变化，来对美国联邦政府债务规模是否过于庞大进行判断的。[①] 而在美国，这一比重数字在 40 多年间的变动趋势是稳中有降的，由 1945 年的 121.85% 降至 1955 年的 68.32%、1965 年的 45.60% 和 1975 年的 34.88%。进入 20 世纪 80 年代后，虽有所回升，1988 年接近 50%，也未超过 50 年代的水平。所以，即使同一时期，联邦政府债务规模已从 1945 年的 2 587 亿美元增长到 1988 年后的 2.7 万亿美元，几乎增加了 10 倍[②]，联邦政府债务负担也并不十分严重，它并未超出公债运用的合理界限。这也正是美国当前公债规模庞大，经济照常增长的原因所在。

2. 国家有形资产的多寡

政府发行公债的主要目的在于开发资源，发展社会生产力，这自然要求有雄厚的有形资产作保证。这是因为，有形资产是开发资源、发展社会生产力的物质基础。有形资产多，相对可以扩大或增加资源开发、发展社会生产力的投资，也就是可增加公债的运用量；有形资产少，则应相对缩小或减少资源开发、发展社会生产力的投资，也就是减少公债的运用量。

在这方面，许多国家的具体做法是：发行公债时要首先掌握政府的负债总额（包括公债）数字，并据此计算出负债总额占国有有形资产的比重数字，再根据公债占负债总额的比例，便可最后计算出公债的适度规模。根据历史经济数据，经济发达国家的负债总额可占国家有形资产的 50% ~70% 左右，公债占负债总额的比重可掌握在 50% 多一点；经济发展处于中等水平的国家的负债总额占其有形资产的比重可在 30% ~50% 上下，公债占负债总额的比重可据此相对降低；经济发展水平较低的国家的负债总额可占其有形资产的 30% 或略低一些，公债的适度量依次降低。这是因为，经济发达国家经济实力强，物质财富雄厚，债务多一些一般也不会影响其经济的稳定发展。而经济发展水平较低的国家经济实力弱，物质财富稀少，一时债务过多，便有可能直接导致经济的动荡。这就是说，各国应当根据自身的有形资产及经济发展状况，相应确定与自身国情相适应的公债规模。

3. 社会游资总量的大小

一国社会游资总量的大小，实际上反映着该国可动用的物质财富的多少。社会游资多，说明可动用的物质财富多，反之就少。这是因为，在货币币值较为稳定的条件下，社会游资的绝大部分是已经实现了的物质财富，它的增加就意味着创造的物质财富的增加。如果一个国家生产力发展水平较低，物质财富缺乏，社会游资自然不会太多。从这个角度来说，社会游资在总量上的大小，显然可作为判断或确定一国公债适度规模的依据。

这就是说，如果一国的社会游资数量多，该国公债的运用量就可相应扩大；而如果一国的社会游资数量少，该国的公债运用量就要相应缩小。由于社会游资多的情况多发生在经济发达的国家，而发展中国家的情况一般是社会游资较少，这实际上也说明一国经济的发展水平直接决定着该国公债的适度规模。在实践中，我们可通过测算社会游资的总量，再参考各国历史经济数据，据此确定公债规模与社会游资总量的合理比例，进而确定公债的适度规模。

---

① ［美］阿图·埃克斯坦：《公共财政学》，中国财政经济出版社 1983 年版。

② 参见《美国统计摘要》（1986）及《世界经济导报》（1988 年 12 月 26 日）。

4. 公债发行的需要和可能

从财政资金需求的角度看，公债的发行规模主要是由当年的财政赤字额和债务还本付息额决定的，政府的财政状况就决定了公债发行的需要量。另一方面，公债发行可能量，则主要取决于政府的偿债能力和社会的应债能力。**政府的偿债能力**，是指政府部门对所欠债务如约偿本付息的能力。如果政府的预期财政收入状况好、政府筹资能力强，公债发行的可能量就高；反之，公债发行的可能量就低。**社会的应债能力**，是指社会公众认购公债的能力。如果全社会的资金格局向应债来源倾斜、民间资金的需求量较低①，公债发行的可能量就高；反之，公债发行的可能量就低。

进行需要量和可能量权衡的关键是需要量必须服从可能量。就是说，如果公债发行的需要量小于公债发行的可能量，一般可按需要量确定公债的发行规模；如果需要量大于可能量，则必须按可能量确定公债的发行规模。在这样的适度规模（指公债发行的可能量）之下安排公债发行量，不会影响社会经济的正常运行，也不会导致金融市场的波动。否则，情况将截然相反。

5. 公债运用的成本和效益

如前所述，公债的适度规模在很大程度上取决于政府举债的成本和效益。如果政府举债能够促进经济的稳定增长，而且还不至于给政府造成过大的负担，则公债规模可适当放大；反之，则应适当控制公债规模。②

6.4 公债规模控制

公债的发行规模是由新增公债和还本公债两部分组成的。

新增公债，是指当年为弥补财政赤字而发行的公债，这部分公债会增加当年末的公债余额。年度新增公债是一国经济体系中的重要指标，它直接对应的是财政赤字，反映了政府的财政政策和财政的基本状况。

还本公债，是指偿还以前年度发行、现在到期的公债本金而发行的公债。还本公债并不增加公债余额，也不增加债务实际负担。

正因为如此，目前发达市场经济国家控制公债规模，主要是采用控制新增公债的方式来控制公债余额。公债余额管理的具体做法包括：规定公债余额上限和控制财政赤字。

6.4.1 规定公债余额的上限

以美国为例，政府在公债余额限度内可以自由运作。余额上限由美国国会通过有关立法程序确定，即通过限额修正案。美国的公债余额调整是依据上次国会通过的余额上限和弥补

① 如果民间投资对资金的需求量大，在资金供给一定的情况下就会出现政府与民间“争抢”资金的现象，这显然会降低政府筹资的可能量；如果民间投资对资金的需求量小，政府就可较为容易地筹集到资金，政府筹资的可能量就会较大。

② 高培勇、宋永明：《公共债务管理》，经济科学出版社2002年版。

当年财政赤字新发行的公债，并分析为发行新增公债确需增加的公债余额大小（即超出国会通过的余额上限部分）后，加以确定的。这种管理模式表明，国会十分重视财政赤字对公债余额的影响。一般在财政平衡或财政盈余时，公债余额不会增加，政府的债务负担也不会增加。

由于公债余额往往在若干年，甚至一年内就会突破，因此，美国自 1940 年采用公债余额管理以来，从最初的 490 亿美元限额开始，经过数十次审核，限额不断增加，在 1997 年的限额修正案中，已将公债余额的限额提高到 59 500 亿美元。在不突破这个总限额的情况下，发行公债不需国会再批准。如果达到这一上限，便要停发新债；或申请上调余额上限，或兑付到期公债以减少余额，以腾出发债空间。

6.4.2　控制财政赤字

以欧盟国家为例，在欧盟国家中，法国的《预算组织法》规定，财政赤字按照先用国库存款、再发行公债的顺序予以弥补。到期公债的偿还无须经国会讨论，完全由财政当局决定。芬兰于 1997 年修订的新《宪法》第六十四条规定："政府借款须在议会批准的中央政府债务或新举借的最大限额之内。"这表明议会通过批准新增公债数量来控制公债规模，并授权政府实施公债余额管理。上述法国和芬兰的方式实际上是以上年底公债余额为基数，加上当年的财政赤字，即新增公债发行数额，确定当年公债余额上限。

公债余额管理模式有三层含义：一是政府无论在任何情况下，不得突破确定的限额发行公债，如果需要提高限额，必须提请审批；二是还本公债的发行不在审批之列；三是政府在经批准的年度新增发行公债限额内，可自主决定具体发行数额，限额不是必须完成的指标。这种管理办法使得政府在规定的公债规模之内，可以较为灵活地进行公债管理。

专栏

我国实行国债余额管理的背景

2005 年底，我国十届全国人大常委会第四十次委员长会议通过了全国人大常委会预算工作委员会《关于实行国债余额管理的意见》。这意味着自 2006 年起，我国开始参照国际通行做法，采取国债余额管理方式管理国债发行活动。根据《关于 2005 年中央和地方预算执行情况与 2006 年中央和地方预算草案的报告》，我国的国债余额管理制度，是指立法机关不具体限定中央政府当年国债发行额度，而是通过限定一个年末不得突破的国债余额上限，以达到科学管理国债规模的方式。

在国债余额管理制度的必要性和有效性方面，存在两种截然不同的观点：

1. 一种观点认为国债余额管理制度应该取消，立法机构不需要也不应该管制行政机构的发债规模。理由是：

（1）要设计出简洁且能适应经济周期不同阶段的国债余额管理指标是相当困难的。各个国家经济状况不一，发展阶段不同，也可能处于不同的经济周期，因此，国债余额管理指标的设定难度很大。

（2）在相当多的国家，国债余额上限一再提高，根本没有起到限制政府开支的作用。

（3）一个收支平衡的预算才应是政府预算追求的基本目标，设立国债余额限制，客观上承认了财政赤字存在的合理性，因此它不是一个减少财政赤字的有效办法。

(4) 国债余额规模是由整个财政预算收支决定的，财政预算一经立法机构审批，实际上该年度末的国债余额也已经确定，因此立法机构完全没有必要再规定国债上限。

2. 另一种观点则认为，国债余额管理制度仍然发挥着重要的作用。理由有二：

(1) 国债余额管理是立法机构控制政府预算的有力工具。由于存在信息不对称，立法机构无法对政府部门的支出项目逐一审议。通过设置国债余额上限，立法机构控制了行政机构的经费总额，有利于行政机构合理配置财政资金，提高资金使用效率。

(2) 国债余额管理制度能够有效防止财政总支出的膨胀。利益集团的院外活动常常关注于政府的某一项税收或财政拨款项目，容易导致支出的膨胀，设置国债余额上限，有利于强化财政纪律。

而对我国而言，实行国债余额管理还是非常必要的。第一，在党的领导下，全国人大和政府机构的根本目标一致，这就大大减少了国债余额管理制度执行中可能存在的负面影响。第二，全国人大作为国家权力机关的法律地位是宪法和法律规定的，国债余额管理制度的执行有利于尊重人大的法律地位，支持人大行使好其职权。第三，国债余额管理制度的实施，有利于进行国际比较和借鉴国际经验，切实加强财政风险的防范。

资料来源：郑春荣："论建立比例上限的常态国债余额管理制度"，《上海财经大学学报》，2007 年第 2 期。

复习思考题

1. 政府选择融资方式时，应考虑哪些因素？
2. 简述公债负担的理论。
3. 衡量公债规模的指标有哪些？
4. 影响公债规模的因素有哪些？

第7章 DIQIZHANG

公债的发行与偿还

公债发行是公债运行的起点，而其发行的主要方面包括发行条件、发行方式、推销机构以及发行时间选择。而公债的偿还是债务资金运动的最后一个环节，及时足额偿还债务，对维持政府信誉，确保债务政策的可持续性具有重要的意义。

7.1 公债的发行

公债的发行是指公债由政府售出或被投资者认购的过程。它是公债运行的起点和基础环节，其主要内容是确定公债发行方式和发行条件。在现代市场经济条件下，由于每次公债发行规模庞大，公债发行活动涉及宏观、微观经济运行的诸多方面，因而公债不仅仅是财政问题，也是一个金融和经济问题。公债发行时，应对国民经济运行形势作出准确判断，围绕宏观经济政策，充分考虑财政宏观调控的需要和空间，以及考虑货币政策的协调运用，同时还应尽量降低筹集成本。

7.1.1 公债发行条件

公债发行条件涉及的问题较多，不仅直接影响到政府的偿债能力和投资者的收益大小，而且关系到公债能否顺利推销，政府能否如期筹集到所需资金等一系列问题。公债的发行条件主要包括公债期限、发行价格、发行利率和公债面值等。

1. 发行期限

公债的发行期限是根据政府对长短期资金的需求、已发公债的偿还时间、未来市场利率水平的变化趋势等因素来确定的。公债期限是否合理，对于公债的发行以及能否如期还本付息至关重要。公债期限的确定，受以下因素的影响：

第一，已发公债期限结构。政府首先必须对已发行但还未偿还的公债期限结构状况进行分析，使还本付息支出均匀分布，以防止出现偿债高峰。如果当前旧债的还本付息压力相对较大，近期内应多发中长期债券。

第二，政府筹资的目的。公债的期限结构应尽可能与政府的筹资用资目的相吻合。例如用于投资公共工程建设的公债，应当根据工程建设周期和投资回收期来设计中长期债券。

第三，市场利率水平。公债期限结构的成本受到现在和未来市场利率的影响，因此需对市场利率的走势进行分析。若预期市场利率将上升，则应以发行期限较长的债券为主，以规避因市场利率上升所带来的筹资成本上升。

第四，公债交易市场的发育程度。如果公债交易市场发育成熟，且流通性较强，则发行中长期债券就比较顺利；反之，如果流通性不强、变现能力差，投资者就不愿购买中长期债券，因而只能发行短期债券。

第五，政府的宏观调控政策。在现代市场经济条件下，政府可以通过发行期限结构长短不同的公债来对经济波动进行调控。如经济衰退时期，通过增发短期债券能在短期内筹集到更多的资金，实施扩张性财政政策，以刺激经济增长。

专栏

我国公债的期限结构

在市场经济条件下，公债的发行应适应社会上不同投资者的需求才能高效率、低成本地挖掘社会资金。这就要求公债的发行必须品种多样，结构合理。

总体来看，我国公债的发行从品种单一、利率僵化逐步向多样化的方向发展。

我国发行的不同期限公债比重变化情况（%）

期限 / 年份	0～1年	2～5年	6～10年	10年以上
1981—1984		20.0	80.0	
1985—1987		100.0		
1988—1990		100.0		
1991—1993		100.0		
1994—1996	19.0	70.9	10.1	
1997—1999		68.2	31.8	
2000—2002	3.0	55.5	34.8	6.7
2003—2005	12.8	59.5	22.0	5.7

资料来源：张海星编著：《公债学》，东北财经大学出版社2008年版，第98页。

从表中我们可以看出，1981—1993年发行的基本上都是中期债券或1～10年债券，期限比较单一。从1994年开始，公债期限逐渐成多样化趋势。

2. 发行价格

公债发行价格，是指政府债券出售的价格或购买价格。政府债券的发行价格不一定就是票面值，它可以低于票面值发行。少数情况下，还可以高于票面值发行。因此，就存在一个发行行市问题。按照公债发行的价格与其票面值的关系，公债发行价格分为三类，即平价发行、折价发行和溢价发行。

（1）平价发行。平价发行是指政府债券按票面值出售，即认购者按票面值支付购金，政府按票面值取得收入，到期按票面值还本。

政府债券按票面值出售，必须具备两个前提：一是市场利率与公债利率大体一致。若市场利率高于公债利率，按票面值出售就找不到认购者；若市场利率低于公债利率，按票面值出售，政府财政就会遭到不应有的损失。只有市场利率与公债利率一致时，公债既能顺利地发售出去，又不至于增加财政负担。二是政府信誉必须良好。只有政府的信誉良好，认购者才会乐于按票面值认购，公债发行的任务才能获得保障。

从政府的角度来看，平价发行时政府可以按事先规定的票面值取得预期收入，并按此偿还本金。除按正常的利率支付债息以外，不会给政府带来额外的负担，这样有利于公共收入的管理和预算的顺利进行。其次，按票面值出售债券，不会对市场利率带来上涨或下降的压力，撇开政府经济政策的因素不论，这种做法有利于经济的稳定，且债券面额与发行价格一致，还能避免债券的投机之弊。

（2）折价发行。折价发行又称“折扣发行”或“减价发行”，是指政府的公债以低于票面值的价格出售。政府按折扣取得收入，到期按票面值还本。之所以债券价格低于票面值，其原因是多种多样的：一是如果市场利率上升，政府必须降低发行价格，债券才能找到认购者。显然压低发行价格比提高公债的利率更容易掩盖政府财政困难的实际状况，而且不会引起市场利率的上升而影响经济正常发展。二是在发行任务较重的情况下，为了鼓励投资者踊跃认购而用减价的方式给予额外的利益，也是其中的一个重要原因。

折价发行不仅不能为政府按票面价值带来预期的收入，政府偿还本金时其支出还大于实际公债的收入，而且还会影响市场的利率，对政府更为不利。

（3）溢价发行。溢价发行又称“增价发行”，是指政府债券以超过票面值的价格出售，认购者按高于票面值的价格认购。政府以增价取得收入，到期则按票面值还本。政府按高于票面值价格出售，只有在两种情况下才能办到：一是公债的利息率高于市场利率，认购者觉得有利可图。二是公债的利率与市场利率大体相当，但债券出售时，市场利率出现下降，导致政府有可能增价发行。

溢价发行虽然能给政府带来一些价差收入，但因溢价只有在公债利率高于市场利率的情况才能办到，这样会使政府蒙受不应有的高利支出。即使偶尔出现前者大于后者的情况，也会由于收入不规范，对公共收支的计划管理大为不利。

（4）贴现发行。贴现发行，就是按贴现利率计算出贴现利息，用票面金额扣除贴现利息后的公债发行方式。公债到期时，按票面金额兑付，不再计算利息。贴现发行虽然与折价发行都是以低于票面金额的价格出售公债，但折价发行按票面金额兑取本金时还要取得利息，贴现发行则只按票面金额兑付。

3. 公债的利率

公债的利率是指政府因举债而应支付的利息额与借入本金额之间的比率，它反映了政府占用投资者资金的时间成本。公债的利率通常以年利率来表示，其表达式为：

$$\text{公债券年利率}=\frac{\text{到期应付利息额}}{\text{本金额}}\times 100\%$$

公债利率的选择与公债的发行及偿还有密切关系。一般来说，公债的利率越高，发行也就越容易，但利率升高意味着政府也要承担高额的利息。因此，公债利率的选择，既要考虑发行的需要，也要兼顾偿还的可能。通常情况下，公债利率的确定主要受市场利率、政府的信誉状况、社会资金的供求量、公债的期限长短和付息方式等因素的影响。

（1）市场利率。市场利率一般是指证券市场上各种证券的平均利率水平，它是制约公债利率的主要因素。公债利率必须与金融市场的利率保持大体相当的水平。具体来说，金融市场利率水平越高，公债的利息率也必须相应提高；若金融市场利率水平较低，公债的利率可相应地降低。只有这样才能使公债具有吸引力，同时保证公债的顺利发行。

（2）政府的信誉状况。公债虽然在很大程度上受制于市场利率，但它作为一种特殊的信用形式，还受到政府信誉状况的影响。一般而言，政府的信誉状况与公债的发行利率呈反方向变化。即政府的信誉良好，公债的利率可相应降低；若政府的信誉不佳，公债的利率只能提高。否则，如果公债的利率与政府信誉相脱离，其结果会因在政府信誉良好时期调高公债利率而加重政府债息负担，或由于在政府信用不佳时期降低公债利率而阻滞公债的发行。

（3）社会资金的供给量。公债利率应该反映资金供求的关系。一般来说，公债利率要和社会资金供给量的大小呈反方向变动。如果社会资金比较充足，闲置资金较多，公债的利率可以适当降低；如果社会资金供给匮乏，公债的利率则应相应提高。否则，若在制定公债利率时忽略了社会资金供给量，极有可能造成在社会资源供给充裕条件下提高公债利率，而使国家承受额外的利息支出；或是在社会资金供给匮乏的条件下降低公债利率，而使公债发行不畅。

（4）公债期限的长短。由于公债期限的长短对公债投资者的收益及资金的流动性和安全性有重大的影响，所以决定着公债的利率水平。从公债期限来看，公债的期限越长，投资风险就越大，因而必须将利率定得高一些，这样才能吸引投资者；反之，期限越短，风险相应就小一些，利率就定得较低。因此，长期公债的利率一般要高于短期公债的利率。

（5）公债的付息方式。公债的付息方式一般有两种：一次性付息和分次付息。一次性付息又分为单利计息和复利计息，单利计息指公债到期还本时一次支付所有应付的利息，利息按照本金计算，到期前应付的利息不加入本金计算；复利计息指公债到期还本时，将公债还本偿还前按年所生利息加入本金计算，逐期增加计息基数。由于单利计息和复利计息对公债投资者的影响不同，所以在实际收益率相等时，单利计息公债的票面利率一般会高于复利计息的票面利率。

（6）预期通货膨胀率。公债的利率可以分为名义利率和实际利率，前者是指公债发行时的货币购买能力确定的公债利率，也就是我们通常所说的票面利率；后者是根据公债持有期内物价变动因素对名义利率进行调整之后的公债利率，它反映了政府筹资的实际成本和投资者的实际收益。公债的名义利率与实际利率的关系可表示为：

实际利率＝名义利率－通货膨胀率

为了降低举债成本，保证公债的顺利发行，政府应根据预期通胀率的变化来调整公债的票面利率。当市场预期物价上涨时，公债的预期实际利率下降，表现为投资者投资公债的预期收益水平下降，这时政府就应当提高公债的名义利率，以提高预期收益水平；反之，当预期物价水平下降时，公债的预期实际利率上升，政府就应当降低公债的名义利率以降低预期筹资成本。

除了上述因素之外，政府在设计公债利率的时候，有时还需要考虑政府的经济政策、公债券的流动性等其他因素。

4. 公债面值

公债面值，即公债券上标明的金额，它是政府核定的一张政府债券所代表的价值。

公债面值的大小，主要根据公债的发行对象、发行成本、经济发展水平、日常交易习惯及公债发行的数额等因素综合加以确定。一般来说，面额较高的债券，有利于降低成本，但不利于筹集小额闲散资金；而面额较低的债券虽然有利于筹资，但又会提高债券的印刷成本，且不利于保存。因此，债券的面值设计一般遵循以下原则：

（1）如果公债发行的数额较大，涉及的销售范围较广，则应以大小票面额兼备为优；若发行的数额较小，只需面对特定的对象或地区发行，则应视发行对象或地区的具体情况来确定所需要采用的票面额。

（2）当公债的发行对象是以企业、单位的大宗交易为主时，则应以较大面额为宜；当发行对象以居民个人为主时，则应根据实际情况而定。若居民的收入水平高，闲散资金较充裕，则应采用较大面额；反之，居民的收入水平低，闲散资金稀少，就应采用较小面额。

（3）在发行总额既定的前提下，应尽可能少印或不印小面额债券。若小面额债券所占比重过大的话，就会增加印刷量，从而导致印制费用提高。

在现有的经济条件下，各国政府对公债的运用规模都达到了相当高的程度。为了尽可能扩大债券的发行量，保证推销任务的完成，各国政府在面值的设计上越来越趋向于多样化，使公债面值的大小能适应认购者的不同要求，既有为资金实力雄厚的企业、财团等设计的大面值的公债券，也有为小额投资者设计的小面值的公债券，还有为中等收入者设计的面值适中的公债券。如美国目前的储蓄债券有从 50 ~ 10 000 美元不等的 8 种债券面额。

如今，一些国家又出现了无纸化的债券，即记账式公债和凭证式公债，它们分别通过记账和填制凭证来记录投资者购买债券的金额，从而完全取消了债券的印制费用，也提高了筹集各种数额资金的能力。

7.1.2　公债发行方式

公债的发行方式是指作为公债发行体的政府与投资者之间推销与购买公债时所采取的方式。公债的发行方式多种多样，从世界各国的情况来看，主要有以下几种方式：

1. 公募招标

公募招标方式，是一种在金融市场上公开招标发行公债的方式。其具体操作程序是：首先由招标人（政府或其委托的中央银行）公开宣布公债的发行招标条件（通常为发行价格和票面利率），然后由投标人投标，政府再将各出标价格或利率按一定的顺序（价格是从高向低，利率是从低向高）排列，从中选定最后的中标人，与之签订买卖合同并进行交割。

公募招标的特点有：

（1）发行条件通过投标决定，即认购者对准备发行公债的收益和价格进行投标，推销机构根据预定发行量决定中标者名单，并被动接受投标决定的收益和价格条件。

（2）投标过程由财政部或中央银行直接负责组织，即以它们为推销机构。一般的银行、信贷机构、证券商及邮政储蓄系统等均不能以招标方式来推销公债。

（3）主要适用于中短期政府债券，特别是国库券。一般来说，中短期金融资产的市场行情比长期资产更加起伏不定，因而政府在对市场短期走向的把握上所付出的成本也就更高。而公募招标的方式是通过市场来确定债券的发行条件，较好地解决了这一问题。

在各国实践中，公募招标的方法也是多种多样：

（1）价格拍卖。公债的利率与票面的面值相联系固定不变，认购者根据固定利率及对未来金融市场利率变化的预期进行投标，投标价格可高于或低于票面值。发行机构则按价格及购买数额由高到低依次出售，直到额满。

（2）收益拍卖。即价格固定，其利率进行投标，发行机构根据利率高低，由低到高依次出售，直到额满。

（3）竞争性出价。即发行数量固定，认购者自报愿意接受的价格和利率，发行者按自报的价格和利率，由高到低，或由低到高，依次决定中标者，一直到额满为止。

（4）非竞争性出价。即一般小额者或不懂此业务认购者，可只报拟购的数量，发行机构按当天成交的竞争性出价的最高价与最低价的平均价格出售。

公募招标方式最大的优点是在公债发行过程中引入市场竞争机制，推动了公债利率的市场化进程，避免了因市场利率不稳定，发行条件与市场行情脱钩而导致发行任务不能顺利完成的情况。另外，招标发行缩短了发行时间，促进了公债一、二级市场之间的衔接。但由于政府在发行条件上处于被动地位，可能出现投标利率过高或投标价格过低的情况。因此，各国在采用这种发行方式时往往附加某些限制条件。其中主要包括规定最低标价和最高标价，低于最低标价或高于最高标价的投标都不会被推销机构所接受。

2. 承购包销

承购包销是指由政府与公债承销人（一般为金融机构或大的财团）或承销团签订公债承购包销合同，将公债统一售出，再由承销者自行发售的方式。承销者在签订承销合同买入公债后，对公债的发行事务拥有较大的自主权，若承销者在既定时期内不能将所承购的公债全部售出，其余额将成为承销人对政府的债权。

承购包销方式的特点是：

（1）间接发行。由于债券涉及的业务比较繁琐，因此政府通常会委托承销商代理发行。这样的好处是既可充分利用承销商的营业网点和信誉，扩大证券的发行范围，同时通过专业化的协作，又提高了债券发行的效率。

（2）认购期限较短。由于债券发行的条件事先已经确定，因而在交易时双方无需进行讨价还价。一般来说，从债券的开盘到收盘，一般只需几天（最长为两周）的时间即可完成。

（3）发行条件固定。即公债的利率与票面面值相联系固定不变，按既定的发行条件发售。这样做并不意味政府可以随便要价。通常来说，承销商对市场比较熟悉，为分销公债，总是要求较低的价格和较高的利率；而政府为了降低发行成本，总是要求较高的价格和较低的利率。两者讨价还价也常常能确定一个接近市场供求状况的价格或利率水平。因此，承购包销在一定程度上引入了市场调节机制。

（4）推销机构不限。各种金融机构、中央银行、财政部或其所属的公债局（署、司）等都可以以此方式来推销或代销公债。通常的情况是多家金融机构组成承销团来承担公债的推销任务，承销团一般由一家主干事、若干家副主干事和几十家一般干事组成，主干事与一般干事之间签订有承销协议。各干事承担的公债销售量既可以采取固定份额的方法，也可以采取变动份额的方法。固定份额的特点在于承销人对自己应承担的销售份额心中有数，这样有利于提早安排资金，而变动份额则可使承销商根据自己的资金状况灵活地确定销售份额。[①]

（5）这种发行方式主要适用于可转让的中长期公债的推销。在市场利率较稳定的情况

① 高培勇、宋永明：《公共债务管理》，经济科学出版社 2004 年版，第 121 页。

下，采用承购包销发行的方式是比较有利的。政府可以据此预测市场容量，确定公债发行的条件和数量，也可灵活地选择推销时间。但是在金融市场利率易变和不稳定的条件下，采用这种方式就会遇到一定的问题。突出表现是，政府不易把握金融市场的行情，并据此确定公债的收益条件及发行数量，即使勉强确定，也会因行情在公债推销期间发生变动而与高层需求不相适应。因此难以保证预定公债推销任务的完成。

3. 随买发行

随买发行方式又称“柜台销售方式”，是指推销机构受政府委托，在金融市场上设专门柜台销售债券并拥有较大灵活性的公债推销方式。其主要特点有：

（1）经销的期限不定。政府没有对债券的销售期限作具体规定，推销机构可以无限期连续销售，直到预定发售任务完成。因此一些特定债券的推销可以持续相当长的时间，几个星期或几个月，甚至几年（除特殊情况外，一般开盘几天就全部售完）。采用随买发行的方式时，债券票面不印制发行日期，而只印制偿还期限，销售日期就是债券开始计息的日期，通常在销售时加盖公章予以确认。

（2）发行条件不定。政府不预先规定债券的利率和出售价格，而由财政部门或其代销机构根据市场行情相机确定，且可随时进行调整。为了保证债券的足额推销，政府总是尽可能使债券的票面利率与相应的二级市场上相同剩余期限债券的收益率对应起来。比如丹麦，就是由其中央银行代表财政部确定发行条件，并随市场每天的行情作出调整。

（3）随行就市。主要通过金融机构、邮政储蓄机构或中央银行及证券经纪人销售，认购者直接或通过证券交易所向经销机构递交申请。在包销的情况下，政府确定的发行价格要略低于市场价格，以作为包销机构的利润差；在代销情况下，政府则应向代销机构支付一定的手续费。

（4）这种方式主要适用于政府债务管理者用来向中小投资人发行不可转让的债券，特别是对居民个人发行的储蓄债券。由于可以随时调整发行条件，可以使债券的收益率与市场收益水平相接近，从而在一定程度上弥补不可转让公债的缺陷。除此之外，如在一个国家债券市场利率不够稳定而需要发行的债券的数量又比较大时，也可采用此方式。

与前两种方式相比较，随买发行方式的主要优点是可以灵活确定公债发行的条件和推销时间，从而保证公债发行任务的完成。由于金融市场的行情往往瞬息万变，公债发行条件与其不适应的情况经常发生。因此必须随时进行相应的调整，灵活的选择推销时机，才能提高公债的吸引力。随买发行方式就具备这样的条件。而前两种销售方式的出售活动集中在短时进行，尤其是承购包销的发行方式，其发行条件太固定，会造成认购不足。

但是随买发行的方式也存在相应的缺点，例如它会排挤私人厂商的投资活动，产生所谓的“挤出效应”。另外，政府缺乏充分完善的市场信息反馈系统，导致债券发行条件的确定常常具有一定的时滞性，大大影响了推行公债的效果。目前只有澳大利亚、丹麦、新西兰和英国等少数国家采用这种方式。

4. 直接销售

直接销售方式亦称“承受发行法”，它是指债券的推销机构只限于政府财政部门，而不通过任何中介或代理机构进行销售。认购主要限于有组织的集体投资者，包括商业银行、保险公司、养老基金及政府信托基金等。

直接销售方式是由财政部门直接与认购者举行一对一的谈判而出售公债的发行方式。其特点在于：

（1）发行机构只限于政府财政部门，如财政部或公债局（署、司），即由它们直接与认购者进行交易，而不通过任何中介或代理机构。

（2）认购者主要限于有组织的机构投资者，主要是商业银行、储蓄银行、保险公司、社会保障基金等。由于政府没有足够多的销售网点，直接面对居民的销售成本较高，因而这种发行方式通常只面对机构投资者，对个人一般不采用此种方式。

（3）发行条件通过直接谈判确定。在公债发行之前，一般是由政府财政部门召集相关投资者，分别就预备发行公债的利率、出售价格、偿还方法、期限等条件进行谈判，协商确定。有时某些条件由财政部预先确定，其余条件则通过谈判来解决。

（4）主要适用于某些特殊类型的债券推销。如比利时和瑞士等国家就有专门面对商业银行发行的金融债券，有些国家对特定金融机构发行专用债券等，都是通过这种方式推销的。

直接销售方式的优点在于它可以充分挖掘社会资金潜力。因为公债的发行条件通过直接谈判确定，为财政部门提供了了解、掌握认购者投资意向的机会，据此向认购者设计发行不同条件的债券，有利于调动、挖掘尽可能多的资金来源，且谈判采取随发行随举行的办法，又使财政部门在发行上有较大的灵活性，可随时根据财政状况确定公债发行量和发行时间。它的缺点是发行范围很小，只限于特殊债券和机构投资者。另外，也会因工作量大而使政府陷入困境。

5. 其他发行方式[①]

除了上述几种方式以外，在特定的历史时期，政府也会采用一些其他的方式来促销公债。

（1）强行摊派发行方式。强行摊派又称行政摊派，是指政府利用其政治权力推销公债的方式。它的特点是：①按照特定标准摊派，即政府一般根据认购的财产、收入等状况来计算和确定摊销的对象和数额；②发售方式带有强制性，一旦摊销对象和数额确定了，认购者不论是否愿意，都必须如数支付债款，接受债券，因而在形式上接近税收；③推销机构庞大，一方面是由于搜集居民的财产和收入资料需要大量的人员，另一方面又需要设专人来负责督促认购者如数上缴认购债款，只有设立人员相当庞大的机构才能胜任。

这一方式的优点是可以为政府迅速地筹措到财政所需要的资金，确保公债如数推销，而一般不会发生认购不足的情况。但它的弊端也十分明显，因为它违背了市场经济规模的根本要求，剥夺了国民的自由意志，破坏了政府公债的声誉。而且长期推行的话，势必会增大认购方的抵触情绪，最终使支付陷入困难的境地。因此，在现代市场经济的国家中，政府基本不再对居民个人采用强行摊派的方式发行公债，而只限于对部分投资者（如养老基金、政府扶持的信托机构等）采用。

（2）有奖发行方式。有奖发行方式是指根据中奖号码确定公债的投资收益率的发行方式。在这种情况下，绝大多数债券仍按一般的价格或利率出售，只对少数债券实行程度不等的奖励或优惠。一般来说，由于公债信誉高、风险小，因而投资收益率也会较低，而有奖发行方式则利用了人们的投机心理，在没有大幅度提高公债发行成本的同时，可以在一定程度

① 高培勇、宋永明：《公共债务管理》，经济科学出版社2004年版，第126～127页。

上激发投资者购买公债的欲望，促进公债的推销。例如苏联曾在 20 世纪 40～50 年代全面采用这种方式来发行公债，均取得了较好的效果。

但在市场经济条件下，有奖发行公债的方式却会带来许多负面的效果。如它会给本已投机性很强的金融市场火上浇油，加剧市场利率的波动性；使政府调控市场的政策意图不明确，误导市场走向；降低了政府行为的严肃性和公债的信誉度等。因而目前这种发行方式并不多见。

(3) 折实发行方式。折实发行方式是指以一定的实物作为价值参照标准的公债发行方式。在这种方式下，尽管公债的计量单位仍是货币，债券的发行、还本付息的对象也是货币，但政府是根据一定数量的实物的市场价格来确定资金的募集额和还本付息额。我国于 1950 年发行的人民胜利折实公债即是采用这种发行方式。

折实发行方式通常适用于市场经济不发达、经济货币化水平不高的情况。但是政府有时为了保护投资者的利益，避免通货膨胀的影响，也会采用这种方式促销公债。同时由于这种方式加大了公债发行和还本付息的核算工作，提高了政府举债的成本，而且选择作为参照对象的实物也非常困难，因而这种方式已被大多数国家所摒弃。

在某些国家的公债发行过程中，有时可不单纯使用上述的任何一种方式，而是将上述方式中的某些方式结合起来，采用组合方式发行。如英国，公债券的推销就是采取先招标后随买发行的方式，先将公债以公募招标的方式出售，由于招标期短，且附有最低标价规定，难以避免投标数量不足。其余额就由英格兰中央银行负责购入，其后再以连续经销方式继续出售，直到售完为止。也有些国家是将承购包销与随买发行结合运用，或采用其他组合方式。

专栏

我国公债发行方式的演变

我国自 1981 年恢复公债之初主要采取直接发行的方式，在行政动员的基础上进行计划分配，由财政部门直接向认购者（主要是企业和个人）出售，带有半摊派的性质。从 1991 年开始，我国试行承购包销发行方式；到 20 世纪 90 年代中期，基本形成了承购包销、定向募集、招标等多种方式并存的格局。其基本结构是以差额招标方式向公债一级承销商出售可上市公债；以承销方式向承销商销售不上市的凭证式公债；以定向私募方式向社会保障机构和保险公司出售定向公债。

我国公债发行方式的演变

年 份	行政摊派	承购包销	柜台销售	招标方式
1981～1990	无记名			
1991		无记名		
1992		无记名		
1993	无记名	记账式		
1994		无记名	凭证式	
1995		无记名	凭证式	记账式
1996				记账式

续表

年　份	行政摊派	承购包销	柜台销售	招标方式
1997		无记名	凭证式	记账式
1998	记账式		凭证式	
1999	记账式		凭证式	记账式
2000	记账式		凭证式	记账式
2001			凭证式	记账式
2002			凭证式	记账式
2003			凭证式	记账式
2004			凭证式	记账式
2005			凭证式	记账式
2006			凭证式	记账式

资料来源：何盛明：《中国财政改革 20 年》，中州古籍出版社 1998 年版；《中国人民银行统计季报》；www. chinabond. com. cn。

7.2　公债偿付的方式

公债的偿付，也称“公债的兑付”，是政府依约偿还债券本金、支付债券利息的行为。政府发行公债，必须要依发行时的规定，如约还本付息，这对保证公债的长期运作具有关键性意义。公债偿还中一个重要的任务就是要选择好偿还方式。它涉及公债偿付的时间、频率及形式等要素的选择和组合。虽然公债的还本付息额在债券发行时就已固定下来，但政府在偿还方式上却有很大的选择余地。何时偿还对经济有利？采取何种方式与政府的财政状况相适应？这是选择偿还方式的主要着眼点。

公债的偿付方式具体可分为偿本方式和付息方式。公债的偿本和付息所反映的内涵并不相同，因而常常表现为两个相对独立的过程，在此分别进行介绍。

7.2.1　公债本金偿还方式分类

公债本金的偿还方式多种多样，其中最常见的是以偿还的时间作为分类标准。从公债偿本的角度来看，公债的偿还期限可分为两部分，一是宽期限，在这期间不偿还公债本金（付息债券则要支付利息）；二是还本期，在这期间政府要分批或一次性清偿债券本金。另外，超过公债偿还期限之外的时期为延长期。对于分别在还本期、债券期满和延长期偿还公债本金的方式，分别称为“期中偿还法”、“到期偿还法”和“延期偿还法”（图 7－1）。

除此之外，公债的偿还方式还有其他分类标准，以偿还的频率为标准，可以分为到期一次偿还法、分期逐步偿还法和抽签轮次偿还法；以偿还的形式为标准，可分为市场购销偿还法和以旧替新偿还法。

上述三种分类标准之间的关系如图 7－2 所示。

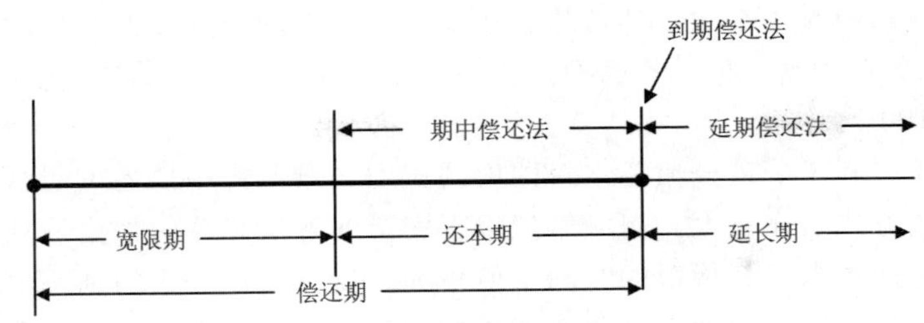

图 7-1　以偿还时间为标准的公债分类方法示意图

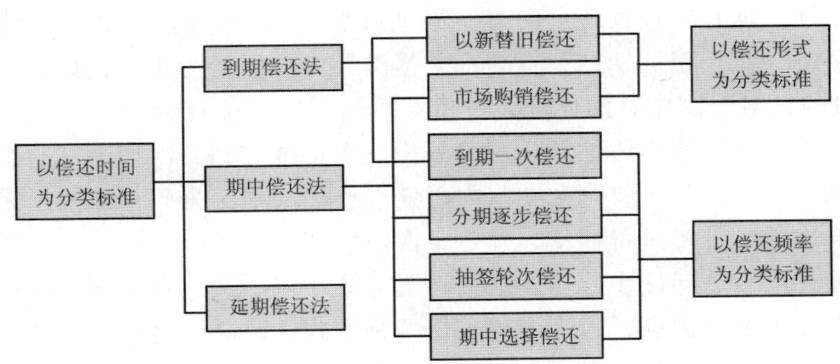

图 7-2　公债各种偿还方式划分标准之间的关系

通过公债各种分类方式的比较可以看出：到期一次偿还法和以新替旧偿还法属于公债到期后的偿还方式；而市场购销偿还法、分期逐步偿还法、抽签轮次偿还法和期中选择偿还法则属于公债到期之前的偿还方式。

7.2.2　公债本金偿还具体方法

公债各种偿还方式的具体内涵如下：

1. 到期一次偿还法

到期一次偿还法即政府对发行公债实行在债券到期日按票面额一次全部偿清。也就是何时到期，何时一次偿还。比如，为期两年面额 100 元的债券，只有在两年期满时政府才对债券持有者一次全部支付 100 元本金，而不是分几次或几期支付该项本金。

到期一次偿还法是最常见的债券偿还方式，其优点是：债券的还本工作简单明了，便于管理，且不必为公债的还本而频繁地筹集资金，有利于降低偿还成本。但是它也存在不少缺点：(1) 集中一次性清偿债务所需要的资金量相对较大，可能会对财政造成过大的压力；(2) 这种做法会使财政的支出骤然增加，导致经济体系中的资金量迅速膨胀，从而容易引起金融市场的波动；(3) 在缺乏保值措施的情况下，政府到期一次支付给债券持有者的本金，会随偿还期内的物价上涨而贬值；而如果采取保值补贴措施，又会增加政府财政的负担。

我国自 1985 年以后向个人发行的国库券及政府的其他债券（如国家重点建设债券、保值公债、特种公债等）大部分都是采用这种方法。

2. 分期逐步偿还法

分期逐步偿还法又称“比例偿还法”，即政府对一种债券规定几个还本期，每期还本一定比例，直至债券到期时，本金全部偿清。比如，两年期的债券分四次在两年内偿还，每半年偿还 1/4。即票面额 100 元的债券持有人可以每隔 6 个月从政府收回 25 元，到两年期限结束收回全部本金 100 元。

这种偿还方式有利于分散公债还本对国库的压力，避免集中偿还可能给政府财政带来的困难。但这种偿还方式工作量大，需频繁地进行资金的筹集和兑付，公债利息率也往往要有差别的规定，就是还本越迟，货币的时间价值越大，支付给持券人的利率也就越高，以求鼓励债券持有人推迟还本期，因而政府公债偿还的工作量和复杂程度势必会因此而加大。

3. 抽签轮次偿还法

抽签轮次偿还法即在公债偿还期内（宽限期过后），政府通过定期举办抽签活动来确定每次应偿还的债务，直至偿还期结束，全部公债券皆中签偿清为止。比如，两年期的债券每半年抽签偿还 1/4，对每次中签的债券，按债券面额还本并按规定付给利息；对未中签者仍按期支付利息。在具体操作中，抽签又可以分为一次性抽签和分次抽签。前者是指政府在到期前举行一次抽签仪式，集中将剩余期限内每期应偿还的债券号码全部抽出来；后者指政府根据债券偿还的次数，分批进行抽签，确定每次应偿债券的号码。

抽签轮次偿还法和分期逐步偿还法是两种既十分相似、又存在区别的债券偿还方式。就政府而言，二者并无本质区别，因为无论采用哪种方式，政府都将在还本期内分批支出相当于债务总额的资金；但就债券持有者而言，二者则存在显著区别，在抽签轮次偿还法中，持券人将按固定的比例分期收回投资额。

在抽签轮次偿还法下，由于债券何时偿还还要根据抽签的结果而定，而抽签的随机性又很强，因而债券持有者在购券时无法获知债券的偿还期限，这就为其安排资金投向带来了很多不便。这是抽签轮次偿还法最大的缺陷。我国 1981—1984 年发行的四期国库券采用了一次抽签法，1954—1958 年发行的国家经济建设公债，采用了分次抽签法。

4. 期中选择偿还法

期中选择偿还法即在公债的还本期限内，政府或持券人可自主选择公债偿还时间。根据选择权掌握的主体不同，期中选择偿还法可分为发行者选择偿还法和投资者选择偿还法。前者是就政府而言的，指在宽限期过后，政府即拥有了提前偿还公债本金的权利，也称“早赎权”；后者是就投资者而言的，指宽限期过后，投资者拥有了提前兑付未到期债券的权利。

就政府或投资者而言，期中选择偿还法在提高一方债券偿还灵活性的同时，也限制了另一方的权利。在投资者选择偿还法中，债券投资者在宽限期过后，可随时根据市场利率的变化决定应否提前兑付未到期债券，但另一方面，由于政府必须满足投资者在还本期内的兑付要求，因而其在债券偿还期内使用资金的权利就受到约束。为此，政府可能少支付投资者一部分利息或本金作为补偿。在发行者选择偿还法中，政府在宽限期过后，可随时根据财政的资金状况决定债券的偿还时间，但与此同时，投资者投资债券获得收益的权利就受到制约。通常政府也会对投资者给予一定的补贴。总的来说，在财政短期内急需资金的情况下，政府可以通过采用投资者选择偿还法来促进债券发行；而在财政资金状况起伏不定、难以预测的情况下，政府可以通过采用发行者选择偿还法来缓解财政支出困难。

5. 市场购销偿还法

市场购销偿还法又称“赎买法”，即在公债宽限期过后，政府定期或不定期地从证券市场上赎回（或称“买回”）一定比例的债券，以至在这种债券期满时，已全部或绝大部分为政府所持有，从而债券的偿还实际上已变成政府内部的账目处理问题。其赎价要等于或高于票面额，债券持有者可根据资金松紧情况自由决定是否出售债券。这种偿还方式只适用于可转让公债，不适用于不可转让债券。

市场购销偿还方式在市场经济发达的国家较为常见，其具体操作过程通常由政府委托中央银行来办理。当政府需要偿还债券时，中央银行就开始利用公开市场业务陆续收购公债券，待偿债券的全部或绝大部分被收购之后，债券偿还就成为财政和央行之间的账务处理了。一般情况下，央行通常选择市场行情低迷的时机入市操作，这样不仅可以降低收购成本，而且还能够促使市场价格启稳回升。偶尔，财政部门也会亲自入市操作，但这仅发生在政府利用财政盈余的情况下，例如，美国财政部 2000 年度利用市场购销法偿还国债 300 亿美元。

不难看出，作为一种市场化的债券偿还方式，市场购销法不仅为投资者提供了中途兑现的可能性，而且对政府债券的市场价格起到支撑作用，从而对维护政府信用、促进金融市场稳定发展起着积极的作用。但是，这种方式也存在着很多缺陷，如它要求央行在实行公开市场业务时只买不卖，这会与宏观经济的调控目标发生冲突；入市时机的选择、购买价格的确定等与偿还成本直接相关的业务程序，对政府的操作技巧提出了较高的要求；只适用于可转让公债，尤其是流动性较强的短期债券偿还；政府需要为债券收购进行大量繁杂的工作，要求市场购销工作人员有较高的素质和具备相当的判断能力等。

6. 以新替旧偿还法

该法亦称“调换偿还法”，即政府通过发行新债券来兑换到期的旧债券以达到偿还公债的目的。换句话说，就是短期到期债券持有者可用到期的债券直接兑换相应数额的新发行债券，从而延长了持有政府债券的时间；政府亦可用新发行的债券直接兑换相应数额的短期债券，从而偿还到期债券。比如有 100 万元的债券到期，为偿还这批债券，政府用 100 万元新债券向持券者直接调换 100 万元到期债券，从而使到期债券的货币清偿成为不必要，而仅变为债券的调换延期。

这种方式通常在偿债高峰期或财政较为困难时采用，具有明显的优越性。从政府财政的角度来看，公债既可用一般预算资金偿还，又可用发行新债券偿还，增加了政府筹措还债资金的灵活性。从债券持有者角度来看，只要其认为有利，便可拥有继续持有政府债券的优先权（当然也往往允许要求到期兑现），会提高政府债券的吸引力，在新债券需求量较大的情况下更是如此。但它的弊端也很突出，这就是它使债券持有人不能如期收回本息，不利于维护政府的债信，故不宜经常使用。

为消除原债券持有者可能产生的抵触心理，在现代市场经济条件下的“以新换旧”大多不是强制性的，而是给投资者以是否调换的选择权。

7. 提前偿还法

提前偿还法是指当政府发行公债尚未到期，而所积累资金已充分满足所需资金时，即可由政府提前偿还债务的一种方式。在我国提前偿还需要具备如下两个条件：一是当购买国家债券者因全家出国定居，债券按规定不能携带出境时，国家规定允许将出国者本人手持的未到期的债券提前到银行办理兑付。二是由于债券持有者保管不慎，造成债券残破污损，已无法保存到兑付期，原则上可办理提前偿还。

8. 延期偿还法

延期偿还法是指政府在公债到期后又推迟一段时间才予清偿。在具体操作上，延期偿还法又分为延期一次偿还法、延期抽签偿还法和延期比例偿还法，其操作原理分别与一次偿还法、抽签偿还法和比例偿还法基本类似。

专栏

公债是否可以延期偿还?

作为信用形式的一种，公债如期偿还是天经地义之事。但是，公债的偿还一般要求政府持有相应的偿债资金，若公债到期后恰逢财政捉襟见肘，则公债偿还难免陷入困境。因此，有人适时提出了“公债实际上并非必须如期偿还”的观点，其“理论解释”如下：

公债偿还实质上是政府一手向公众征税，一手又还债于民，其结果是利益的等额转移；公债的持有者都为富人阶层，而纳税人又为全体公众，因而征税偿债会促进两级分化，加剧贫富不均；延期偿还还可以减轻政府负担；如果在财政状况不佳时硬要增税还债，对经济造成损害，将会得不偿失。从理论上看，上述观点似乎也并非完全没有道理。但无论如何，延迟还债不仅违反了信用经济的一般原则，还会使政府失信于民，其危害已远远超出了经济的范畴，因而在现代市场经济条件下是肯定不可取的。

资料来源：邓子基等：《公债经济学——公债历史、现状与理论分析》，中国财政经济出版社 1990 年版，第 422 页。

事实上，很多国家都是将多种债券偿还方式同时并用或交替使用，它们之间并没有相互排斥的意义。

7.2.3 公债付息方式

公债发行之后，除短期者外，在其存在的期间内必须付息。由于公债在发行时已规定了利息率①，每年应付的利息是固定的，政府在公债付息方面的主要任务就是对付息的方式，包括付息的次数、时间和方法作出相应的安排。

一般来看，由于支付工作的费用、货币的时间价值等因素的存在，利息支付方式对公债券的筹资成本会产生很大影响。对于等额的利息，支付次数越多、时间越早，政府的筹资成本就越高，当然投资者的收益也就越大；利息支付次数越少、时间越晚，政府的筹资成本就越低，投资者的收益也就越小。合理的债券付息方式也就是在政府和投资者之间找到一个利益平衡点。

从各国的普遍做法来看，公债付息方式主要可分为以下两类：

1. 按期分次支付法

按期分次支付，即将债券应付的利息，在债券存在的期限内分几次（如每一年或半年）支付。这种方式往往适用于期限较长或在持有期内不准备兑换的债券，因为在较长的期限内，如能定期兑换一定数额的利息，不仅可以激发持券人认购公债的积极性，还可以避免政

① 尽管可变利率债券的应付利息总额在债券发行时并不能固定下来，但政府也不能对其随意进行调整，因为它要随着偿还期内物价的波动而变化。从这个角度看，可变利率的利息成本也可被认为是“固定”的。

府债息费用的集中支付，能够使债息负担均匀分散。与此同时，投资者可将定期取得的利息在剩余的期限内再投资，从而得到客观的复利收益。因为债券的期限越长，利息支付总额就越高，分次付息的优越性就越明显。因此，相对于短期债券来说，很少采用这种付息方式。

以利息支付的次数为标准，按期分次支付法可分为按年支付和每半年支付两种。大多数欧洲国家都采用按年支付的方法支付利息，而美国则更常用每半年支付的利息支付方式。在具体支付方式上，许多国家的政府债券都采用息票的形式，即政府在所发行的债券上附有可以取得利息的息票，债券持有人只要定期剪下息票，便可据此定期支付利息。

2. 到期一次支付法

到期一次支付，即将债券应付的利息同偿还本金结合起来，在债券到期时一次支付，而不是分几次支付。这种方式多适用于期限较短或超过一定期限后随时可以兑换的债券。因为在较短的期限内，没有必要分次支付债息，且在债券到期时，将息款连同本金一次支付，可以大大简化政府债券付息工作，债券持有者也完全可以接受。我国重启公债以来的很长的时期内，都是采用这种方式支付公债利息的。

由于付息方式不同，政府在每一年度应付的利息和实际付的利息并不完全一样。通常的情况下，应付的利息额会大于实际支付的利息额而形成一笔利息上的债务。因此，在公债的付息工作中，政府往往要选择恰当的付息方式，安排好应付额与实付额之间的关系，以期与政府的财政状况和经济形势的需要保持一致。

7.3　公债偿还资金来源

政府举债，到期是要偿还的。政府一旦举债，不论采取什么样的偿还方式，都会对政府的财政支出造成一定的压力。同时，公债能否如约偿还，不仅直接影响到政府的信誉和公债的市场表现，而且由于公债利率特殊的市场地位，还会对整个金融市场行情产生影响。因此，这就要求公债的偿还必须要有较为稳定且充足的资金来源。政府用于偿还公债的来源主要有以下几种。

7.3.1　预算列支

预算列支是指在经常性预算中，用经常性预算收入（主要是税收收入）安排当年应偿债务支出。即将每年的公债还本付息作为支出项目列入当年预算，如“债务还本”、“利息支出”，由正常的公共收入保证公共债的偿还。以预算资金来抵偿公债，从而使预算资金成为政府偿债的资金来源之一。

由于政府预算最基本的要求就是收支平衡，而税收则是经常性预算收入的主要来源，因而通过预算列支来偿付公债实际上就是增税偿债。例如，政府当年的经常性收支（不考虑公债偿付）均为 200 亿元，如果要在经常性支出中列入 30 亿元用于偿还公债，那么为了平衡预算，收入项目也要增加 30 亿元，即政府必须通过扩大税基、提高税率等手段增加税收 30 亿元。

之所以采用预算列支，主要是因为：

（1）税收收入是政府财政收入的主要来源。在财政发展史上，税收对于政府来说是最重要的一个收入来源，尤其在现代，大多数国家的税收收入都占到其财政收入的 90% 以上，因而，税收理应成为政府债务偿付的稳定的资金来源。

（2）从公债的使用来看，公债无非用来弥补政府财政赤字或者用于建设，弥补财政赤字的资金理应来源于税收。而如果用于建设性支出，尽管可以用项目收益来偿还债务，但由于许多建设项目的基础性和公益性，政府不可能直接取得收入，这部分公债最终还是需要用税收来偿还。

（3）以税偿债不会影响市场货币总量。尽管课税减少了纳税人的储蓄与手持现金，降低了纳税人的投资和消费需求能力，市场货币流通量减少，但是将税收用来偿还国家债务，又会扩大市场货币流通量，增加对商品的需求。所以在平衡预算的情况下，以税偿债不会影响市场货币总量，也不会影响市场物价的总水平。

尽管上述解释在理论上证明了经常性预算收入可以作为偿还公债的资金来源，但是在实际操作中却遇到了很多问题。

从预算收入来看，由于税收收入是与特定时期的经济发展紧密相关的，并不能随意增减，而政府各年度的债务偿付额却是骤升骤降的。如果硬要通过税收来满足公债偿付所需要的资金量，难免不切实际。

从预算支出来看，经常性预算的支出项目通常具有较强的"刚性"，因而，在政府财力不强的情况下，即使将公债偿付支出列入经常性预算，也会被其他项目挤掉。

因此，在实践中，大多数国家都是将公债的利息支付列入财政经常性预算，而偿还本金所需资金则通过其他渠道来解决。这样既减少了财政压力，又在一定程度上控制了债务规模。

专栏

政府预算·复式预算·经常性预算

政府预算，通常也叫"政府公共预算"，是经立法程序批准的政府收支计划。英国最先实行政府预算，到了 19 世纪，几乎所有的国家都建立了政府预算制度。政府预算已成为财政体系中不可缺少的部分。可以说，政府预算是反映政府收支活动的一面镜子。按编制形式分类，政府预算可以分为单式预算和复式预算。前者是传统的预算形式，即将国家的一切财政收支编入一个预算，通过统一的一个表格来反映。后者是在单式预算的基础上发展演变而成的，将同一预算年度内的全部收入和支出按性质划分，分别汇编两个或两个以上的收支对照表，以特定的预算收入来源保证特定的预算支出，并使两者具有相对稳定的对应关系。

复式预算一般分为经常性预算和资本性预算两部分。经常性预算主要反映政府一般行政上的经常性收支项目，主要用于税收筹集收入来满足经常性支出，收入以各项税收为主，支出为各种公共服务，以及政府行政经费支出。经常性预算一般不能有赤字。资本性预算则反映政府的资本投资，即通过借款筹措资金而获得社会新生产的资产。其中收入包括政府投资及财产出售收益、经常性预算结余收入以及借债收入；支出包括为取得新生产的资产而发生的支出。

资料来源：邓子基：《财政学》，中国人民大学出版社 2001 年版，第 283 ~ 287 页；王金秀，陈志勇：《国家预算管理》，中国人民大学出版社 2001 年版，第 142 ~ 143 页。

7.3.2　预算盈余

预算盈余是国家预算执行结果收大于支的余额，即财政结余。以财政结余作为偿还资金的来源，就是政府用上年的财政结余来支付本年应偿还的公债本息。

与经常性支出相比而言，利用预算盈余还债的最大优点，就是可以避免公债偿付对税收的压力。但事实上，预算盈余是一种潜在的偿债资金来源，现实可能性不大。首先，从预算盈余的使用方向上看，预算盈余一般首先用于财政储备、弥补投资不足等。偿还公债并不是预算盈余第一位的使用方向。其次，预算盈余作为偿债资金的来源，每年能够偿还公债本息的规模直接取决于财政是否有盈余和盈余多少。盈余多则偿还多，盈余少则偿还少，无盈余则无资金偿还。然而，目前世界上多数国家都存在财政赤字，很少出现预算盈余的年份，而债务偿还规模却相对庞大。因此，以预算盈余作为偿债资金的来源，在许多国家已经没有多少现实意义。它只能作为公债偿还的一部分资金来源，而不能是全部或主要的资金来源。

7.3.3　项目收益

政府将发行公债所筹集到的资金用于经济建设，然后用投资所得来进行债务偿付，这就是我们通常所说的“以债养债”。在复式预算中，经济建设收支列入资本性预算，因而与“借新还旧”一样，“以债养债”也是通过财政的资本性预算进行债务偿付。

从资源配置效率的要求出发，资源的使用者同时也应该是其成本的承担者。但是利用项目收益偿债只是一种私债的做法，它对偿还公债并不完全适用。如果政府举债投资于某一工程，而这一工程项目又能为政府获得直接的资金收入，那么政府就应该将投资收益用于偿还公债。若政府举债向社会提供的是某种公共产品，它并不会给政府带来直接的资金收入，此时，公债使用的经济效益就大大弱化。而且从实践来看，20 世纪 70 年代以来，各国政府的债务资金被越来越多地用于并无直接经济收益的消费性支出。布坎南论证了这一点，他说：“在现代政治形势下，通过公共贷款而得到的保障资金主要被用于弥补预算的短缺，而预算开支中的绝大部分却直接或间接地用于消费[①]。”他还指出，“美国政府在预算赤字有增无减、无休止的情况下发行公债，是为了满足公共或政府的消费，而不是用于公共或政府的投资……即使从最广泛的意义上来说，政府也只有较小的一部分支出能反映‘公共资本投资’；这一部分支出，其中也只有极少数设施或工程能直接带来源源不断的收入。所以把全部政府支出都当作日常公共消费来进行分析，似乎并非没有根据，而且远远不会因此做出令人误解的结论[②]。”

7.3.4　举借新债

政府通过发行新债券为到期的债务筹措偿还资金，这种资金来源也被称为“借新还旧”[③]。由于复式预算中的资本预算是以债务收支为主，因而，这种方式就是将公债偿付列入财政的资本预算，以债务收入作为公债还本付息的来源，实际上是延长了债务的期限，推

---

① 布坎南、瓦格纳：《赤字中的民主》，北京经济学院出版社 1988 年版，第 69 页。

② 布坎南：《自由、市场和国家》，北京经济学院出版社 1988 年版，第 199～203 页。

③ 请注意：这里实际包括发行新债和偿还旧债两个阶段。它同前面所说的“以新替旧偿还法”不是一回事。

迟了偿债时间。

目前，举借新债已成为大多数国家偿还公债的主要资金来源。由于当今世界上各国公债积累的数额十分庞大，每年到期的债务额已远非国家财政所能负担。为了偿还这些债务，通过发行新的公债来为到期的债务筹措还债资金，已成为各国政府偿还到期债务的基本手段。从理论上来看，这种办法具有一定的合理性。这是因为政府公债（主要是指内债）是一种可以不“归还”的债。从个体上来讲，既然是债，当然要还，但是从总体上来说，实际上并不存在归还期，而是可以用借新债还旧债无期限地持续下去。只要政府不垮台，不出现特大经济危机，借新债还旧债完全可以一直继续下去。

另一方面，“借新还旧”能否持续下去，关键在于政府能否不断地将新债券发行出去。由于对政府债务的承受能力有限，“借新还旧”也存在一个度的问题。也就是说，即使政府可以连年借新债还旧债，政府债务规模也不能无限度地扩张下去，否则就可能因偿付规模过大而导致债券发行困难，从而使政府陷入债务无法清偿的困境。

20 世纪 90 年代以来，我国也采用了这种方式。这主要与我国面临的经济形势密切相关。首先，财政入不敷出，政府的偿债能力减弱，对债务的需求却越来越大。其次，20 世纪 90 年代以来我国进入偿债高峰期，债务还本付息的压力逐年加大，反过来导致债务规模逐渐增大。最后，我国居民手中持有大量的闲置资金，这就使借新还旧成为可能。

西方经济学家认为，借新还旧既有实践上的必然性，也有理论上的合理性。因为各国公共债务的规模越来越大，每年到期的债务远非正常的财政收入所能负担，到期的公债不得不依赖于不断地举借新债。理论上公债可以看做储蓄的延长形式。在正常情况下，任何储蓄有存有取，但总体来看则是只存不取，公债同样如此，从单项债务来看，它有偿还期。但从总体来看，它实际上并不存在偿还期，而是应用借新债还旧债的办法，无限长时间地延续下去。或许如此，它才成为各国政府还债的基本手段。

但是，在利用此种方法筹措偿还公债资金来源时，需要注意的问题是，用于偿还旧债而发行新债应仅限于到期公债的本金，而不应包括利息。如果到期公债的本金与利息全部采用发行新债的形式偿还（我国目前即采用此种形式），则会造成公债规模呈几何级数上涨。因此，借新还旧时应该区分到期公债的本金与利息，利息从当期财政收入中进行偿还，而本金则可以采用发行转换债务的形式偿还，这样才不会造成公债规模的过度膨胀。

7.3.5 偿债基金

偿债基金是一种政府设立的专门用于偿还债务的资金。即政府每年根据预算安排，从公共收入中拨出一笔专款设立基金，由特定机关管理，专门用于偿还公债，且在公债偿还之前，每年的预算拨款不能减少，以期逐年减少债务，故又称“减债基金”。偿债基金最早被英国采用。1786 年起，英国建立偿债基金和专门委员会，每年由国库拨款 100 万英镑，交委员会用于市场买进公债，债券上的利息政府照付，其利息收入用来继续购买公债。

设立偿债基金为公债的偿还提供了稳定的资金来源，可以平衡各年度的偿债负担，使偿债有计划地进行。从短期来看，设立偿债基金会减少政府当期的可支配收入；但从长期来看，公债发行和偿还连年滚动，偿债基金可以起到均衡各年偿债负担的作用。从债务管理的角度而言，建立偿债基金后，可以把债务的收入和支出从正常预算收支中独立出来，便于更好地对债务资金的使用效果进行管理和监控。但是，与其他资金来源一样，偿债基金也不是十全十美的，具体表现在：

（1）偿债基金常不免于被挪用而形同虚设，“当国家升平无事，而有种种特别开支的需要时，政府每当开征新税，不如挪用偿债基金来得便利。不论开征任何新税，人民都会感到痛苦，因而引起反对。所以，挪用减债基金，常为摆脱目前困难较容易的办法。”①

（2）由于设置了偿债基金，政府会被迫定期定额拨款，导致预算的安排失去灵活性。而当预算平衡出现严重困难时，势必会导致基金失去稳定的资金来源。

（3）基金的管理工作相当繁杂，并且需要相当的判断力，以确保基金能够获得相当的利益而不至于发生损失。

（4）若政府无法按预期拨付偿债基金，必然会导致发行新的债券。这样出现政府为了维持基金发售新债券，而基金买进债券的目的是积累债券上的利息。但为了积累这项利息，政府又必须付出更多新债券的利息。政府的负担势必会因此而加重，且会引起混乱。从实践中看，目前以日本、英国为代表的一些国家仍然保持着偿债基金制度。②

专栏

偿债基金的由来

偿债基金的思想，最初由英国人瓦尔波于 18 世纪初提出。1717 年，英国政府建立了世界上最早的偿债基金，其目的主要是减少政府债务规模，因而也被称为“减债基金”。当时减债基金中的基金来源渠道比较少，主要是通过将暂时性税收改为永久性税收的办法来筹集，因而常常不足以清偿债务。1786 年，理查德·普莱士建议公债应当首先以单利发行，被减债基金赎回后再以复利计息，这一思路被当时的英国首相威廉·皮特采纳，因而这一时期的基金历史上也称之为“皮特减债基金”。普莱士的计息方法虽然可以提高减债基金的实力，但对财政却造成了很大的压力。果然，随着国库入不敷出，减债基金由于常常被政府挤占挪用，因而长期处于名存实亡的状态。③

复习思考题

1. 确定公债发行期限和利率各需要考虑哪些因素？
2. 比较公债几种发行价格优劣。
3. 常见公债市场化发行有哪几种？各有哪些特点？
4. 常见公债本金偿还和付息方式有哪几种？
5. 简述公债偿还的资金来源。

① 亚当·斯密：《国民财富的性质和原因的研究》，商务印书馆 1981 年版，下卷，第 484 页。

② 邓子基：《财政学》，中国人民大学出版社 2001 年版，第 263 页。

③ 资料来源：邓子基等：《公债经济学——公债历史、现状与理论分析》，中国财政经济出版社 1990 年版，第 429～430 页；杨大楷等：《公债综合管理》，上海财经大学出版社 2000 年版，第 214～215 页。

第8章 DIBAZHANG

公债流通市场

流动性是证券市场的重要属性。由于市场流动性具有多个方面的特征，因此，尽管许多实际工作者和理论工作者都对流动性有直观上的认识，但是要对流动性给出一个全面的定义却十分困难。国际清算银行对流动性作出的定义是：市场流动性是指市场的参与者能够迅速进行大量的金融交易，并且不会导致资金资产价格发生显著波动。这个定义虽然比较简洁和贴切，但是它是相对于整个证券业而言的，本书对流动性的定义为：**金融资产的流动性是指有价证券或实物资产的持有人急需使用现金时，能否以当时的市场价格将金融资产或实物资产迅速变现。**基于这种理解，一种金融资产的变现能力强且变现成本低，它就具有比较高的流动性。按照债券的基本规定，债券发行后，只有在期满后才能要求发行单位清偿，或按规定的赎回条件清偿。在到期之前，持有者不能要求债务人清偿自己所持有的债券。如果持有者由于各种原因，在到期前需要资金时，只可以在证券市场上向第三者出售转让。转让完成后，债券的权利也随之转移。公债是一种金融资产，流动性是其内在的本质要求。

8.1 公债的流动性意义及其衡量指标

8.1.1 公债流动性的意义

现代金融理论中的有效市场是指价格能够充分反映所有可获信息的市场，而根据上述定义，改善公债的流动性可以提高债券价格所反映的信息量并加快债券价格信息传播的速度，进而使债券价格的确定更为容易，市场的价格发现功能运作更为顺畅。因此，公债流动性常常被认为是债券市场效率高低和完善与否的标志，也成为政府管理公债和进行宏观调控的重要影响因素。

首先，公债流动性有利于降低公债的管理风险。具有良好流动性的公债有助于增强二级市场的“自我实现”机制，这将有助于降低公债的融资风险和利率风险。就融资风险而言，如果投资者认为公债具有较强的流动性，那么他们即使仅持有短期资金也会投资于公债，因为将来可视情况随时予以变现。政府可以充分利用高流动性公债的这一功能挖掘社会资金的潜力，降低公债的融资风险。反之，如果公债流动性较差，未来公债的变现就会受到很大限制或不得不大幅度降价才能出售，厌恶风险的投资者宁可持有货币或用于其他投资而不愿换持公债。

其次，公债的流动性可以提高公债管理的效率、降低政府的融资成本。由利率的期限结构理论可知，公债利率由基准利率与期限补贴组成，其中期限补贴也与公债流动性成正相关关系，这是因为：流动性较差的公债将使投资者承受较大的投资风险，而风险厌恶者又具有债券风险与预期收益成正比的投资意愿，政府显然只有相应提高债券收益（利率）才能将债券推销出去；反之，较强的公债流动性将会减少公债的期限补贴，进而可以降低政府筹资的利息成本。除此之外，流动性较强的公债对以流动性管理作为持债目的的机构投资者（如商业银行）更具吸引力，而这类投资者大量认购公债可简化债券的推销程序、缩短公债的发行周期，进而降低债券的发行管理费用（中介费、广告费和宣传费）。

最后，公债流动性是充分发挥公债二级市场经济调控功能的基础。一般来说，完善的公债二级市场对整个经济金融体系都具有重要的指导作用，而公债流动性则是决定二级市场运行效率的基础和关键，具体表现在：（1）公债具有违约风险小、同质性强、规模大等特点，如果再具有较强的流动性，二级市场所兑生出的收益率就可以成为企业债券、商业票据等其他金融产品收益率曲线形成的依据；（2）如果公债具有较高的流动性，其二级市场收益率的期限结构将充分反映市场资金的供求状况，它不仅可以作为经济发展的“晴雨表”，还能够将政府的政策意图迅速传导下去，进而大大提高宏观经济管理的效率；（3）高流动性的公债也是商业银行、证券公司、基金公司等投资者进行风险管理和流动性管理的重要工具，投资者通过对公债进行回购、期货、期权、互换等衍生交易投资和套利，可以极大地丰富资产组合调整的手段，获得预想的收益风险组合。

8.1.2　公债流动性的衡量指标

公债流动性反映了公债在二级市场中的根本特征，但仅仅根据定义并不能直接将其量化出来。既然公债流动性可以作为公债管理政策的中介指标，那么建立一个能够全面反映公债流动性的指标体系显然是必要的。作为内在属性的流动性是衡量公债流通市场发展的重要指标，近年来世界银行、国际货币基金组织以及国际清算银行在提高市场流动性方面进行了广泛而深入的探索，取得了一系列富有借鉴意义的成果。从发达国家经验来看，衡量流动性是否充分的指标主要有：

（1）最低交易量是否足够大。一个发达的公债市场，公债的融资特性决定了公债的交易规模应能对货币资金的流量和存量产生一定的影响。最低交易量越大，市场的流动性也就越强，交易深度也越大；反之，交易深度则越小。如美国市场上，中介机构间公债交易量一般在 500 万美元左右，我国香港是 5000 万港币。

（2）公债周转率是否够高。通常用某一时期内的公债周转率（即交易量/上市公债余额）来度量公债交易深度，这一指标不仅较为精确地反映了公债现实交易量和潜在交易量之间的关系，而且作为相对值还可以非常方便地用于不同规模市场之间的比较。如美国每年发行几十次公债，每次发行后一周左右，其周转速度就可达到 100%，年周转率达到 30 余次。

需要指出的是，低流动性的公债成本较高，但面向特定金融机构定向发行的特种债券除外。这种债券虽然不具有流动性，但由于是采用行政摊派方式发行的，因而，无论是利息成本还是费用成本都较低。

（3）买卖价差是否够小。通过买卖差价常常能够衡量公债交易的紧度，因为债券买卖价差充分反映了市场交易的成本和风险，买卖价差越小，公债市场的竞争就越激烈，公债交易的流动性也就越强。由于市场中公债的买价和卖价常常并不完全等同，市场参与者改变交易位置即意味着交易价格的变化，因而，紧度也指短期内改变交易位置的成本。公债交易的紧度主要取决于债券的存货管理成本和交易风险，因为风险和成本提高，交易商就要通过扩大价差来获取补偿。实践中度量买卖价差的方法具体有三种：一是做市商报价的价差；二是某一时期交易价差的加权平均值；三是实际交易的价差。其中，实际交易价差能最为准确地反映公债价格的实际变化。

作为资金融通的需要，收益性不是公债周转的唯一目标，较小的买卖差价意味着投资者进出债券市场非常方便，买卖差价的损失不足以阻碍交易热情，有利于公债的流通转让。如美国公债交易中买卖差价一般仅为万分之三或四，而香港债券市场也仅在万分之五左右。

不难看出，上述三个指标分别从不同角度刻画了公债的流动性特征。交易量是衡量公债流动性的静态指标，它反映了既定价格下的公债交易量；周转率和价差则是衡量公债流动性的动态指标，前者反映了与公债交易结果有关的信息被市场消化的过程，后者则反映了公债市场价格的波动性特征。因而，公债流通市场流动性的发展受下列几个因素变化的影响：公债的品种结构、公债的价格水平、期限结构、利率结构与持有者结构。此外，公债流通市场的组织结构也会影响到其市场的流动性。

8.1.3　我国公债流动性状况分析

我国自 1981 年恢复公债发行以来，公债市场建设取得了令世人瞩目的成绩，尤其是从 1998 年实施积极财政政策以来，更为市场发展提供了难得的机遇。公债市场已经发展成为各类投资者投资公债、金融机构进行资产负债管理以及央行进行公开市场操作、调控货币政策的重要场所，公债流动性有了很大的提高。我国公债市场发展主要有以下几个特点：

第一，公债市场化程度不断提高，市场规模不断扩大

我国公债市场年发行规模不断扩大，2010 年共发行公债 17 778.17 亿元，比 1981 年的 49 亿元增加了 17 729.17 亿元。公债余额到 2010 年底已超过 67 548.11 亿元，约占当年 GDP 的 20%①。有力地推动了我国经济结构调整，促进了经济的持续稳定快速发展。与此同时，公债发行的市场化程度也不断提高，从 20 世纪 80 年代的行政分配方式，到 20 世纪 90 年代初的承购包销方式，发展到目前的定向发售、承购包销和招标发行并存的发展过程。其中在招标方式上，财政部以及其他相关部门积极创新，综合运用了国际通用的荷兰式招标、美国式招标，创造出符合我国国情的混合式招标，使得公债管理市场化程度不断提高。

第二，投资主体多元化，债券市场流动性大大增强

为提高市场流动性和交易效率，保证银行间市场的健康发展，我国人民银行努力拓宽银行间市场的参与者，经过几年的努力，市场参与主体类型从原来单一的商业银行扩大到以商

① 《中国统计年鉴》2009，中华人民共和国国家统计局编，中国统计出版社。

业银行为主体，保险公司、基金、证券公司等投资者为补充的新格局，增加了不同投资偏好的交易对手，形成交叉的市场需求，提高了市场的活跃度。此外，人民银行还通过建立做市商制度和代理结算制度，使得市场运行架构进一步完善，有效地降低了市场交易成本，促进了价格发现机制的形成，对扩大银行间市场宽度、提高市场深度，促进市场的快速健康发展具有重要意义。

第三，公债期限结构趋于合理，基准收益率曲线初步形成

为了完善公债期限结构，形成我国公债券市场的基准收益率曲线，财政部经过多年努力，取得了显著的成效。过去我国公债期限集中在 3 ~ 5 年期，期限结构不合理，为此财政部探索发行了 15 年、20 年期公债以及 30 年期公债，初步实现对超长期公债的持续发行。从 2003 年开始，财政部积极推行基准期限公债连续、滚动发行，通过基准期限公债发行进一步巩固公债收益率基准。同时，为解决我国公债短期端利率缺位的状况，完善基准收益率曲线，自 2006 年始，我国开始参照国际通行做法，采取公债余额管理方式管理公债发行活动，使得大量滚动发行短期公债成为可能，为公债短端的市场利率形成提供了必要的支持。我国公债券市场基准收益率曲线的建设初见成效。

但是，目前我国公债流通市场发展还存在一些突出问题，主要表现在以下方面：

（1）市场流动性有待进一步加强。公债流通市场目前成交量规模与银行间市场建立之初相比有了很大的进步。但是与债券托管总量相比，其换手率还是偏低。截至 2008 年底，银行间市场公债托管总量超过 11. 16 万亿，而现券全年的交易量仅 4. 5 万多亿，换手率仅 44%[①]，虽然相对于过去有了显著提高，但是与国外发达市场相比仍相差很远。从债券交易情况来看，即便是交易最为活跃的跨市场中期公债都无法保证每天存在成交。

（2）公债市场分割局面严重。目前交易所和银行间市场割裂，银行间市场在品种和存量上都占绝对的优势，但债券的流动性相对不足，价格发现功能也未能很好实现；交易所市场债券的成交价格连续性相对较好，但目前债券存量比较小，品种比较单一，大额交易经常会对市场价格产生重大影响，价格出现扭曲的可能性比较大，并将传导给整个债券市场，造成市场较大幅度的波动。此外，由于银行等公债主力投资机构无法跨市场交易，造成两市场间公债的交易价格出现差异，同券不同价、不同收益率的现象经常出现，两个市场存在不同的利益水平，还造成统一的市场基准利率难以形成。

（3）基准收益率曲线有待进一步完善。基准收益率曲线作为银行间债券市场定价的基础。自市场建立以来一直受到市场管理机构以及参与者的高度重视，经过几年的努力，我国银行间市场债券基准收益率曲线的建立已经初见成效，但仍不完善。

（4）市场缺乏有效的避险工具。从近几年债券市场的交易情况来看，银行间债券市场经常出现单边行情[②]，主要是目前我国银行间市场的交易主体结构比较单一，投资行为趋同，而目前我国的金融衍生品市场刚刚起步，衍生品市场的交易不够活跃，从已经开办的债券远期交易业务以及进行试点的人民币利率互换交易情况来看，市场成交相对于现货市场而言较为冷清。目前我国的商业银行和保险公司都持有大量固定利率中长期债券，一旦利率波动，市场利率上升，按照市值计算隐藏着巨额亏损，但是当商业银行等

① 《中国统计年鉴》2009，中华人民共和国国家统计局编，中国统计出版社。

② 单边行情指行情走势呈现一边倒的走势，单边上涨或者单边下跌。

大型金融机构需要对自身的债券结构进行套期保值操作时，往往又无法找到交易对手，避险机制难以发生作用。

（5）国债市场尚未对外开放。众所周知，我国的国债市场没有对外资进行开放。但是，外资进入我国国债市场是利用外资的一条有效渠道。合法合规地引导外资进入我国国债市场，将有利于我国国债市场容量扩大，市场参与者增多，市场主体结构优化，从而提高国债流通市场的流动性和安全性。造成我国国债市场目前无法对外开放，主要有以下三个因素：一是我国外汇储备已十分充盈，债市对外开放势必加重外汇储蓄，甚至引发国内通货膨胀。而且，从目前情况和未来预测，国内国债市场筹资能力正在逐步上升。二是国债人民币利率目前尚未和国际接轨，外资进入国内国债市场易引发大规模套利①活动，外资本息汇出将对国家外汇储备产生较大冲击。三是人民币尚未实现资本项目下的自由兑换也是国债市场尚未对外开放的一个重要原因。

（6）税收政策制约着国债交易的活跃。目前的税收政策规定国债和政策性金融债的利息免征所得税，但对机构买卖国债所得的买卖差价却不免税，而事实上在国债交易的买卖差价中已经包含了一部分利息。这样的税收政策客观上鼓励了“长期投资”，从而降低了国债市场的流动性。

为了进一步推进我国公债市场的流动性，需要进行以下几个方面的改革和创新：

（1）进一步完善做市商制度②，鼓励对公债进行做市

尽管近年来公债市场的交易量逐年迅速增长，但市场的真实流动性仍然存在着的一定的问题。为有效解决这些问题，提高债券流通市场的流动性，需要进一步完善做市商制度。从国外的经验来看，在发达的场外市场中，做市商制度对于增加市场流动性、形成价格发现机制、稳定市场波动等方面发挥了举足轻重的作用，针对我国目前做市商制度现状，由公债发行单位和市场监管部门共同制定做市商制度，选择有真实交易行为又有一定交易量的机构承担做市商资格，明确做市商考核、融资融券、承销便利等相关问题，从而充分发挥做市商的作用，鼓励对公债进行做市。为了提高公债二级市场的流动性，可以考虑通过对公债承销团成员提供资金与债券的便利，鼓励公债承销团成员进行做市。

（2）加强债券市场基础设施建设，确保市场健康稳定发展

从发达国家的经验来看，债券市场基础设施的建设，直接关系到公债市场健康稳定发展，为了满足我国公债市场的健康快速发展的需要，可以从以下几个方面加强：一是建立健全公债方面的法规。法制建设是维护公债市场规范运作的基础，对市场主体、市场交易、监督管理等都需要以法的形式来确认规则。如美国很早就有了公债法律，至今内容已很详尽，对公债自营商、中间商及其客户、交易商等的持仓量，公债拍卖过程和公债限额等都有详细的规定。一个严密、完善的公债法律体系对于吸引广大国内外投资者，保障公债市场健康运

① 套利（spreads）：指同时买进和卖出两张不同种类的期货合约。交易者买进自认为是“便宜的”，同时卖出那些“高价的”合约，从两合约价格间的变动关系中获利。

② 做市商制度是一种市场交易制度，由具备一定实力和信誉的法人充当做市商，不断地向投资者提供买卖价格，并按其提供的价格接受投资者的买卖要求，以其自有资金和证券与投资者进行交易，从而为市场提供即时性和流动性，并通过买卖价差实现一定利润。简单来说就是：报出价格，并能按这个价格买入或卖出。

行有相当关键的作用。二是推广券款对付[①]（DVP）结算模式，提高市场运行效率。央行可以考虑为大额支付系统直接清算成员提供当日自动回购融资业务，规避特殊情况下的资金缺口，同时根据债券市场业务的发展状况逐步放宽大额支付系统开户条件，减少代理行多环节结算方式，促使市场成员共享一个平等的平台。

（3）打通银行间和交易所市场，建立统一的公债市场

目前，公债市场的分割格局不利于公债功能的进一步发挥，也是公债市场进一步发展的阻碍。建立统一的公债市场，关键在于实现公债在两个市场的连通和自由流动，即统一两个市场的后台系统。可以考虑上市交易的公债均在中央公债登记结算有限责任公司进行统一托管和结算，交易所不再进行公债托管，银行间债券市场一对一的谈判式交易和交易所市场的集中撮合竞价交易这两种交易方式依然保留。此外，还应该允许商业银行进入交易所市场买卖债券，在公债市场上形成以银行间债券市场为场外市场，如沪深交易所市场为场内市场的格局，让投资者根据自己的投资需要和交易偏好自主选择。

（4）鼓励金融创新，推广与完善现有金融衍生工具

为完善金融市场体系、发现利率价格、分散利率风险和维护公债投资者利益。要积极稳妥地推动金融衍生品市场的建立与发展。目前，商业银行因资本充足率的约束和流动性管理的需要，银行资产要多元化，大量的存差资金进入公债市场，导致供求失衡、价格扭曲。因此，应积极创造条件推出利率类衍生产品。国际经验表明，公债期货市场提供给投资者有效的风险管理途径，在一定程度上可以平抑现货市场的价格波动，并对市场繁荣、流动性增强有很大的促进作用。而我国公债期货市场于 1995 年关闭，其原因主要在于当时现货市场容量过小，非市场化的利率机制及监管不力等。近年来，随着监管能力的不断加强，债券市场容量迅速发展，可以考虑选择适当时机恢复公债期货交易。

（5）加快国债市场对外开放的步伐

国债市场对外开放是大势所趋，但宜采取渐进原则，逐步加快对外开放。第一，可以让经营人民币业务的外资银行、外商保险公司、符合条件的外国证券公司、QFII（合格的境外机构投资者）和中外合作基金管理公司逐步进入国债市场参与国债的买卖，从而促进国债二级市场交易的活跃，促使国债市场流动性的提高。第二，对于我国积累的巨额外汇，根据“安全、流动和保值”的原则，我们也可以采取措施，通过各种操作把这些外汇储备变成财政资金，再由财政部发行国债，然后中国人民银行使用外汇储备来购买。而且在这方面，我国已经有成功的经验。2007 年，我国政府采用西方发达国家“主权财富基金”的模式，成立“中国国家外汇投资公司”，初始注册资本为2000 亿美元，并成功发行 1.55 万亿元人民币特别国债。第三，制定相关的法律、法规，明确规定我们在购买国外债券的同时，必须让对方也持有我们的国债，也就是两国政府间的“相互持债”。

（6）改进税收制度，推动国债市场活跃

要避免对国债买卖价差中的利息征税，必须改变对国债买卖应纳税所得额的计算方法。

---

① 券款对付，即 DVP（Delivery Versus Payment）结算，是指债券交易达成后，在双方指定的结算日，债券和资金同步进行相对交收并互为交割条件的一种结算方式。此前，银行间市场债券交易结算方式包括见券付款、见款付券、纯券过户等，均不能实现资金和债券的同步交割，使交易双方处于不平等地位，且容易造成汇划速度慢、资金清算不及时等问题。而“券款对付”方式大大改进了这一缺陷，使资金交易效率得以显著提高。

应纳税所得额应该是国债卖出净价与国债买入成本之间的差额，而不应该是国债卖出全价与国债买入成本之间的差额。因为国债全价中是包含了国债前一次付息到本次卖出国债时的应计利息的，而这部分利息是不应该征税的。

8.2 公债投资收益与计算

8.2.1 公债投资收益的来源及形成因素

在介绍公债投资收益之前，有必要介绍一下货币时间价值概念。

在商品经济中，货币的时间价值是客观存在的。如将资金存入银行可以获得利息，将资金运用于公司的经营活动可以获得利润，将资金用于对外投资可以获得投资收益。这种由于资金运用实现的利息、利润或投资收益表现为货币的时间价值。由此可见，**货币时间价值是指货币经历一定时间的投资和再投资所增加的价值，**也称资金的时间价值。

由于货币具有时间价值，今天的100元和一年后的100元是不等值的。今天将100元存入银行，在银行利息率为10%的情况下，一年以后会得到110元，多出的10元利息就是100元经过一年时间的投资所增加的价值，即货币的时间价值。用现金来购买公债，其获得的投资收益也可以用货币的时间价值来解释。

收益和风险是证券投资者最为关注的问题。公债投资作为投资的一种形式，自然也要求获得某种报酬。投资公债的主要目的，就是在到期收回本金的同时得到固定的利息。

一般而言，风险是指受损失的可能性，但在证券投资中，风险精确含义为：风险是对期望收益的背离。在通常情况下，风险较大的证券，收益率相对较高；反之，收益率较低的投资对象，风险相对也较小。但是绝不能认为，风险越大，收益就一定越高，高风险高收益指的是一种可能性。要使投资者愿意承担一定的风险，就必须给予一定的收益作为补偿，风险越大，补偿越高。任何投资者都希望自己最终不仅能收回本金，而且能获得资金的增值，即取得投资报酬或收益。证券预期收益率是指投资者承受各种风险应得的补偿和投资者的机会损失，无风险收益率是指把资金投资于某一没有任何风险的投资对象而能取得的收益率，这是一种理想的收益率。

在实际中，短期利率和通货膨胀率变动的可能性较小，短期公债又没有其他风险，所以通常是以短期公债收益率来表示无风险。公债券由于风险最小，安全可靠，政府又有着高度的信誉，其市场价格发生波动的程度相对于其他债券来说，通常要小得多。由于其市场行情相对稳定，公债收益率也常常处于相对稳定状态。由于公债的安全性最高，流动性最强，所以其收益一般也比其他同期限的有价证券低。如美国公债是以美国政府的全部信义与信用作为后盾的，因此，市场参加者将公债视为没有信用风险的证券，其公债利率既是整个美国经济的基准利率，也是国际资本市场上的基准利率。同时，公债的利率一般与到期时间成正比。到期时间越长，其利率越高；到期时间越短，其利率越低。这是由于市场利率风险和购买力风险共同作用的结果。

公债的投资收益是指投资者从公债的认购到清偿期所得到的利息和资本增值。公债投资收益主要包含两个方面的内容：

一是公债的利息收入，这是公债发行时就决定了的。在一般情况下，公债券利息收入不会改变，投资者在购买公债时就可以得知。在西方国家，附息公债的利息支付是定时发生的，所以公债利息收入又称为投资公债所取得的经常性收入。

二是资本损益，是公债买入价与卖出价的差额。当公债卖出价或偿还额大于买入价时，为资本增值；当卖出价或偿还额小于买入价时，为资本损失。由于公债买卖价格受市场利率和供求关系等因素的影响，故很难在投资前对资本收益作出准确的预测。

公债投资收益是一个绝对数值，为了便于各种投资工具间的相互比较，通常，用公债投资收益率来表示。公债投资收益率是指公债在一定时期内所得收益与投入本金的比率。为了便于比较，公债投资收益率一般以年为计算时间单位。影响公债投资收益率高低的直接因素有三个：票面利率、购买价格和持有期限，其中任何一个因素的变化都会对公债投资收益产生影响。

（1）公债的票面利率。它是指在发行公债时已确定的不同时期不同种类公债的利率。公债票面利率是公债发行时的重要条件之一。它既取决于政府本身的信用状况，又受当时市场状况的影响。公债的票面利率一经确定，在公债到期日之前，一般不会改变。公债的投资收益率与公债票面利率不相一致。在其他情况相同的条件下，公债投资收益率与公债票面利率成正比，票面利率越高，收益率也越高。

（2）公债的购买价格。公债的购买价格一般可以分为一级市场发行价格和二级市场交易价格。由于市场利率、供求等因素的影响，公债往往以高于或低于其面额的价格发行。公债发行时，如果发行价格为面值，此时因为票面利率与公债投资收益率是一致的；如果发行价格低于票面价格，则公债投资收益率高于票面利率，反之，则低于票面利率。

公债交易价格是在二级市场买卖公债时的价格。投资者从发行市场买入公债后，可能不等期满就在二级市场上卖出，也可能从二级市场买入债券直至期满前又将其出售。投资者买卖公债的差价收益或亏损就是资本损益，它直接影响投资收益率的高低。

（3）公债的持有期限，它是指投资者从购买公债日到公债到期清偿或者到转让出手日之间的时间距离。公债持有期限一般用年度表示，即以持券月数除以 12 或持券天数除以 365。

公债持有期限的长短从以下两个方面来影响收益率：一是当公债购买价格与出售价格或票面金额不一致时，持有期限越长，公债买价与卖价或面额的差额对收益率的影响越小；二是当公债以复利方式计息时，持有期限越长，其实际收益率就越高，因为复利计息实质上考虑了公债利息收入再投资后所得到的收益。

8.2.2　公债投资收益率的计算

投资者进行公债投资时有如下几种情况：有的于发行期内购买，一直持有到期满偿还；有的在发行时购买，中途卖掉；有的中途在二级市场上购买二手公债，持有到期满偿还；有的在二级市场上购买后，于到期以前又卖出。针对这些不同情况，可以计算出在各种情况下的收益率。

最基本的债券收益率计算公式为：

$$债券收益率 = \frac{到期本息和 - 发行价格}{发行价格 \times 发行期限} \times 100\%$$

由于债券持有人可能在债券偿还期内转让债券，因此，债券的收益率还可以分为债券出售者的收益率、债券购买者的收益率和债券持有期间的收益率。各自的计算公式如下：

$$债券出售者的收益率 = \frac{卖出价格 - 发行价格 + 持有期间的利息}{发行价格 \times 持有年限} \times 100\%；$$

$$债券购买者的收益率 = \frac{到期本息和 - 买入价格}{买入价格 \times 剩余期限} \times 100\%；$$

$$债券持有期间的收益率 = \frac{卖出价格 - 买入价格}{买入价格 \times 持有年限} \times 100\%；$$

计算公债投资收益率的基本计算公式可以统一表达为：

公债收益率 =（卖出价 - 买进价）÷期限×100%

为满足不同情况下的具体计算要求，公债收益率可以分为以下5种类型：

1. 认购者年收益率

投资者如果将按面额发行的公债持有至到期，则所获得的投资收益率与票面收益率是一致的。票面收益率又称名义收益率或息票率，有的直接印制在公债的票面上，有的可用年利息收入与债券面额之比求得。票面收益率未考虑到买入价格与票面额有可能不一致，也没有考虑到公债有中途出售的可能。

认购者年收益率是指投资者发行时购买公债并一直持到到期时的收益率，其计算公式为：

认购者年收益率 = 年利息÷100×100% = 债券票面利率

2. 持有期间年收益率

持有期收益率是指投资者在购入公债后持有一段时间，在这段时间内持有者所获得的收益率。持有期收益率包括持有债券期间的利息收入和资本损益。持有期收益率的计算分为两种情况：一是投资者购入公债后，持有至到期，此时的持有期收益率等于前面所计算的到期收益率；另一种情况是投资者购入公债后，又在公债到期前将其出售而得到的收益率。其计算公式为：

持有期间年收益率 =（中途出售价格 - 发行价格）÷（持有天数）÷发行价格×100%

例如，某投资者89.2元认购961公债，若在2个月后以92元的价格出售，其持有收益率应为：(92 - 89.2) ÷ (61÷365) ÷89.2×100% = 18.78%，非贴现公债计算方式与此相同。

3. 到期年收益率

由于公债是有期限的。一般在发行时就规定了其到期时间，如10年、20年等，所以我们可以计算出从购入公债并保持到公债到期偿还这段时间的收益率，亦称为到期收益率。其计算公式为：

到期年收益率 =（到期本息和 - 购买价格）÷待偿年限÷购买价格×100%

例如，某投资者若在1996年1月15日以当日收盘价108.65元购买953国库券，其到期年收益率应为：

到期年收益率 =（143.5 - 108.65）÷（25.5÷12）÷108.65×100% = 15.09%

4. 买卖年收益率

买卖年收益率指投资者在二级市场上买进公债并在未到期前又卖出的收益率，计算公式：

买卖年收益率 =（卖出价 - 买进价）÷（从买进至卖出的天数 ÷365）÷买进价 ×100%

例如，某投资者在 2008 年 11 月 1 日以当日收盘价 106.95 元购进 953 公债并于 2009 年 1 月 15 日以 108.63 元的价格卖出，则：

买卖年收益率 =（108.63 - 106.95）÷（76 ÷365）÷106.95 ×100% =7.54%

5. 贴现公债收益率

贴现公债，又称“零息公债”，是指以低于面值发行，发行价与票面金额的差额相当于投资者可取得的利息收入，公债期满时按面值偿付的公债。贴现公债一般属于短期公债，比如美国政府的国库券。

贴现公债的优点是，发行人可省去今后定期支付利息的费用和手续。由于平时没有利息支付，所以贴现公债的收益率与前述收益率的计算有所不同。

一是到期收益率。贴现公债的收益是贴现额，贴现额是公债券面额与发行价格或购买价格的差额。贴现公债在发行时有的是指公布面额和贴现率，并不公布发行价格，所以要计算此时的公债到期收益率，就必须先计算其发行价格。由于贴现率通常以年率表示，为计算方便起见，习惯上贴现年率以 360 天计。计算出发行价格后，方可计算其到期收益率。贴现公债的期限一般不足 1 年，而公债收益率又都以年率表示，所以要将计算出的收益率换算成年收益率。值得注意的是，为了便于与其他债券比较，年收益率要按 365 天计算，而分母一般不再计算平均投入资本。

如果发行时是采用公布发行价的话，则计算就比较简便，只要按到期收益率公式计算就可以了。

二是持有期收益率。投资者买进贴现公债后也可以在公债到期前在二级市场上转手出去，市场上买卖的行情以年贴现率报价。投资者必须先计算出卖出价（公式同上），再计算持有期收益率。

我国发行过贴现公债，这种公债的年利息计算方式为：

年利息 =（公债面值 - 发行价格）÷期限 ÷发行价格 ×100%

例如，某公债的认购者年收益率为：

年收益率 =（100 - 89.2）÷1 ÷89.2 ×100% =12.107%

以上介绍了公债投资收益率的各种计算方法。可以看出，同样的一笔交易，采用不同的计算公式将得到完全不同的收益率。所以一般来说，要比较几种公债收益率的大小，必须采用相同的计算公式。否则，由于计算口径不一致，就会影响到比较的可信度。

8.3　公债的交易方式

8.3.1　公债交易方式

公债交易是指各种可上市的公债券在流通市场上买卖转手的一种交易行为。这种买卖转手行为以某种方法和形态进行，构成了公债的交易方式。公债交易方式依不同的划分标准和组织管理要求，可以分为以下几类：

1. 按公债交易达成方式，其交易方式可分为直接交易方式和间接交易方式

（1）直接交易方式。是指公债买卖双方无需经过经纪商而由双方直接协商交易条件，并达成契约，钱、券由双方自行交割清算的交易方式。特点是：买卖双方直接洽谈，交易成本低，易保守交易秘密。但双方对市场信息可能不易全面掌握，需要承担一定的交易风险。场外柜台交易多为直接交易方式。

（2）间接交易方式。是指公债买卖双方需要委托经纪商代理出售和代理购买才能顺利完成交易的交易方式。与直接交易方式相比，间接交易方式的买卖双方不直接接触，均要委托经纪商，因此，双方要支付一定的手续费，交易成本相对要高一些，所承担的交易风险相对要小一些，因为经纪商对市场信息较之买卖双方要掌握得全面一些。间接交易方式有赖于高素质的经纪商队伍，有赖于有组织的公债交易市场。

2. 按公债买卖双方的结合状况，其交易方式可划为相对买卖、拍卖标购和竞标买卖

（1）相对买卖交易方式。是指公债在交易的即时没有其他买卖竞争者，买卖双方一对一地进行交易的交易方式。这种交易方式较为原始，一般是由于交易的债券品种数量不多，或者买卖双方为保守秘密等原因所采取的交易方式。在场外柜台交易，相对买卖交易方式居多。

（2）拍卖标购方式。是指公债买方为多人，而卖方仅一人，卖方则采用标价（事先定价）和投标定价（即时定价）将公债券出售给众多的买方的交易方式。这种交易方式的特点在于：公债券的卖方少于买方，公债供不应求，呈买方市场，难以形成公正的交易价格。另外，公债行市由卖方确定，一般这种定价方式有利于公债券的出售者。

（3）竞价买卖方式。是指公债买卖双方数量相当，由买方和卖方通过竞争确定公债券的交易价格。竞争规则有“时间优先”、“价格优先”和“数量优先”等原则。进行这种交易的双方都集中在市场，买卖双方自由选择对方，因而能够维持比较公平、合理的交易价格，但它要求有专门的组织市场与其相适应。

3. 按公债成交订约和清算的期限，其交易方式可划分为：现货交易、远期交易、期货交易、回购交易和期权交易

期货交易、回购交易和期权交易属于公债衍生工具市场，公债衍生工具市场发展，已经成为当今世界证券市场发展的重要推动力量，也是衡量一个国家或地区证券市场发达程度的重要标志之一。

8.3.2 现货交易

公债现货交易是指公债买卖成交后，按成交价格及时进行实物交割和资金清算的交易方式。公债现货交易是公债交易方式中最普通、最常用的交易方式，其他交易方式都是在现货交易基础上派生出来的，是公债现货交易的一种延伸。从发展的时序来看，远期交易是派生交易的最初形式，回购、期货、期权是后来发展起来的，其中期货、期权交易是公债流通市场的最高级派生交易方式，其专业性、技术性以及风险性是最高的，也是投资者比较偏好的一种投资方式。

公债远期交易是指买卖双方在未来某一预定交割日，买方以预先规定的价格即交割价，从卖方买进约定的公债券的交易方式。这种交易方式的特点是：采取直接交易，买卖双方事先直接签订远期交易合约，在交割日之前不用进行钱券交割，也无任何交易行为。在交割日，双方必须按合同预先确定的价格交割，钱券两清，否则即为违约。这种交易方式存在难以确保的风险，投机因素较多，交易场所既可以在集中性市场内进行，也可以在场外柜台交易或场外电话交易中进行。

我国目前在交易所上市的公债实行全价交易方式，简单来说，全价交易就是公债的行情价格包含了应计利息，投资者以“全价”申报委托交易；而净价交易是指公债行情报价中剔除了应计利息部分（净价 = 全价 - 应计利息），投资者以“净价”申报委托交易。

以某年某日深市 101966 券收盘价格为例，当日该券收盘价全价报价为 145.99 元，投资者需以 145.99 元为参考价格委托交易，这其中包含了 6.51 元的应计利息。如果以净价报价的话，则 101966 券的收盘价揭示为：

净价价格 = 145.99（全价） - 6.51（应计利息） = 139.48（元）

投资者买卖时就应以 139.48 元为参考价格来申报委托交易。需要注意的是结算价格仍是全价，即 145.99 元。

实行净价交易，是为了更准确地体现公债的实际价格，方便投资者对市场价格作出及时和更直接的判断。全价交易时，公债的市场价格变动受以下两个方面的影响：

一是受市场利率的变动和供求关系的影响。如“100 元面值、4% 年利率”的公债，其成交价可能会随着市场利率的变化在 100 元面值的基础上上下波动，也会因为市场供求关系的不平衡导致价格的上涨或下跌，该部分价格实际就是“净价”。

二是公债利息，公债的价格会随着利息的自然增长而上涨，价格中体现在“应计利息”上。半年后“100 元面值、4% 年利率”的公债市场价格中包含了 2 元的应计利息。

由于全价交易时影响应计利息的因素较为复杂，它会随着券种的不同（如是零息公债还是附息公债）、票面利率的不同、已计息天数的增加而发生变化，容易对公债投资者产生误导。在净价交易条件下，将公债成交价格与公债的应计利息分解，让交易价格随行就市，如此一来，投资者可以根据净价的波动，准确地计算出公债投资的收益率。

8.3.3 回购市场

1. 公债回购交易

证券回购市场是短期的金融商品交易市场，与同业拆借市场、票据市场一道构成货币市场的基本组成部分。证券回购又称“回购协议”，是证券市场上杠杆多头和空头的市场工具。通过开展回购业务获得资金，购买其他有价证券，回购方要承担证券价格波动的风险；相反，返售方或者开展反回购业务（指在购买证券的同时，签订返售协议，将来将同一笔证券卖出）的券商，可以把协议证券立即售出，再在将来购入、履行合约。证券商从事回购业务能够促进存货管理，降低造市成本和增加货币市场的流动性。证券回购可以说是一种特殊的证券借贷形式。回购协议实际上是以获得的现金为抵押的证券借贷，但证券借贷也可以以其他证券为抵押，或者没有抵押。

公债回购属于证券回购的一部分，公债回购交易是公债二级市场上派生工具的一种，是在公债远期交易的基础上发展起来的。**公债回购交易**指的是公债交易商或投资者在卖出某种公债的同时，约定于未来某一时间以事先确定的价格再将等量的该种债券买回的交易，其实质是公债的卖出者借入资金。**公债的逆回购交易**则是指交易商或投资者在买进某种公债的同时，约定于未来某一时间以事先确定的价格再将等量的该种债券卖给最初出售者的交易，其实质是证券的买入者向交易对象贷出资金。

出售公债方为融资方，又称“回购方”，购券方为融券方，到期收回资金利息，也称“逆回购方”。回购方支付的价格差，是其获得一定时间资金使用权的成本费。交易双方凭借自己对公债市场行情的判断，利用回购调剂债券和钱款头寸，以保持资产流动性和结构的合理性。双方都通过这一方式获得一定的收益。融资方做一笔回购业务，相当于在出售公债时，与融券方又做成一笔购回公债的远期交易，或者说，这是一次交易，二次清算的程序。成交当日，交易所按交易公债面值冻结资金融入方相应数量的债券，同时加记融券方相同数量的公债，并按成交金额划款记入回购方账户。等待回购到期，再按竞价达成的价格对交易双方进行资金反向清算。因回购公债面值是固定不变的，所以双方竞价的实质是在规定期限内，每百元单位资金融通的利息，其计算公式为：

每百元单位资金融通利息 = 100 元 × 年收益率 × 回购天数 ÷ 360

采用年收益率报价或竞价是国际证券市场通行做法，这是处于融券方立场所说，对融资方就是成本率。公债回购交易单位为“手”，1 手为面值 1 000 元的公债，交易起板 100 手，它一般不对个人投资者开放。其交易品种以融资天数为单位，我国目前共分为九档：3 天、4 天、7 天、14 天、28 天、63 天、91 天、182 天和 273 天，具体品种调整由交易所确定。现行规定，融券方不得动用融资方留下的债券。回购行情显示如：R007，5.01，即表示是 7 天回购品种，年收益率为 5.01%，其利息为 0.0741 元/每百元。

显然，这是一种以债券作抵押的短期融资借贷行为，是一种以债券为媒介的资金融通。公债回购作为一种带有附加条件的公债买卖，它集现货交易、原期交易、套期交易和资金融通等功能于一身，对我国金融市场的发展有着巨大的推动作用：

一是活跃公债交易。公债回购是活跃公债交易、提高债券流动性、满足公债变现要求从而促进公债市场发展的必要方式。公债回购本是公债二级市场的一种交易方式，由于其业务的发展丰富了投资者的投资选择，同时也直接增加了市场对公债的需求，扩大了公债交易规模，因此，提高了公债的流动性。

二是扩大金融机构合法融资面。金融机构运用公债回购，成为证券市场的重要中介，它弥补了银行资金无法达到某些部门的缺陷，也能正确地反映市场资金供求和申购新股的规模。对于金融机构来说，通过回购交易，它们得以最大限度地保持资产的流动性、收益性和安全性的统一，从而实现资产结构的多元化和合理化；对于各类非金融机构（主要是企业），它们可以在这个市场上进行短期投资，对自己的短期资金作最有效的安排。

另外，公债回购还是中央银行开展公开市场业务操作的基本方式。通过开展以吞吐公债为手段的公开市场业务操作来调节货币流通量，执行放松或收紧银根的货币政策，是中央银行宏观金融调控体制由信贷规模管理的直接控制模式转向间接调控模式的必要措施之一。回购业务的发展是中央银行开展公开市场业务的重要前提条件之一，中央银行通过回购可以适时吞吐基础货币，调节商业银行对流动性资金的需求。央行采取公债回购与反回购的方式，主要是为了在短期内调整商业银行的准备金头寸。

2. 公债回购的形式

根据不同的标准，公债回购可以分为不同的形式。按场所不同，可以分为场内回购和场外回购；按期限不同，可以分为隔日回购和定期回购；按交易的方式不同，可以分为证券公司回购、委托回购和直接回购：按交易主体、目的和范围不同，可以分为中央银行公开市场业务的公债回购、同业拆借市场操作中的公债回购和证券交易所的公债回购等。

我国公债回购特点从组织形式上来看，主要有场内回购与场外回购两种形式。

场内回购是指在证券交易所、期货交易所、证券交易中心、证券交易报价系统内，由其设计并经主管部门批准的标准化回购业务。如上海证券交易所开展的证券回购业务，它就对回购业务的券种、期限结构、回购合约标的金额、交易竞价方式、清算与结算的相关制度等内容作了较为详细的规定。目前，在我国开展证券回购业务的场所。主要有上海证券交易中心、天津证券交易中心以及一些中心城市的证券交易中心等。场内回购具体分为：

（1）由集中性证券交易所直接承担责任，自动反向成交处理式的公债回购交易。场内回购交易的形式表面上体现为投资者与交易场所直接签订回购合同，投资者并不清楚交易对方是谁，清算和结算由代理交易商与交易场所直接进行，交易场所充当回购双方的中介。例如，上海证券交易所的公债回购交易设计了具备一定金额的标准化债券回购合同，对参与交易的券商在回购成交及回购期满反向成交时的券、款清算与交割等作了明确而严谨的规定，以确保交易双方按时履约。一般而言，场内回购交易监管比较全面、严格，履约率也比较高，投资者的利率能够得到较好的保障，风险较小。

（2）交易双方直接签订公债回购合同并向交易场所备案的公债回购交易。其交易过程是出售公债回购合同的融资方与买进回购合同的融券方达成交易意向，然后向交易场所备案并经核准后由双方出市代表通过电脑以对敲方式完成交易。然而这种回购交易比场外回购交易风险要小，比第一种形式的公债回购交易风险要大，交易效率也相对低一些。

场外回购是指各类证券金融机构在场外柜台开展的回购交易，以及各类证券中介机构之间与商业银行或持有公债的其他投资者之间在场外开展的回购交易。一般来讲，真正的场外公债回购业务主要是商业银行间为调剂头寸而做的隔日公债回购或数天的回购。我国有些地方开展的场外公债回购，多以开具公债代保管凭证方式进行，这就增加了交易的随机性和风险性。目前，我国场外真正的公债回购并不多，而在西方国家，公债回购通常是一个无形市场，而非中心交易场所交易，即通过电话系统而达到回购协议。从长期趋势来看，我们应当以非中心交易场所开展的公债回购为重点。

8.3.4　期货市场

公债期货是公债市场的一种衍生工具，是以标准化的公债交易合约为标的的金融商品。

公债期货的交易，就是公债期货的买卖双方通过交易所，约定在未来特定的交易日，按照约定的价格和数量进行交割的交易方式。与现货不同，公债期货的交易对象是公债期货合约。合约是按照标准规格，买卖双方约定在未来某一既定的日期，以既定的价格进行结算交割的公债买卖合同。应该说，公债期货合约是利率期货合约的一种，其表现的资产的价格仅与利率水平相关。

与公债现货交易相比，公债期货有以下特点：第一，公债期货交易在证券交易所或期货交易所进行，它一般不允许场外交易。第二，公债期货合约是标准化的合约。为了确保合约的可行性和交易的顺利进行，证券交易所和期货交易所严格规定公债期货交易的品种、数量、交收地点等合约事项，交易中唯一变动的因素是价格。第三，公债期货交易实物交割少。公债期货交易发生笔数不少，但在合约规定的交割日真正以实物交割的不多。一般情况下，公债期货交易最后进行实物交割的仅占2% ~4%。大部分公债期货是对冲交易。第四，公债期货交易实行保证金制度。为了防止交易者毁约，保证交易的安全进行，在公债期货合约签订之后，交易商不仅要向清算所缴付原始保证金，而且还要在自合同签订到合同交割的这段时间内每日根据行情变化进行随市清算，计算浮动盈亏，追加保证金。

公债期货市场作为买卖公债期货合约的交易场所，其参与者包括经纪商、自营商、机构法人和自然人。期货交易包括开仓、平仓和持仓三种行为。开仓是指市场参与者买入或卖出期货合约的行为：平仓是指在已经买入或卖出公债合约之后，以相同的品种和数量进行反向卖出或买入的交易行为；在对象公债交割前尚未平仓的行为称为“持仓”。在签订买卖合约之前，期货交易双方均需要按照规定的数额在证券商或交易所存入一定的保证金，以保障交易能够顺利进行。

自公债期货于1976年在芝加哥商品交易所面世之后，即以其规避风险、价格发现功能显示出强大的生命力。在国际期货市场上，很多成交活跃的期货品种，均为公债期货合约。公债期货市场能够得到如此迅速的发展，是与其特定的经济功能分不开的。

（1）规避风险。随着市场利率的不断波动，固定收益证券的市场价格也在不断发生变化，这给那些持有或即将持有或出售这些证券的企业、银行、证券公司及广大投资者带来了巨大风险。公债作为一种固定收益证券，虽有着“金边债券”的美称，但其价格同样会受到市场利率变动的影响。存在风险的地方，一定会产生回避风险的需求。公债期货市场正是应人们规避利率风险的需求而建立和发展起来的，这也是公债期货市场得以存在的客观经济依据。所以，规避利率风险的功能就是公债期货市场的首要功能。

（2）发现价格。在市场经济中，金融市场的参与者必须根据市场提供的价格信号作出经营决策，其所接收到的价格信号的真实与准确程度，直接影响经营决策的正确性，进而影响经营成效。在期货市场和期货交易产生以前，经营者的主要决策依据是现货市场上的价格，然而现货市场价格存在内在的局限性，现货市场大多是分散的，现货市场上的交易主要是由买卖双方经过讨价还价之后达成的，其价格的形成是秘密的，只能代表少数交易者之间的供求情况。如果完全根据现货市场提供的价格去进行经营决策，就不能很好地适应市场的变动。随着期货交易的产生，期货市场的建立和完善，出现了一种比较良好的价格形成机制。通过期货交易者在期货市场的交易，就能形成和发现比较准确的、能反映真实的供求情况并能进行预测的期货价格。

（3）为投机交易提供一个理想的场所。公债期货投机交易是指期货市场的交易者根据自己所获得的信息对将来的市场利率变化所作出的预测，在交易的当时就买进或卖出期货合约，以期在未来通过反向交易获得利润的交易行为。投机者总是以追逐风险收益为目的，总是偏好于潜在获利较丰的投资工具。公债期货交易是一种高风险、高收益的投资工具，存在着很多吸引逐利者的特性。公债期货交易推出之后能够迅速发展起来，就是与大量投机者的加盟分不开的。

（4）活跃公债流通市场，有利于公债的顺利发行。公债期货市场作为公债流通市场的一部分，其迅速发展极大地活跃了公债现货流通市场，从而有利于公债的顺利发行。我国的公债期货市场是在一级市场和二级市场低迷的情况下产生和发展起来的。公债期货市场上的活跃气氛带动了公债现货流通市场如现券交易、公债回购等的蓬勃发展，这对当时公债的顺利发行起到了很大的推动作用。

（5）促进金融市场发展，间接加速经济增长。金融衍生工具市场是当代金融市场的有机组成部分，而公债期货市场又是金融衍生工具市场的一个重要组成部分。所以说，公债期货市场发展往往能够促进当地金融市场的发展。随着公债期货市场成为全球 24 小时的交易市场，它将极大地促进国际金融市场的发展。

在上述公债期货市场的多个经济功能中，规避风险和发现价格是其基本功能，其他的则是一些派生功能。期货市场不仅能够活跃公债市场的流通，有利于公债的顺利发行，而且可以促进金融市场发展，间接加速经济增长。

8.3.5 期权市场

公债期权是指公债现货和公债期货的期权，是在公债现货基础上发展起来的金融衍生工具。尽管迄今我国还没有公债期权交易，但是随着我国公债市场的进一步改革和发展，公债期权交易作为一种高级的交易形式，也将出现在我国公债市场上。

1. 期权的含义及其特点

期权交易是期货市场的一种交易方式，所谓公债期权实质上就是一种选择权，它是投资者向公债期权出售者支付一定保险费或期权费后所取得的在未来某特定时间以特定价格买进或卖出一定数量公债现货或公债期货合约的权利。期权有两类：卖权和买权。就期权最基本的应用来说，如果交易商看好某商品市场，则可以径直地买进相应的期货合约的买权。反过来，如果交易商看淡，则可以径直地买进相应的期货合约的卖权。期权交易越来越发达的主要原因在于，公债期货期权不需要计算应付利息，不会存在交割压力，公债期货期权定价机制简单，不需要了解所有的公债市场上的现货价格及期货价格的信息。因此，国外国库券期货期权合约、五年期公债期货期权合约、十年期公债期权合约，在公债期权市场上所占的交易量比例越来越大。

与公债期货交易相比，公债期权交易具有以下特点：

（1）公债期权交易双方的权利与义务是不对称的。公债期权交易的权利主要在买方，义务在卖方，契约在卖方具有强制力。而在公债期货交易中，买卖双方的权利和义务是对称的，即双方既都有要求对方履约的权利，也都有承担对方履约的义务。

（2）公债期权交易是一种选择权的交易，公债期权购买者为了取得这种权利必须事先交给期权出售者一定比例的保险金，并由此限定了期权购买者的风险；公债期权出售者则没有缴纳保证金的义务。而在公债期货交易中，双方均需缴纳原始保证金，亏损方在交易期间还要缴纳追加保证金。

（3）在公债期权交易中，只有公债期权购买方行使权利时，双方才会发生现金流动。而公债期货交易则实行逐日结算无负债制度，交易双方经常会发生资金流动。

（4）公债期权购买方的最大亏损是其支付的期权费，盈利是无限的；公债期权出售方的最大盈利是期权费，亏损是无限的。而公债期货交易的买卖双方都面临着潜在的无限的盈利和无止境的亏损。

（5）公债期权持有者可以执行或不执行买进或卖出公债期权的权利。因而，在利用公债期权套期保值中，若价格发生不利变动，保值者就可以通过行使权利来避免损失；若价格发生有利的变动时，保值者又可以通过放弃权利来保护自己的利益。公债购买方通过公债期权交易，既可避免价格不利变动造成的损失，又可以在相当程度上保护因价格变动而带来的利益。而在公债期货套期保值中，保值者在回避风险的同时，也放弃了在市场利率朝有利方面变动可能带来的利益。

由于公债期权交易双方的权利与义务不对称的特点，因此，对公债投资者而言，利用公债期权交易，不仅能够防范市场价格风险，而且能够充分根据行情来选择最佳时机而获取最高利润。而在公债期货交易中，公债投资者虽然能够锁定风险，但由于合同期限的制约，公债投资者失去了根据市场行情来选择最佳时机获利的自由。

2. 建立和发展我国公债期权交易的必要性

首先，我国利率环境的多变性，客观上要求有保值工具以规避市场风险。由于近年来，我国经济的波动和资金供求的变化较为频繁。因此，利率环境也随之多变。随着我国经济市场化改革的深入，投资公债的市场风险也日益增大，这就在客观上要求投资者具有规避市场风险的工具。公债期权交易作为一种高级的公债金融衍生交易，可以发挥有效的保值功能。当面临币值、利率下跌的风险时，投资者可以在公债期权市场上支出一定的期权费用来购买一种卖权，使卖出价格固定在较高的水平上，抵消公债市场价格下跌带来的风险。而当币值、利率上涨时，投资者也可以通过付出期权费购买一种买权，使买权价格确定在较低的水平上，实现保值的目的。同时，公债期权的杠杆功能还可以使公债投资者获得更高的风险收益。因为，在合约的有效期内，当一份买权的协议价格低于公债现券市价，或一份卖权的协议价格高于公债现券市价时，公债期权购买者行使期权就是盈利的，所获得的收益也可能是无限的。而且，公债期权交易比公债期货交易的杠杆作用程度更高。因为投资者购买公债期权合约的最高投资额限定在支付的期权价格之内，收益是无限的。而购买公债期货合约的投资额是由合约价值总额决定的，要取得与公债期权交易中相同的收益就要加倍进行投资。显然，公债期权交易无论在投资者规避公债市场风险方面，还是增加其风险收益方面，都是一条更好的重要途径。

其次，建立和发展公债期权交易是加强和健全宏观经济调控的客观需要。公债公开市场业务操作是中央银行进行金融宏观调控的主要手段。中央银行通过在公债市场上吞吐公债来调节货币流通量和利率水平，既可以在经济过热时抑制过度需求，降低通货膨胀；又可以在经济衰退时刺激有效需求，减轻通货紧缩，从而保证经济的稳定增长。但在金融宏观调控中，市场利率和币值变动又会对具有固定利率的公债现券价格产生较大的影响，从而增大公债交易商持有公债的风险。这就需要公债期权交易这种安全灵活的交易方式来有效地规避金融风险。有了公债期权交易避险，公债市场就会有更大的吸引力，市场容纳的资金就会越多，参与的交易商也会越多，中央银行的公债公开市场业务操作的政策效果也就会越好。因此，开发公债期权交易是我国宏观调控的需要。

最后，建立和发展公债期权交易是我国公债市场化改革和发展的必然趋势。在我国计划经济体制向市场经济体制转换过程中，公债市场也经历了一个由行政方式发行公债向市场方式发行公债、由单一的公债现券交易向公债现券交易与公债期货交易共同进行的发展演变过程。尽管我国公债期货交易因种种原因而在发展过程中出现了夭折，但公债期货交易的恢复和发展是我国公债市场发展的必然趋势。公债期权交易作为公债交易方式发展至今的最高级的形式，它在我国公债市场上的诞生也是必然的趋势。因为公债期权交易与公债期货交易都是在市场逆转时可以为公债交易者提供最大限度价格保护的有效工具。而且，与公债期货交易相比，公债期权交易的安全灵活程度更高。它在交易中不必像公债期货交易那样局限于某一具体的最低价格和最高价格上，而是可以灵活地根据市场趋势，在合约期内随时决定是否履行合约。因此，公债期权交易所具有的或与公债期货交易结合运用的种种灵活的交易方式，必将吸引大批的交易商参与其中。创设公债期权交易方式是我国公债市场发展的必然结果。

8.4　公债托管清算体系

8.4.1　托管清算概论

证券托管清算结算系统由证券托管、证券清算及证券结算三个逻辑部分组成。证券托管即由法令或有关部门授权的指定机构接受证券持有者的委托，对其证券资产进行安全保存和管理。证券清算是指对交易指令的确认和对应收应付数的计算两个过程；证券结算是指在清算的基础上，买卖双方进行证券交割和资金支付，解除彼此的债权债务关系，将整个交易过程最终完成。随着金融交易逐渐电子化、抽象化、全球化，托管清算结算系统构成了整个证券市场的核心，而技术含量的不断提高以及证券交易的跨地域化，又使托管清算结算系统直接关系到交易的最终达成和市场的连续性和统一性，因而成为市场效率最主要的保障条件。

公债托管清算系统属于证券托管清算系统的一部分，具体指交易所、证券商、清算银行等合股组建统一的中央托管结算系统，交易商将实物券或记账式证券托管在该系统中，证券交割采用记账的方式，钱款支付也是记账划拨，整个证券结算是典型的记账式结算。

集中统一的公债托管清算系统是公债市场健康发展的物质基础，债券托管系统和资金支付系统是债券市场稳定发展的两个最重要的基础性设施。

纵观世界各国公债交易市场的发展规律，都是首先形成柜台交易，然后过渡到有形的证券交易所，最后发展到以场外交易为主的公债市场交易体系。目前，在公债市场较发达的西方国家，都有较健全的场外交易报价、托管清算系统及完善的做市商制度，公债交易大多在场外进行。从发达国家证券结算制度的发展历程来看，交易所合资创办自己的结算公司的模式逐渐让位于交易所、证券商和清算银行共同组建结算公司的模式，分散的结算机构走向统一是大势所趋。例如，美国的托管信托公司和全国证券结算公司统一为纽约证券交易所，并同时为纳斯达克系统的上市股票、公司债券、市政债券等提供托管结算服务；日本证券托管中心集中托管了全国几乎全部的股票，并通过日本证券结算中心统一了全国八大交易所和柜台市场的结算业务；在德国，中央证券托管公司为在交易所和场外市场交易的所有证券办理结算；在加拿大，原有四个结算体系从20世纪80年代后期开始走向统一。

证券交割通过统一的托管清算系统来完成，可以有效地减少结算风险。因为，第一，证券交割采用账面划拨的方式，从交易到结算的时间大大缩短了。第二，证券簿记系统掌握整个市场的交易和结算信息，可以准确地规划计算机和通信系统的容量，防止结算业务量激增对整个系统造成巨大的压力。第三，中央托管结算机构有条件对市场进行实时监管，不会被交易所的局部利益所左右，可以避免交易所为吸引客户降低结算标准，导致较大的结算风险。第四，托管清算体系的建立是交易结算的安全性和效率提高的基本前提。公债交易采取净额结算，这就有可能产生流动性风险。流动性风险是指一方不是在结算日，而是在结算日后的某个时点上足额履行支付或交割义务而带来的风险。一旦交易一方出现流动性困难，不能按时履约，交易违约一方为了保证支付或交割只能到市场上变现资产、拆借资金或证券，这都给未违约方造成损失。从资金结算来看，由于证券交易的资金结算要通过银行的支付系统，该系统效率高低与流动性风险的大小密切相关。

由于公债在证券市场中占有举足轻重的地位，加上中央银行开展公开市场业务的需要，一些发达国家先是建立公债托管清算系统，之后再对整个证券结算系统进行改造。因此，我国首先应建立统一、高效的公债簿记系统，以此推动整个托管清算系统的建设。在这方面，我国已于1996年12月正式成立了中央公债登记结算公司，商业银行持有的公债正从交易所转托管至该公司，公债托管清算系统处于建设完善过程中。

统一的证券托管清算系统有利于缩短证券结算时间，但因为证券交易金额大，对结算效率的要求高，要做到钱券对付，还需要现代化的大额资金转账支付系统的配合。大额资金转账系统可采用全额实时结算和净额结算两种模式，相应的，钱券对付也有全额和净额两种模式。全额结算可以有效地避免信用风险和流动性风险，但需要很高的技术和制度条件。首先，需要有发达的银行同业电子划拨系统作支撑。例如，在一些国家，中央托管结算机构确认买卖双方的交易指令后，要求买方的清算银行必须在几秒钟内，通过其在中央银行的清算账户完成对卖方清算银行的资金拨付。从中央银行接到资金已经拨付的指令后，中央托管结算机构才能把证券从卖方账户划到买方账户。也有的国家是证券结算先于资金结算，但同样需要高效的银行间资金划拨系统。其次，有的全额结算系统，如美国 Fedwire 系统为了提高结算效率，保证结算及时进行，允许银行在结算备付金不足时可以从中央银行或货币市场得到日间融资，即一日内的融资。但这种作法较特殊。因为即使在世界主要的金融中心，日间拆借市场也不发达。再次，若结算系统规定清算银行的备付金不足则全额结算指令不能得到执行，如像瑞士跨行支付系统的情况一样，则银行必须有很强的能力管理其流动性。种种原因使得即使在西方发达国家，实现实时全额结算的也只有美国、日本、瑞士、荷兰、德国、意大利等少数几个国家。在亚洲，除日本以外，只有韩国、新加坡和中国香港等国家和地区的银行间大额支付采用实时全额结算。

8.4.2 我国公债交易缺乏统一高效的托管清算体系

目前，我国公债市场尚无集中统一的托管清算系统，交易所、银行间市场都设有自己的托管清算系统，市场缺乏一整套的交易、结算及监督系统，缺乏一套严格的制度体系来保障市场的交易行为。由于缺乏统一的公债托管结算体系，上海证券交易所集中了绝大多数交易所公债市场的发行、注册托管额和交易额，而深市不到沪市的1/20。虽然深沪交易所之间可以办理公债转托管，但由于手续复杂、费用高，公债在深沪交易所和银行间债券市场，实际上处于分割交易状态。主要表现在：

（1）目前在银行间债券市场和交易所债券市场之间，公债还不能自由转托管，统一的债券交易、清算系统还没有形成。而出于资金流通高效性和风险性的要求，流通市场必须建立集中统一的组织管理体制。对公债市场而言，债券的分割托管必然会对统一传送资金、信息带来影响，从而近一步深化了公债流通市场分割的格局，造成恶性循环。通过各自的登记结算公司，发行上市的记账式公债各自在深沪交易所办理债券的托管、清算和结算，交易所的债券市场实际上集交易、清算、过户和托管于一身，缺乏相应的制衡机制。

（2）现有的资金清算机构的不合理，影响了成交价格的市场公正性。在依托银行间同业拆借网络优势的基础上，全国银行间债券市场建立起了较为先进的市场系统。但由于缺少一个资金的清算机构，且现有的交易系统采取一对一的询价报价交易方式，虽然明确了交易双方由此产生的权责，却明显地影响了交易的速度，两者共同影响成交价格的市场公正性。

（3）银行间资金清算系统落后。虽然我国利用现代化计算机通讯网络和卫星通信技术建立了人民银行管理的全国电子联系网络，但与发达国家相比，我国银行间资金清算系统还是相当落后的。在银行体制方面，一些因素也降低了资金清算的效率，直接影响证券结算的速度，增加了流动性风险。二级市场交易效率很低，给投资者尤其是大宗交易者带来很大不便。

建立一个统一、高效运作的全国性公债登记托管清算系统是提高公债流通市场流动性的必由之路。在公债流通过程中，在哪个交易场所、以何种交易方式达成公债交易意愿并不是最重要的，安全迅速地交割清算才是最终目的。

建立集中统一的公债托管清算系统，即把全国公债市场的托管清算统一起来，无论是场内交易还是场外交易，所有公债都托管在全国统一的托管机构，其交易都通过托管清算机构统一清算，在该系统内，明确证券经营机构的自营账户和代理账户，使各中介机构的资金总量和公债总量一目了然，可以彻底切断某些中介机构盗用客户公债和资金的渠道，有利于加快清算速度；集中统一结算使交易双方不必担心对方的信誉，从而降低整个公债场外市场的信用风险。统一的托管结算清算系统是联系场内交易和场外交易的有效渠道，更是场外市场重新启动和发展并实施做市商制度的首要前提。建立统一公债托管清算系统有以下优点：

第一，可以杜绝公债卖空和抵押券的侵权行为。在现有的公债托管、清算体系下，实物券公债按席位托管、清算存在被卖空或者抵押券侵权的风险，公债资产的安全完整性得不到保障。

第二，统一的公债托管、清算系统跨空间地将分割的公债流通市场联结起来，大大提高了公债流通市场的流动性，刺激了资金持有者的投资欲望。因而能够在同一系统内完成券款的过户清算，投资者可以在其选择的任何公债交易场所，以其喜欢的交易方式达成交易意愿。从这一点来说，统一的公债托管、清算系统已经构成了一个庞大的公债场外市场。

第三，建立集中统一的公债托管体系同时有利于降低公债交易的结算成本和清算风险。现有的结算模式缺乏强有力的风险防范机制，不能在结算环节上制止不合规交易的发生，只有建立高效统一的公债托管体系才能从根本上解决跨市场结算问题，提高结算效率，减少结算风险。

第四，集中统一的公债托管体系有利于建立起公债市场的信息统计体系，为有关部门提供决策依据。由于市场的分割和托管体系的分散，管理部门缺乏及时畅通的信息搜集渠道，不能及时掌握市场动向、分析市场行情。统一的公债结算体系可以向有关部门提供公债流通市场各种公债交易的准确指标信息，有利于管理部门作出正确及时的政策反应。

因此，建立统一的公债结算体系对于打破市场分割，增强公债流通性，降低交易成本，杜绝买空卖空现象，减少公债交易风险和保证中央银行顺利开展公开市场业务，加强公债金融基础设施建设，促进整个公债市场发展都具有重大的意义。

8.4.3　建立我国统一托管清算体系的基本框架

建立统一的公债托管清算体系，是一个系统而长期的过程，针对我国公债流通市场的实际情况，可以有以下思路：

1. 参照国际通行做法，打通银行间债券市场和交易所债券市场，使上市交易的公债均在中央公债登记结算公司进行统一托管清算和结算

创建低成本、高效率的公债发行市场和高流动性、安全性的公债流通市场，使银行间债券市场、深沪交易所债券市场成为三个公债和资金互通的公债交易场所，银行间债券市场逐渐发展为公债场外市场，深沪交易所债券市场发展为公债场内市场，最终形成统一托管、清算和结算的公债市场，使所有投资者均可以自由出入这三个场所买卖公债。

目前，可以考虑成立一个集中统一，隶属于人民银行领导，以组织管理货币市场为主要职能的会员制事业单位，对货币市场的日常运作进行指导和管理，全面负责和统一协调货币市场的业务发展，变目前多部门分散性协作管理为单一主管部门的集中统一管理。中央公债公司要对全国所有市场的公债进行统一托管、登记和债券清算，保障债券交易的真实性，防止挪用公债现象的发生。在此基础上，可以允许非银行金融机构的债券资产进行跨市场交易（即可以跨市场转托管），以此趟平不同市场间的债券交易价格，从而逐步形成能够基本反映市场利率的价格，规范市场的发展。

2. 根据我国目前公债流通市场基础设施状况，建立分层次的债券托管体系

由于债券发行主体的信誉级别、公众对其认知的程度、发行和流通的范围等的不同，债券所需的托管服务必然不同。

（1）凡是面向全国发行，并在全国性债券市场范围内流通，且信誉等级较高的债券，如公债、金融债券、信誉等级高的大中型企业债券等，应由中央公债登记公司集中统一托管。

（2）凡是面向某一区域发行和在区域性债券市场流通的信誉级别中等债券，如区域性的中小型企业债券、区域性金融机构的金融债券等，应由中央公债登记公司的区域性分支网络集中托管。

（3）凡是在某一地方发行、只进行柜台转让流通、信誉等级较低的债券，如地方企业债券、地方金融机构的金融债券等，应由中央公债登记公司的分支网络或其代理及委托机构集中托管。

这三级债券托管必须实行内部统一联网和管理，可以跨级过户转移，以达到统一管理的

目的。

3. 循序渐进，逐步实现“统一开户、统一结算”的托管和结算体系

托管清算体系的统一不是一蹴而就的事情，因此，应该采用循序渐进、分步实施的方案。首先，实现公债场外交易市场的统一托管和结算。所有参与场外交易的机构在中央公司设立托管账户，并通过中央公司办理结算。同时，实现实物公债的统一调拨、统一保管。其次，从公债一级自营商开始，统一在中央公司开户，其公债交易统一通过中央公司办理结算，中央公司代表一级自营商以交易场所为对手办理结算，实现一个账户可在全国多个市场同时交易和同时结算的目标。再次，参与场外交易的其他金融机构参照一级自营商的做法，逐步纳入中央公司统一的托管结算体系。最后，扩大到场内市场（即交易所）所有的券商。最终实现全国公债统一开户、统一结算的理想模式。

复习思考题

1. 公债流通转让的意义是什么？
2. 试列出在不同的收益形式下公债年收益率的公式。
3. 名词解释：现货交易、回购交易、期货交易、期权交易。
4. 简述各国公债托管清算体系的共同特点。

第9章 DIJIUZHANG

地 方 公 债

地方公债是一国公债体系的重要组成部分，是分权财政体制下地方政府为地方资本性公共项目融资的重要渠道。在发达国家，地方政府举债是一种相当普遍的现象，也有较长的历史。本章将着重介绍地方政府举债的理论依据与条件、地方公债的类型及其管理等内容。

9.1 地方公债概述

9.1.1 地方公债的含义及特征

地方公债是指地方政府债务或负债总称，从债权人的角度来看，地方公债是地方政府历年积累起来尚未清偿的债务。地方公债有狭义和广义之分，狭义的地方政府债务主要是指预算内债务，即直接显性债务，包括预算法规定的支出和受长期预算法约束的支出，如欠发地方公务员和事业单位职工的工资、养老金等。广义的地方公债还包括预算外债务，即直接的隐性负债、或有的显性债务和或有的隐性负债，如地方政府及其所属部门的各种担保、法律未作规定而迫于公众期望和利益集团压力的政府道义上的各种债务等。

地方债券是与地方公债密切相关的一个概念，指地方政府或其授权代理机构利用政府信用从社会吸收资金用于提供地方公共产品和服务的债务融资工具。从世界范围来看，总体上各国不外乎采取两种举债形式：银行借款和公债券。一个国家的地方政府是选择银行借款还是发行公债券为政府融资，一般情况下要看该国金融体系的类型。以银行为主的金融体系，地方政府融资一般选用向银行借款的融资方式，如法国等欧洲国家和亚洲许多国家。以资本市场为主的金融体系主要以发行公债券作为地方政府的融资方式，如美国、英国等国家。

从总体发展趋势上来看，由于向银行借款，举债对象过于集中，不仅增加了银行的压力还有可能引发货币市场的不稳定等局限性，世界上大多数国家越来越倾向于选择发行债券作为本国地方政府的融资方式。一般来说，各国法律通常禁止用地方债券弥补地方财政经常性预算执行中的赤字。地方发行债券主要用于以下三个方面：（1）为公共资本计划提供资金，如学校、道路、供排水等；（2）支持并补贴各类促进地区发展和增进居民福利的私人活动，如私人住房抵押贷款、学生贷款和工业园区的建设等；（3）解决由税收与支出周期错位或其他原因引起的临时性财政资金周转问题。[①]

与国债相比，地方政府债务的特征主要表现为：

第一，地方公债的发行目的是为了满足地方社会经济发展的需要。国债发行的主体是中央政府，而地方公债的发行主体则是地方政府。中央政府举借国债通常与其奉行的宏观经济政策直接相关，债务是中央政府实施宏观经济调控的重要杠杆，国债收入可以用于弥补政府各项支出。而地方政府举借地方公债则是基于满足地方社会经济发展的需要，地方公债收入一般只能用于与本地区人民生活有关的公共服务设施和发展工业所必需的基础设施等基本建设项目，如市政建设、共用事业、公路运输等等。

第二，地方债的发行规模相对较小。中央政府对全国经济具有宏观调控的职责，中央政府的调控关系着整体经济运行状况，具有相对于地方政府更大的事权，相应的也具备更大的财权，因而国债发行规模较大，而地方政府的职责范围主要局限在地方，其财权相对于中央要小一些，所以地方公债的发行规模也相对较小。

第三，地方公债的经济影响范围相对较窄。作为国家实施宏观经济政策的重要工具，国债的发行、流通、使用和偿还还要考虑到国民经济的整体利益，其经济影响范围遍及全国。而地方公债则主要是从本地区社会经济发展的需要出发，地方公债的发行、流通、使用和偿还主要考虑本地区的局部利益，影响范围也主要限于局部区域。

第四，地方公债的信誉度相对较低。中央政府具有较高的信誉，中央政府发行的国债相应的具有较高的信誉度，购买国债一般不会有风险，因此，国债也有“金边债券”的美称。而地方政府的信誉度与中央政府相比要低一些，因此，地方公债的信誉度也就相对较低。

9.1.2 地方政府举债的理论依据

地方政府有无举债权力，是否需要举债，取决于一个国家的经济体制以及与之相适应的财政类型，以及由此决定的财政预算管理体制。与计划经济体制相适应的财政类型是“国家财政或经济建设性财政”，由此建立起的财政体制是一种高度集中统一的预算管理体制。在这种体制下，财政集中了社会绝大部分资源，地方政府及财政仅是中央政府和财政的附属物，地方预算是中央政府编制的统一预算的组成部分。地方政府作为中央预算的执行者，没有财政自主权，自然也就没有举债的权力和动力。同时，即使赋予地方举债权，民间也没有闲散的资金。与市场经济相适应的财政是公共财政，即政府的财政职能被界定为提供公共产品以满足人们的公共需要。由于公共品受益范围具有层级性，客观上需要建立分级预算财政管理体制（财政联邦主义或分税制）与之对应。市场经济条件下的分级财政预算管理体制内涵的要点是：一级政权，一级预算主体，各级预算相对独立，自求平衡；在明确各级政府事权的基础上划分各级政府的支出范围；收入划分实行分税制，划分方法主要按税种，也可以对同一税种按不同的税率分配或实行共享制；对预算收入水平差异通过政府间转移支付来进行调解。若地方经常财政收入（含本级税收、收费和中央补助）不能满足地方支出需要时，允许地方举债自求平衡。由此可见，地方财政拥有部分独立的债务融资权是规范的分级预算管理体制（分税制）下地方政府应有的财权之一。不过，在规范的分级财政预算管理体制下赋予地方政府举债权，是以政府间财政经常预算纵向和横向平衡为基础的，也就是说

① 资料来源：［美］费雪著，吴俊培等译：《州和地方财政学》，中国人民大学出版社2000年版。

地方政府举债不是因为政府间财政失衡出现的财政困难，其债务责任至少在法律上需要地方政府自己承担。

在政府间财政经常预算纵向和横向平衡的基础上，地方政府为什么还需要举债呢？主要基于以下两点依据：

1. 地方资本性公共品的融资特点

按照分级预算管理体制的要求，地方政府主要为辖区选民提供受益仅局限于辖区内的地方公共品（含公共服务和公共工程）。由于地方公共工程诸如道路、桥梁、校舍、公共绿地、供水、供热、运动设施等初始投资规模较大，尤其是城市地铁、高速公路、通讯网络等投资动辄上亿，且建设周期又长，其投资额是一个地方年度财政收入甚至国民收入都无法支撑的。另外，虽然部分地方公共产品具有外部性，其受益范围不仅局限于本地，但地方公共产品的成本和收益基本上在一个区域之内，其供给着眼于满足本地居民的需求，成本也应由本地居民负担。因此，这类公共工程一般要通过举债的方式来融资。

2. 地方资本性公共品的成本与受益时间非一致性

就受益原则来看，主要有辖区受益原则和时期受益原则两层含义。辖区受益原则侧重于决定各级政府之间提供不同公共产品责任的分配；时期受益原则侧重于决定财政资金的来源。恰恰是这一原则的应用为地方政府举债提供了另一个重要的理论依据。

根据时期受益原则，公共支出所形成的公共产品成本应当由整个受益期内的人们加以分担。地方政府提供的各种公共产品受益期限长短不同，形成受益在一个财政年度内公共产品的支出称为“经常性支出”，形成受益跨多个财政年度公共产品的支出称为“资本性支出”。由于形成公共产品受益期长短的不同，公共支出的来源有很大差别。对于形成受益一个财政年度的地方性公共产品的支出，地方政府一般通过税收筹集资金。因为税收是根据当期产值所形成的收入，正好与这类支出形成的受益在时间上和人群分布上相对称。对于形成受益体现的是跨财政年度的地方性公共产品，其支出应当由受益的不同时期人们共同分担，这就在客观上要求有一种能够将成本负担向后递延的分担方式。地方政府发行公债，特别是发行中长期公债正好满足了这一要求，因为这类公债的偿债负担只在未来年度才得以形成，只要债务的偿债期限与受益期限大体一致，成本和受益就可以在时间和人群分布上达到近似的一致，符合广为认同的受益公平原则，可以通过这一机制将项目利益和成本内部化，以提高地方政府活动的效率。另外，由于技术进步，子孙后代要比当代人更富裕。如果在一代内把收入从富人转移给穷人是合理的，那么通过发行长期责任债券把收入从富的一代转移到穷的一代以增进其福利，也符合代际公平的原则。

9.1.3 地方政府发行债券的类型

从各国实践来看，地方公债的绝大部分是一年以上的中长期债券，一年以内的短期债券所占的比例很小。地方公债的中长期的特征与各国中央政府拥有巨额短期债券形成鲜明的对比，原因是，地方政府借债主要是资本性支出和向私人部门借款筹集资金，资助项目的建设周期决定债务必须以中长期债务为主，而中央政府发债则须考虑宏观经济政策配合，如通过短期和中长期债券的搭配来调节债券市场的流动性，发行相当规模的短期债券为中央提供公开市场操作的工具。

1. 中长期债券

根据债券的担保条件，中长期地方公债可分为以下两种：

（1）一般责任债券。一般责任债券是以地方政府征税能力为担保发行的公债。由于偿债来源主要依靠税收，因而，只有具有征税权的地方政府才可以发行这种债券。在大多数国家，由于省或州一级政府比市、县、镇等下级政府拥有更大的征税权，因而是一般责任债券的主要发行主体。一般责任债券通常极少拖欠，投资者几乎都能如约收回本息。根据所担保的征税权限不同，一般责任债券又可以分为以下几种：

- **无限税款债券**，即地方政府以自己充分的征税能力作为发行担保的债券，发行这种债券所筹得的资金可用于任何资本性支出，但政府也必须全力以赴归还债务本息，如果现有收入不足以偿还，政府需通过征税或其他方式筹集偿债资金，一旦违约，债券持有人有权向法庭起诉。
- **有限税款债券**，即地方政府只以法律规定的某些税种作为发行担保的债券，这样如果担保税种不足以偿债，债券持有人就可能遭受损失，如有的政府以财产税为担保发行债券。
- **特别税赋债券**，即地方政府将投资项目受益人所缴纳的特定目的税作为发行担保的债券，如日本的地方道路税、美国的社会保险税、环境保护税等。

（2）收入债券。收入债券是以政府资助项目的受益为担保而发行的公债。通常来说，发行这种债券所筹得的资金必须专款专用，资助项目大多属于初期投资大、私人部门不愿涉足的领域，这样政府就可以通过发债筹资进行修建，建成之后再出租给私人部门经营，以承租方缴纳的租金作为偿债资金的来源。一旦收入不足，公债持有者就可能遭受损失。由于收入债券的发行与税收无关，因而颇受无征税权的地方政府所属机构的青睐。一般来看，项目投资收益不如税收收入有保证，因而收入债券的风险要大于一般责任债券，相应地也具有较高的利率。根据担保项目的不同，收入债券可以分为工业开发债券、教育债券、控制污染债券、住宅当局债券、医疗债券等。

（3）私人活动债券。如前所述，除直接进行投资之外，地方政府还常常会通过向私人部门提供贷款的方法对某些项目进行扶持，这种债券被称为“私人活动公债”。由于它是以私人部门的偿还能力作为发行担保，因而属于私人债券的一种。

2. 短期地方公债

地方政府发行短期债券的重要目的是平衡季节性收支，因此，这部分债券大多以预付税款券和预付收入券的形式存在，用于弥补财政收入与支出不同步的差额。例如，在美国，州、地方政府税收一般倾向于集中在财政年度中一至两个时期征收（如作为地方政府财政收入支柱的财产税一年只征收一次），而支出在财政年度中则基本上是以较为均衡的速率进行的。因此，即使当年的州地预算是平衡的，在个别月份也会常常出现一些赤字。所以州地政府也发行预付税款券和预付收入券作为弥补财政年度内季节性资金短缺的一种方法。债券到期日即为州地政府主要税款的缴纳日期，因而到期可用这两种债券来抵付税款。除此之外，地方政府也需要一些短期资金作为资本性投资的流动资金，这些短期债券主要有：（1）城市改造工程债券，即地方城建工程为城市改造工程所发行的债券；（2）地方住宅机构债券，即地方住宅当局为修建住宅发行的债券；（3）债务预支债券。由于资本性投资规模较大，筹资时间长，因而地方政府有时也会发行一些短期债券，以弥补资金的一时缺位。

9.1.4　赋予地方政府债务融资权的条件

理论上地方政府举债有其合理性和必要性，但这并不意味着中央政府就一定会赋予地方政府举债权。即使赋予举债权，也并不意味着地方政府就一定能够通过发行债券筹措到所需要的资金，因为举债和发行债券还必须要具备相应的条件。这些条件主要有：

1. 地方政府偿债能力

地方政府举债是以地方政府的信用作为担保，在不考虑中央政府连带责任的情况下，民间会不会响应地方政府举债，或者说会不会购买地方发行的债券，关键在于投资者对地方政府信用风险的评价。而信用风险主要来自于信用关系中债务人用以偿还资产的价值或收入来源的不确定性。对于地方债券而言，偿还到期一般责任债券和受益债券的资产是不同的，前者主要是地方财政收入，后者主要是融资项目的收益。但是，即使是收益债券，为了确保安全，尤其是确保发债初期融资的顺利进行，也需要以全额财政收入作为担保来提高信用水平。财政收入取决于地方经济发展水平，地方经济发展水平越高，信用等级越高，债务融资成本越低，发行债券越容易。地方经济越落后，信用等级越低，债务融资成本越高，发行债券越困难。因此，试图通过发行债券来解决因事权与财权不对称造成的地方财政困难，不仅缺乏理论支撑，而且也可能是徒劳的。

2. 权力与责任对称

地方举债是否是负责任的举债，除考虑偿债能力以外，还要看举债权力与责任是否对称，即举债决策单位、举债单位、受益单位和还债单位是否一致，若不是，就有可能出现不负责任或过度举债。理论上要做到这一点，其前提条件是民主制度下真正意义上的分级预算公共财政管理体制，即要有真正代表选民利益的代表组成的公共权力机构，各级政府的一切收支包括举债由该级公共权力机构决定，该级公共权力机构能对该级政府预算收支执行过程进行有效监督。如果民主制度不健全，也没有真正意义上分级预算公共财政管理体制。更极端情况是，立法或公共权力机构只是形式上的，地方政府领导主要由上级指派，而且掌握着一切财政收支包括举债的决策权。在这种情况下，若中央政府赋予地方举债权，就会出现极不负责任的举债，即地方政府有可能以地方选民的名义举债，满足自己任期内政绩的需要，大搞政绩工程和形象工程，其举债的规模和用途几乎完全背离辖区选民的偏好，而把沉重债务责任留给了辖区纳税人。

3. 完备的法规和可以信赖的中介机构

地方政府债券发行必须要有完备的法规加以约束，诸如发行条件、发行用途、发行规模、信用等级、风险控制、发行程序以及相应的责任追究等均应有严格的法律规定。对于发行债券的地方政府是否满足法律规定的发债要求，在实际债券出售过程中还需要雇用许多中介机构向投资者披露相关的信息。这些中介机构包括：（1）债券委员会检查债券发行的合法性，并向未来投资者保证：地方政府为发行债券已采取了所有被要求的而且是适当的法律步骤；（2）财务顾问和承销公司就债券结构提出建议，准备必要的财务文件向投资者推销；（3）聘请至少两家重要的私人信用评级公司对政府债券评定一个信用等级，用来向潜在的投资者提供有关债券可预测的风险信息，主要是地方经济与财务状况、借款资金指定目的和使用计划。

4. 健全的债券市场

债券市场是否健全关系到地方政府债务融资顺利进行、融资成本和融资规模问题。债券市场包括发行市场（一级市场）和交易市场（二级市场）。债券发行市场是以自愿、平等、互利的债权和债务契约关系为依托的。没有这种自愿、平等和互利契约关系的基础，债券的循环运行就会受阻，发行计划就很难完成。在此基础上的市场化的债券买卖，既可以由发债单位（地方财政部门）直接将债券卖给投资者，也可以采用代销、承购包销、招标发行和拍卖发行等间接方式。在各种发行方式中，竞价拍卖最能体现市场竞争原则，最有利于降低发行成本。债券交易市场职能是为已发行债券提供可转让的机会，能使债券持有者在急需资金时及时卖出变现，也使新投资者和资金富余者有投资选择政府债券的机会。尤其对于地方债券来说，完善债券交易市场显得极为重要。因为地方债券绝大部分都是长期债券，若债券交易市场不完善，投资者手中持有的长期债券将面临较大的风险（如通货膨胀），要吸引更多投资者购买就必须有较高利率，这无疑加大了地方政府融资成本。同时，由于长期债券不能变现，会将短期和不确定性闲散资金拒之门外，从而缩小了发债的空间。当然，债券一级和二级市场是相互依存、相互促进的。没有一级市场发行债券也就谈不上二级市场流通问题，没有完备的二级市场，不仅一级市场发行债券成本高、空间小，而且还有可能阻碍债券的进一步发行。

9.2　地方公债管理

地方公债管理的内容包括地方公债发行、流通与偿付等。由于地方公债具有特定的种类和指定的用途，它在发行方式、发债对象等方面并不像国债那样多样化。特别是，由于20世纪下半叶西方各国税收制度的巨大变革，更促进了地方公债管理的单一化发展趋势。美国具有世界上最发达的州地方公债管理制度，近几十年来州地方公债的一些变化特点在西方国家中也具有典型特征，因此，本节将以美国为例对地方公债的管理进行介绍。

9.2.1　地方公债的发行

在美国，除联邦政府外，有50个州政府和8万多个市、县、镇政府以及学区和其他特区。根据美国法律，它们均可以通过发债进行筹资，因此，美国州地债券的发行人包括州政府、地方政府以及它们的代理机构和授权机构。从债务规模来看，州地政府基础设施和福利、公益事业等开支的急剧增加以及联邦政府的税收优惠政策都促使地方公债迅速膨胀；从债务结构来看，传统上市、县、镇政府所负担的市政建设开支要大于州政府，因而，长期以来地方债务始终占据州地政府债务的大头，但近几十年来，州政府债务的比重有上升趋势。20世纪60年代以来美国州地公债的总额及结构见表9－1。

表 9－1　　20 世纪 60 年代以来美国州地公债的规模及结构

年份＼项目	债务余额（亿美元）	人均债务余额（美元）	债务余额/GDP（%）	债务结构（%）	
				州政府	地方政府
1964	922	480	14.5	27.1	72.9
1967	1 146	579	14.0	28.3	71.7
1972	1 745	838	14.4	31.2	68.8
1977	2 575	1 190	12.9	35.0	65.0
1982	3 993	1 719	13.0	36.9	63.1
1987	7 187	2 953	15.9	37.0	63.0
1990	8 606	3 460	15.6	37.0	63.0
1991	9 155	3 623	16.1	37.7	62.3

资料来源：〔美〕罗纳德·C. 费雪：《州和地方财政学》（中译本），中国人民大学出版社 2000 年版，第 209 页。

与美国国债一样，美国州地公债的实物形式也有无记名式、凭证式和记账式三种，而且也都是以凭证式和记账式为主。不同的是，美国国债主要为机构投资者所持有，取消债券的实物形式目的在于提高债券的流动性，而州地公债主要为个人投资者所拥有，无记名债券的减少是税法作用的结果。20 世纪 80 年代早期税法的变动，要求 1983 年 7 月 1 日以后发行的州地公债必须采用凭证或记账的形式，否则其利息收入不予免税。这一政策的出台导致州地政府几乎不再发行无记名债券，而记账式公债则占新发债券的 75% 以上。

近几十年来美国州地公债的发行方式也发生了很大的变化。20 世纪 70 年代初州地公债主要采用固定收益方式发行，仅有一小部分采用公募招标方式，但到 20 多年后的 1993 年，原先的比例已经完全被颠倒了，几乎所有债券都改为公募招标方式发行，只有一小部分采用固定收益发行方式（见表 9－2）。

表 9－2　　美国州地公债发行方式的变化　　（单位:%）

方式＼年份	1974	1977	1980	1982	1984	1987	1990	1993
公募招标	29	46	58	68	68	73	74	80
固定收益	7	50	40	31	31	23	24	19
其他	1	4	2	1	1	4	2	1
总计	100	100	100	100	100	100	100	100

资料来源：〔美〕罗伯特·齐普夫：《市政债券运作》（中译本），清华大学出版社 1998 年版，第 178 页。

众所周知，公募招标方式要比固定收益方式的市场化程度更高，因而，在国债的发行中得到了广泛运用。公募招标方式的优点在于可避免因市场利率不稳，公债发行条件可能与市场行情脱钩，从而预订发行任务不能顺利完成的情况。而固定收益方式在金融市场利率稳定的条件下发行是比较有利的，而在美国这样市场经济发达的国家，金融市场的利率甚至瞬息万变，因此，20 世纪 70 年代以来，公募招标在美国的采用范围越来越广泛。

9.2.2 地方公债的投资者

美国州地债券的最终持有者主要有银行、个人和保险公司，其中银行曾在很长一段时间都是州地债券的最大持有者，个人和保险公司则处于从属地位。但20世纪80年代以来，这一状况发生了根本改变：银行从债券净买入者变成了净出售者，目前所拥有的债券比重已微不足道；保险公司的债券持有量也相对下降，但幅度要远小于银行；个人投资债券的比重则迅速上升，到1993年已占到债券余额的76.6%（见图9-1）。

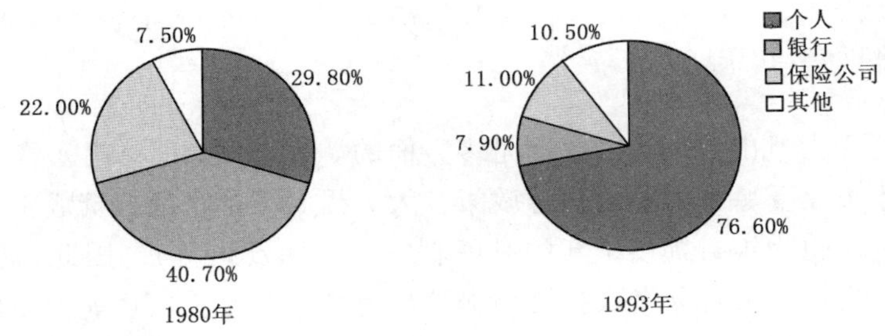

图9-1 美国州地债券持有人结构变化图

从1970年到2000年，美国州地债券的持有者结构发生了很大变化，个人已经取代银行和保险公司一跃成为债券的最大持有者，如表9-3所示。

表9-3 美国市政债券①持有者结构 （单位：%）

持有者结构 \ 年份	1970	1980	1985	1990	1995	2000
债务总额	100.0	100.0	100.0	100.0	100.0	100.0
家庭	29.4	36.6	40.5	48.5	35.5	34.2
共同基金②	1.9	3.1	4.1	9.5	16.3	14.7
货币市场基金	2.2	3.3	4.2	7.1	9.9	14.7
封闭基金	0.0	0.1	0.3	1.2	4.6	4.6
银行个人信托基金	2.6	3.9	5.4	6.8	8.4	6.7
非财务公司企业	1.9	2.3	3.0	2.1	2.8	2.2
政府发起设立的企业	0.1	0.1	0.2	0.3	0.3	0.2
州和地方政府普通基金③	0.7	0.8	0.9	1.0	0.4	0.1
商业银行	48.6	36.6	27.0	9.9	7.2	7.3
储蓄机构	0.6	0.6	0.4	0.3	0.2	0.2

① 需要说明的是，在今天的华尔街，市政债券几乎完全等同于地方政府债，两个概念的细微差别仅在于视角不同，市政债券是投资视角，地方政府债是融资视角。美国的州政府和县政府等各种地方政府、政府机构和地方公有企业都在市场上发行市政债券。

② 共同基金：1976年国内税务局允许市政债券共同基金的投资者享受免税待遇。此后这类基金大量涌现。

③ 普通基金：也称共同基金。用于支付非营利单位如政府和政府机构一切交易开支的一种资金，此项交易不在其他资金中列支。

续表

年份 持有者结构	1970	1980	1985	1990	1995	2000
人寿保险公司	0.3	0.7	1.1	1.0	0.9	1.3
财产和意外保险公司	7.5	9.1	10.3	11.6	12.4	12.8
州和地方退休基金	0.0	0.1	0.1	0.1	0.1	0.1
经纪人和证券商	3.9	2.7	2.3	0.7	1.0	0.7

资料来源：联邦储备委员会，基金账户的流量，流量与未清账款。转引自樊丽明等著：《中国地方政府债务管理》，经济科学出版社2006年版，第97页。

银行和保险公司大量出售债券的原因是多方面的。20世纪80年代新修改的税法规定银行投资州地债券不再享受原先的税收优惠政策，大大提高了银行的投资成本，与此同时，一些其他税收优惠规定也为银行提供了新的避税业务（如融资租赁）。因此，银行的投资方向发生了变化。另一方面，近年来个人投资债券的环境则不断改善，目前大多数券商都有专门的机构和人员为个人投资者服务；各种媒体上登载着连篇累牍的债券信息；各大交易所也都附加了州地债券的市场行情等等，这些都有力地促进了个人债券投资的发展。

专栏

税法怎样限制了银行进行州地债券投资

银行只有通过存款等方式筹集到资金之后，才能进行债券投资，而银行所支付的存款利息中有一部分要缴纳利息所得税，存款利息所得税是由银行代扣代缴的。在20世纪80年代以前，《税法》规定，商业银行在计算应纳所得税时可以将其代扣的这一部分税收自留，以降低其债券投资的成本。修改后的《税法》取消了这一规定，使银行不再能够享受到税收优惠。先举例说明如下：

假定银行年存款利率是10%，公司所得税为35%，州地债券的年收益率为7%。税法变更前，如果银行要发行面额为10 000美元的存款单（CDs）来购买州地债券，那么它每年的名义资金成本将是1 000美元，由于税法允许这部分资金的利息成本可以进行税收抵扣，因而其实际成本为650美元（1 000 - 1 000 × 35%），另外的350美元可以看做是政府对银行的补贴。银行投资债券每年可获利息700美元，这样银行投资债券的净收益将为50美元。税法变更后，银行每年的名义资金成本和实际成本相同，都为1 000美元，而其每年可获得利息仍为700美元，银行将亏损300美元。显然，优惠政策的取消使银行无法再持有债券。

资料来源：〔美〕罗纳德·C. 费雪：《州和地方财政学》（中译本），中国人民大学出版社2000年版，第225页。

应当注意的是，这里所说的个人投资债券不仅包括个人直接持有的债券，而且还包括个人通过共同基金、货币市场基金、封闭式基金、银行私人信托部等投资机构间接持有的债券数量。美国的州地债券投资中介机构主要可分为市政债券投资信托（MIT）和市政债券共同基金（MMF）两大类，它们将无数的小额资金汇聚起来，进行组合投资和专业化管理，两者的区别主要在于：（1）MIT 在购买债券之后并不频繁换手，通常要保存至期末，而 MMF 为追求利润最大化则要随着市场行情随时买卖债券；（2）投资者对 MIT 的投资组合、策略一目了然，但对 MMF 投资组合的变化可能并不十分清楚；（3）MIT 的管理费用通常要低于 MMF。

9.2.3 地方公债的偿还方式

美国州地公债在偿还方式上与国债有很大的区别。美国中短期国债基本上都采用到期偿还法，仅有部分长期国债可以期中偿还，但州地公债都采用期中偿还法。州地公债的期中偿还综合了发行者选择法、赎买法以及偿债基金法等偿还方法，这通常被称为州地公债的早赎特征。州地公债的早赎特征主要有以下三种：

（1）选择性早赎。选择性早赎即是我们前面介绍过的发行者选择偿还法。债券的募资说明书和债券凭证都会详细说明债券早赎的具体条件，近年来州地公债选择性早赎的条件一般都是：满 10 年赎回支付票面额的 102%；满 11 年赎回支付票面额的 101%；满 12 年赎回按票面额支付。

（2）强制性偿债基金早赎。偿债基金早赎即是在债券的宽限期过后，政府利用其建立的偿债基金逐年收回债券的方法。这种方法通常按面值赎回，但在市场价格跌破债券面值的情况下，政府也可以通过从公开市场上买回债券的方法来降低成本。

（3）特别早赎。特别早赎指政府在某些意外事件发生后提前偿还的方法。较为典型的情况有：①税务部门突然宣布将其对债券征收利息所得税，这时发行者为保证投资者的利润应当中止债券合同，提前偿还；②收入债券的担保财产被征用于公共用途，这时发行者可用征收收入提前还债；③收入债券的担保财产遭受损失或破坏，且不再进行重新修建时，保险赔款将用于提前偿债；④收入债券资金的使用者从某些来源获得的资金不再使用，或超过其必要限额时，可以用来还债。

就利息支付方式，美国州地公债与美国中长期公债一样，都是采用每半年付息一次。

9.2.4 地方公债的税收管理

美国税法对州地债券的管理十分复杂，20 世纪 70 年代以来的税法变更对市政债券的运作产生了深远影响，这一点前面已有所涉及。这里我们对美国州地公债所涉及的主要税种作一简单归纳。

1. 联邦所得税

州地公债是否应当免缴联邦所得税在美国仍有争议，因为尽管地方政府发债服务于公益事业，投资者理应享受到一定的税收优惠，但对于整个国家而言，地方公债与私债基本类似，其影响都是局部的，况且很多地方公债所扶持的行业还具有一定的营利性，因而对地方公债免税而对私债征税显然有碍于税收公平。因此，在美国，即使存在绝大多数州地债券可以免税的事实，但这并不受法律的保护。而且税法规定，大约 5% 的债券（大多是私人活动债券）应当完全照章纳税。另外，有些债券虽可免缴联邦所得税，但仍须缴纳与所得税等效的代用最低税（AMT），这些债券一般都是 1986 年 8 月 7 日以后发行的私募债券。

2. 州所得税

除 6 个州外，美国绝大多数州都规定，由本州及地方政府发行的债券可免缴州所得税。但是各州几乎都对非本州债券征税。这一规定大大限制了市政债券在非本州地区的发行和流通，尤其纽约等州的高税率，对外州债券造成了很大冲击。另外，对于少数具有“联邦州”地位的发行人，它们所发行的市政债券可免缴联邦及各州所得税，如夏威夷、阿拉斯加在成为州之前所发行的债券。

3. 其他税种

美国州地债券的免税规定仅适用于所得税，绝大多数州地债券仍需缴纳资本利得税、个人财产税、不动产税等其他税种。

专栏

日本的债务融资制度

一、地方债务规模及债务资金来源

日本地方债务是指地方各级政府（都道府县和市町村）的举债。与美国相比，日本地方政府在第二次世界大战之前没有自治权利，不能发行地方公债。第二次世界大战后新修的日本《宪法》增加了允许地方自治的内容，地方政府开始拥有债券融资权力，并发展成为债券发行的主体。日本也是地方债务规模较大的国家之一，其规模仅次于美国。1970 年、1980 年、1990 年日本地方公债余额分别为 63 640、468 710、89 640 亿日元。

日本地方债券的资金来源主要是政府资金、银行资金和公营企业金融库公库资金。政府资金比重高是日本地方公债认购资金的一大特点，占到整个资金的 50% 左右，其中包括资金运用部资金和简易生命保险资金，资金运用部资金是邮政储蓄资金及厚生年金、国民资金等中央的各种事业类特别会计的积累资金和结余资金等，这些资金的特点是既具有公共性，又具有有偿性，因此需要保值增值的运用，简易生命保险资金是邮政部门利用邮局网点进行的简易生命保险制度的闲置资金，其特点是收费低，手续简便；银行资金所占比重在 20 世纪 80 年代后明显下降，如 1980 年银行资金占地方债务余额的比重为 30% 左右，1990 年时下降到 15% 以下，其原因就是债券市场上公债地位的上升，各银行将其资金转到流通性更强的公债的结果；公营企业公库资金主要来源于发行公营企业债券。

二、地方债券种类及发行方式

日本的地方债券包括地方公债和地方公营企业债两种类型。地方公债是日本地方政府直接发行的债券，是日本地方债券制度的主体，主要用于地方道路建设、地区开发、义务教育设施建设、公营住宅建设、购置公用土地以及其他公用事业；地方公营企业债是由地方特殊的公营企业发行、地方政府担保的债券，使用方向主要集中于下水道、自来水和交通设施等方面。其中，日本地方公债在地方债务总规模中所占比例较大，大约 80%。

日本地方公债发行分为证书借款和证券发行两种方式。所谓证书借款，是指地方政府不发行债券，而是以借款收据的形式筹借资金的方式，是地方政府借债的主要方式。证券发行又分为招募、销售和交付公债三种形式。销售方式是先由地方政府公告其销售地方公债的条件、规模等，接受各承购商的购入申请，然后对在规定期间内向提出申请者销售地方公债的方法（实际上这种方法未曾使用过）；招募发行即首先公布地方公债的发行条件，让投资者们提交认购申请书竞价，按价格高低顺序让申请者交纳现金后发行债券。根据募集对象的多少和是否公开投标又可分为公募和私募；支付公债，即地方政府对债权者发行约定在以后支付现金的一种债券。

各种发行方式占地方公债余额的比重

年份	1985	1988	1990
证书借款	64.8	70.2	72.5
证券发行	35.2	29.8	27.5
其中：支付公债	0.1	0.03	0.02

不难看出，日本地方公债主要是靠证书借款方式发行的，1990年的地方公债余额中，该方式发行债券比重为72.5%，而且动态地看其比重逐步上升。在证券发行方式中，支付公债占的比重很小，招募发行占地方公债余额的比重为20%～30%。

三、日本地方公债的用途

日本《地方财政法》明确规定了地方债的用途。该法第5条在规定“地方政府的财政支出必须以地方债以外的收入作为财源”的基础上，规定“仅限于一定的情况下可以以地方债为财源”，所谓的“一定的情况”下，主要是就支出的范围或性质而言的，具体指下列各项支出：（1）交通、煤气和水道等公营企业所需经费；（2）对地方公营企业提供的资本金和贷款；（3）灾害紧急事业费、灾害后的生产恢复事业费和灾害救济事业费；（4）既发债的调期；（5）所有地方普通税的税率都高于标准税率的地方政府从事的文教、卫生、消防及其他公共设施的建设。此外，在特殊情况下，以特别立法的形式可发行上述目的以外的地方公债。

地方公营企业债的使用则相对集中，主要用于下水道、自来水和交通设施等方面。

四、日本地方债务管理及风险防范机制

《日本地方自治法》第250条规定：“发行地方债券以及变更发债、偿债方式、调整利率时，必须根据规定经自治大臣或都道府县知事批准”。日本地方公债除建设公债的原则要求外（不能用于弥补永久性财政赤字），中央政府还对地方公债的发行进行严格的管理。具体主要体现在两个方面：

一是对地方公债发行实行计划管理，自治大臣是根据其与大藏大臣协商制定的《地方债计划》对地方债发行进行审批，《地方债计划》决定每个事业类别地方债券的发行额，及认购资金构成计划。在计划中，按不同的预算账户和事业性质分别列出一般预算债、公营企业债及特别地方债发行额，以及政府资金（财政投融资金）、公营公库资金和民间资金等的认购金额。

二是对各地方政府发行地方公债实行协议审批制度。拥有地方债券发行审批权力的是总务大臣或都道府县知事，即各地方政府要发行公债必须向总务省上报计划，经总务大臣批准后方可发债。总务大臣审批时，要与大藏大臣协议，听取大藏大臣的意见，所以称为协议审批制度。对地方债实行审批制度的目的在于：防止地方债务的膨胀，确保各地方财政资金的健全运营；防止资金过分向富裕地区政府倾斜，确保合理的资金分配；统一协调中央、地方政府及民间资金的供求关系。

地方公债计划与协议审批制度相互配合，构成了日本严密的地方公债管理制度。首先，通过地方公债计划，对每一年度地方公债的总规模及各种债券的发行额度进行管理，既防止地方公债的膨胀又可以指导地方公债资金的用途，对于协调地方政府与中央政府的步调，实施经济社会政策有着重要意义。其次，通过协议审批制度，具体落实各个地方政府的发行额，不仅可以防止地方公债发行突破中央计划，而且通过协议审批过程，强化了中央与地方财政的联系和中央对地方财政的指导。

资料来源：陈志勇：《公债学》，中国财政经济出版社 2007 年版，第 217 ~ 220 页。

9.3 中国的地方公债

我国历史上东北地区和其他一些省份都曾发行过地方债券，改革以来许多地方政府也都以各种名义承担了一些债务。随着市场化的改革进程，地方政府发行债券的问题逐步提上议事日程，2011 年新《预算法》的修订使地方政府自行发债渐行渐近，上海市、浙江省、广东省、深圳市已开展地方政府自行发债试点。

9.3.1 中国地方公债的历史

新中国成立以来，为了满足经济重建的需要，我国地方政府主要发行过以下两种地方公债（夏锦良，1991）：

其一，东北生产建设折实公债。1950 年以前，东北人民政府为筹措生产建设资金，发行了东北生产建设折实公债。与建国初期的国债发行一样，这次地方公债的发行也以实物作为衡量标准，以“分”为计量单位，采用行政摊派方式发行。当时原计划发行 3 054 万分（折合人民币 3 542.64 万元），实际完成 3 629 万分（4 204.6 万元），超额完成计划的 18.69%。东北生产建设折实公债对象为东北地区职工、农民、工商界和市民及其他，各阶层分配的认购指标不一，但以工商界为主（见表 9－4）。这次公债分 5 年 5 次偿还，年息 5 厘，每年付息一次。

表 9－4　东北生产建设折实公债的发行情况

发行情况 / 发行对象	计划发行	实际发行		超额完成
		金额（万元）	占比%	占比%
职工	353.6	487.8	11.6	37.9
农民	425	290	6.9	－31.8
工商界	2 410	2 968.5	70.6	23.2
市民及其他	354	458.3	10.9	29.5
合计	3 542.6	4 204.6	100	18.7

资料来源：夏锦良：《公债经济学》，中国财政经济出版社 1991 年版，第 216 页。

其二，地方经济建设公债。我国地方公债的发行，主要集中在 20 世纪 50 年代末 60 年代初。1958年4月2日，中共中央作出了《关于发行地方公债的决定》，决定从1959年起停止发行国家经济建设公债，但是允许各省、市、自治州、直辖市在确定有必要的时候，发行地方经济建设公债。同年6月5日，全国人民代表大会常务委员会第97次会议，通过并颁布了《中华人民共和国地方经济建设公债条例》（以下简称《条例》），制定了各地发行公债的基本管理制度。《条例》颁布之后，江西、东北等省区根据本地实际，不同程度地发行了地方经济建设公债，具体执行情况如下：

（1）省、自治州、直辖市发行的地方经济建设公债，由当地人民委员会统一领导，同时成立各级公债推销委员会以加强管理，债券的推销和偿还工作由财政部门和人民银行具体办理。由省、自治区直属的专员公署、自治州、县、自治县、市人民委员会推销的公债收入，大部分留由当地支配使用，其余部分由省、自治区进行调剂。

（2）各地都严格执照自愿认购的原则推销公债，没有给人民生活造成困难。如江西省分别于1958年、1960年发行了两期地方经济建设公债，发行额分别只占这两年工资总额的1.63%和1.59%。

（3）公债利率突破了《条例》规定的上限。《条例》规定："年利率一般不宜超过2%，在必要的时候，也可以发行无息公债。"但各地为保证公债顺利推销，实际利率大多高于2%，如江西省1960年发行的公债利率就为年利率4%。

（4）公债期限一般在5年之内，本金采取抽签轮次法偿还，利随本清，不计复利。如江西省1960年发行的5年期经济建设公债，采用抽签方式分三次偿还，1963年10月30日偿还20%，1964年10月30日偿还30%，其余在1965年10月30日还清。

（5）公债面额比较低，以1元、2元、5元、10元和50元5种面额为主。

（6）地方经济建设公债属于非流通债券，既不允许自由转让，更不能代币流通①。

9.3.2 中国地方公债现状

改革开放以来，我国一直坚守地方政府无权发行公债的防线。这一思想也写入了1994年颁布的《中华人民共和国预算法》。该法第二十八条明确规定"地方各级预算按照量入为出、收支平衡的原则编制，不列赤字"，但实际上，迄今为止，我国各级地方政府都自觉不自觉、明里暗里、直接间接截取了大量的债务。这些债务可以分为两类：一类属于隐形债务，即地方政府要求当地金融机构或国有企业代为借入的债务如地方信托投资公司向国有政策银行、商业银行甚至国外借入资金后，由当地政府用于当地基础设施建设，这类负债表面上属于企业负债，但实际上由地方政府担保偿还；另一类属于非法债务，即地方政府违反国家有关规定直接介入的债务，如地方政府为加强基础设施建设进行乱集资、乱摊派，或直接出面要求银行提供信用或担保贷款。

就目前的总体情况而言，地方政府各种变相举债，扰乱了我国正常的财政金融秩序，使潜在的债务危机得以滋生。具体表现在：一是我国地方政府借债缺乏必要的法律规范，从而使地方政府的融资行为游离于中央政府和地方人大的监督之外，结果几乎各级地方政府及其所属的部门都可以以各种名义进行融资活动，以至于无法知道我国地方政府债务的数量、种类、用途等基本情况；另一方面，尽管不少举债融资资金是用于当地基础设施和公益事业项

---

① 高培勇、宋永明著：《公共债务管理》，经济科学出版社2002年版，第276~283页。

目建设，但由于没有约束，社会效益不明显，进而大大增加了长期债务的风险。总之，全面清理、整顿、规范我国地方债务已经到了刻不容缓的地步。

在1998—1999年实施的积极财政政策中，我国曾采用过由中央财政发行国债，再转贷给地方用于地方建设项目的做法。1998年财政发行的1 000亿元专用国债资金中有500亿元转贷给地方，期限是35年，利率4%～5%。1999年中央财政又安排300亿元转贷给地方。2008年下半年，由美国的次贷危机引发的我国经济增速大幅下滑，为尽快恢复经济增长，中央财政自2009年始，连续两年每年替地方发行地方债2 000亿元用于地方基础设施和民生项目建设。通过转贷或替地方直接发行债券，有利于降低负债成本，充分调动地方在扩大需求中的积极性。在目前不允许地方政府直接举债的政策环境下，中央政府通过国债转贷或替地方发行债券成为当前地方政府有效的融资渠道和资金来源。不过，这些措施并未从根本上满足地方债务融资需求，使得近年来各地通过融资平台这种不规范的融资渠道获取资金的规模越来越大，这种势头若不加以遏制，势必会带来了巨大财政金融风险。从长远来看，为进一步完善我国分税制财政体制，客观上需要赋予地方政府债务融资权。

专栏

中国地方融资平台及其现状

所谓地方融资平台，是指地方政府组建的各种类型投融资公司或集团，诸如城市建设投资公司、城建开发公司、城建资产经营公司、能源投资集团、水务控股集团等。这些公司或集团以地方政府注入国债转贷资金、公共收费、土地收益权、国有存量资产和税收返还等作为资本金，并以项目的收益，必要时再辅之以财政补贴等作为还款承诺，成为地方政府向银行等金融机构融通城市建设资金的主要平台。据相关部门提供的信息，到2009年末，我国地方政府融资平台合计8 221家，贷款余额达到7.38万亿元，比2008年新增3万多亿元。按照地方融资平台项目建设投资连续性和惯性的特点，今后两年地方政府后续贷款还将达到2万亿至3万亿元，到2011年末，地方政府融资平台负债可能高达10万亿元左右。

资料来源：李祥云等："地方政府融资平台蕴含的风险及其控制"，《领导之友》，2010年4月。

事实上，我国目前已具备了发展地方公债的客观条件。

首先，发展地方公债是分级财政体制的客观需要。根据公共需要的层次性，我国已基本建立了以分税制为核心的分级财政体制，中央政府和地方政府的财权、事权已相对明晰。如前所述，在一级政府、一级预算框架下，由地方各级政府发行债券或向银行借款来为当地的资本性公共项目融资有其合理性和必然性。因此，在分税制下赋予地方独立债务融资权是当然之举。

其次，发展地方公债可以减轻中央财政的负担。我国正处于社会主义市场经济体制建立过程中，改革和发展的成本很大，中央财政支出的范围极其广泛，为实现各地区社会经济均衡发展，国家每年都要投入成百上千亿的资金用于扶贫支出和公共设施支出，这常常使中央财政捉襟见肘、顾此失彼。发行地方债券，可以缓解地方建设资金的紧张，相应地也减轻了中央财政的压力。

再次，发展地方公债有利于中央银行货币政策的实施。在许多情况下，国家发行国债都要求国有商业银行或中央银行给予支持，直接购债、配套贷款等形式都或多或少会干扰中央银行货币政策的实施。而地方政府发行公债或向银行借款，将完全按照市场化的原则运行，它几乎不会影响到中央的货币政策。允许地方发行公债，可以相应地减轻中央政府支出的压力，压缩国债发行规模，这样就可以通过地方公债和国债的置换来维护中央银行的独立性。

最后，发展地方公债还可以促进我国资本市场的发展。巨额的储蓄存款已使我国的融资体制陷入两难，贷放出去将产生大量的呆坏债，增加新的金融风险，而存放在银行又造成大量资源浪费和闲置。而地方公债比股票、期货等投资品种风险低，比存款、国债利率高，是一种综合特性较为优良的投资品种。因此，允许各地发行地方政府债券、建立规范的发行、流通和偿付体制对我国证券市场的发展具有积极意义。

总之，我国可以着手建立适合我国国情的地方公债制度。

复习思考题

1. 名词解释：地方公债、责任债券和收益债券。
2. 简述地方发行公债的依据和条件。
3. 结合实际分析我国的地方债务特点及成因。

第10章 DISHIZHANG

国外公债的管理

自公债出现以来，国外公债一直作为政府独立的债务工具，发挥着筹集财政资金、平衡国际收支的重要作用。近几十年来，许多国家特别是发展中国家国外公债的规模迅速扩大，政府外债负担问题日益成为经济学界关注的焦点。基于国外公债的特殊性和重要性，本章将对国外公债的管理作专门介绍。

10.1 国外公债的内涵

10.1.1 国外公债的定义

目前，国际国内对外债的定义和范围差异很大。为了对实际债务总额的统计提供统一的尺度，特别是对判断和统计某些特定部门的各种类型金融工具是否为债务提供准则，1984年3月，在由国际货币基金组织、世界银行、国际清算银行和尼泊尔联盟的代表组成的关于外债统计的国际审计员工作会议上，与会者达成了一项关于外债的定义：**外债是指任何指定时间一国居民对非当地居民，以外国货币或当地货币单位核算的有制约性偿还责任的负债，但对当地居民的外币负债除外**。包括连同或者不连同利息的本金和或连同或不连同本金的利息。

理解这个定义的关键在于把握厘定对外债务的两个依据：一是债权人是否为非当地居民；二是负债是否存在制约性偿还责任。其中，非当地居民是指一国境外的机构、自然人及其在该国境内依法设立的非常设机构。从外债的借债主体角度，一国的外债可以分为国外公债和商业性贷款。所谓**国外公债**是指国家授权的政府部门代表国家举借的外债。这类借款行为，表现为国外的债权人（一般是外国政府和国际及地区性的金融组织、国际债券的购买者）与借款国政府间的信用关系。借款国政府负有借款契约规定的偿还责任，即根据法律关系，当主权外债不能按时还本付息时，政府负有不可推卸的责任。此时，债权人会要求政府减少开支，调整经济政策，以保证还款责任的履行。可见，国外公债的本质是国家信用。另一类是**商业性贷款**，即除少部分有政府担保外，大部分反映的是外国贷款人，一般是外国的商业性金融组织与本国借款人包括本国的商业银行、公司和企业之间的信用关系。

进入21世纪后，世界银行、国际货币基金组织、国际清算银行、经济合作与发展组织的专家学者对外债进行了新的定义："外债总额指的是：在某个时点上，一个经济体的全部居民现存的、但不是或有的，并需在未来某个时点支付利息和本金的债务额中尚未偿还的部分，其债权人为该经济体的非居民。"本定义同20世纪80年代的定义区别之处在于：一是将"一国"改为"一个经济体"，在国家关系中，经济体比国家的范围更广，如中国香港是一个独立的经济体，但不是一个国家；二是外债总额的核心从"尚未偿还的契约性负债"修正为"尚未偿还部分"，扩大了外债的内涵。

按照我国国家外汇管理局的解释，我国的外债是指我国境内的机关、团体、企业、事业单位、金融机构或其他机构，对我国境外的国际金融组织、外国政府、金融机构、企业或其他机构用外国货币承担的具有契约性偿还义务的全部债务。具体包括有国际金融机构贷款、外国政府贷款、外国银行和金融机构贷款、买方信贷、外国企业贷款（主要是卖方信贷）、发行外币债券、国际租赁、远期付款、用现汇偿还的补偿贸易，向境内外资、合资银行借入的外汇资金和其他形式的债务。

我国政府外债包括外国政府贷款和国际金融组织贷款、政府发行的外币债券和政府为非政府部门对外借债所提供的担保三类。目前，我国政府外债有政府间双边贷款（主要来自日本、西欧、北美）；世界银行贷款；亚洲开发银行贷款；日本进出口银行贷款；财政部代表我国政府在国际资本市场上发行的主权债券以及以前年度政府借入的少量商业贷款等。

上述定义与外债的核心定义基本上是一致的，但是在以下几个方面有所不同：首先，我国将外债的表现形式只限定为外国货币债务，而将本币外债和实物外债剔除出去。没有包括本币外债的原因主要是因为我国资本项目还未放开，既不可以用人民币对外进行转账支付，也不允许人民币现钞流出国境，因而并不存在本币外债之说。至于没有包括实物外债，主要是从便于统计和便于出口的角度考虑。其次，将在华外资银行和中外合资银行视同为非居民，我国居民向它们的借款被规定为外债，而它们的对外借款不属于外债，这也是从加强外债风险管理的角度考虑的。

10.1.2　国外公债与外债、外资的联系与区别

国外公债与外债是两个不同的概念。国外公债属于外债的一种，是外债的一个组成部分。理论上来讲，国外公债和外债之间的主要区别在于其债务主体不完全相同。国外公债的债务人是本国政府。而外债则泛指在本国境内的对境外组织（作为债权人）负有契约性偿还义务的一切单位或组织。这些单位或组织既可以是政府单位，也可以是非政府单位。实际上，外债的涵盖面大于国外公债。

外资与国外公债也是两个既有联系，又相区别的概念。通常所说的"外资"是指一个国家所利用的外资，简称"利用外资"，主要包括：借入外国资金、吸收外国投资和接受外国捐助。按照国际通常的做法，利用外资的方式主要有以下几种方式：

（1）利用我国在港澳和国外的银行吸收当地外币存款，用其中的一部分在国内发放短期外汇贷款。

（2）向国外银行借自由外汇。

（3）买方信贷和卖方信贷。其中，买方信贷也称"出口信贷"，是指一国政府为了支持本国商品出口，以利息补贴和提供担保方式鼓励本国银行向外国提供的贷款；卖方信贷也称"延期付款"，我国利用卖方信贷的方法是，由外国出口商向我国外贸部门提供商业信贷，

同时将利息和费用计入货价内，所以货价相应提高。

（4）补偿贸易。利用外国企业提供的技术、设备、专利等，待项目竣工投产后，以商定产品清偿贷款。

（5）合资经营。

（6）政府贷款。

（7）国际金融机构贷款。主要是国际货币基金组织、世界银行、国际金融公司、国际开发署和亚洲开发银行等国际机构对会员国所提供的信贷或援助。

（8）在国外发行债券。

外资是一个比较大的概念，外债、国外公债只是其中的一个组成部分。当然，也有人将我国外债笼统地视为国外公债。

国外公债与国外直接投资性质不同，各有其特点。主要表现在：

第一，接受国外直接投资，一般不会形成接受投资国的还本付息负担。而借入外债，则要形成还本付息负担。因此，若对国外公债规模控制不力，便会形成债务累积。

第二，在资金的所有权、支配权、使用权之间关系方面，直接投资与国外公债不同。一般来讲，直接投资的“三权”往往是相对统一的，其中，特别是外商直接投资企业的“三权”之间联系是非常密切的；而国外公债的“三权”通常是相互分离的，其中，特别是由国家财政统借统还的外债，其“三权”分离分明：所有权归国外债权人所有，支配权为国家财政所有，而其具体使用权则归具体的外债使用单位或部门所有。

第三，主动权不同。比起接受国外直接投资来说，对外借款的主动权比较大，而接受国外直接投资的主动权则比较小。主要表现在：对外借款有使用资金的主动权，债务国政府可以根据本国的实际需要，将债务收入有重点地投入到国民经济的薄弱环节，以便调整产业结构，促进本国产业结构朝着合理化方向发展；此外，借款的方式、借款的币种和借款的时间、数额等都可以由借款国根据本国国民经济发展的需要、国际收支状况灵活决定。而在接受外国直接投资时，接受国的主动权则比较小，相当大的主动权是由外国直接投资者来掌握的。

总之，国外借债与接受国外直接投资之间各有利弊，关系密切。从总体上看，国外公债与接受国外直接投资之间的比例须适当，实现某种意义上的结构平衡。就是在适度外债规模的前提下，使国外公债与外国直接投资之间的比例与国内不同类型经济部门对两种类型外资的需求比例相适应。在开放经济时代，一个国家，特别是像我国这样的发展中大国，为了加速发展本国经济，许多领域都需要利用外资，但是并不是任何一种外资都适用于本国所有的社会经济领域。例如，对于某些关系到国计民生的要害部门，一般不适于以接受外国直接投资的方式利用外资，而适于以国外借债方式，这主要是基于安全性需要。为了避免被他人操纵本国的国民经济命脉，有些国家法律规定，外国人不得投资于银行、铁路、邮电、港口等关系国计民生的基础设施部门和要害经济部门。而以借债方式利用外资一般不会产生这种安全性问题，因为借债由国内自主投资，主动权在国内。所以对于某些并非十分要害的部门，在一定条件下，可以采取接受外国直接投资的办法利用外资。因为国外直接投资除了引入资金本身以外，还可以为接受国带来诸如先进技术与设备、先进的管理方法等好处。此外，接受投资国也可以利用外商的销售渠道和经验，扩大本国的产品出口。

10.2　国外公债的结构

国外公债结构是指某个时期国外公债总量的各个因素的构成比例，主要包括国外公债期限结构、国外公债类型结构、国外公债币种结构和国外公债利率结构等方面。这类指标是在国外公债规模既定的条件下衡量国外公债本身内部品质的指标，不与一国客观的经济指标相联系。通过债务内部的各种对比关系反映举债成本，并预示偿还时间和偿还能力。国外公债结构直接关系到外债利息的高低、汇率风险的大小和偿债期限的长短组合以及经济发展的稳定性问题。建立合理的国外公债结构，能降低借债成本，控制和规避利率风险与汇率风险，延缓偿债高峰期，减轻财政负担，提高使用国外公债的效益。国外公债的结构可以从以下不同的角度来划分。

10.2.1　国外公债的期限结构

国外公债的期限结构就是国外公债的长短期结构，是指长短期国外公债分别占国外公债总额的比重。研究国外公债的期限结构主要是因为长短期国外公债具有不同的性质，从而对一国经济的发展产生不同的影响。一方面，短期国外公债一般利率较高，中长期国外公债一般利率较低，因此，短、中、长期国外公债所占比例大小直接决定国外公债成本的高低；另一方面，短、中、长期国外公债的结构均衡与否直接决定了一国偿债期是否过于集中，因为短期债务有效使用期短，如果占债务总额的比重过多，就会增加财政支付压力。

一般说来，长期国外公债有利于国家根据社会经济发展的需要，作出统筹安排。比如，对国民经济中的薄弱部门、重点基础设施的投资，一般时间较长，短期内难以受益，这就需要长期性贷款，以便尽可能地在借入资金投资发挥效益后偿还。长期债务还便于管理，不像短期债务那样变动不定。如果对国民经济中能源、交通等大型基础设施的投资中长期国外公债如果期限错开也不大可能使债务积累形成偿债高峰。

而短期债务通常是在结算、贸易中形成的，而且绝大部分债权人是企业、公司，在经济处于繁荣时期，这种债务容易累积，一旦经济进入萧条，对外出口困难，更需要短期借款以弥补国际收支逆差，从而形成偿债高峰。如 1997—1998 年发生的亚洲金融危机中，除了宏观经济状况外，短期债务问题是导致泰国和韩国出现金融危机的最重要因素。当然，长期债务如果规模过大，还款期限过于集中，也会形成偿债高峰。

许多发展中国家，由于没有重视债务的长短期结构，导致了债务危机。如 1972 年世界市场上石油第一次涨价后，许多非产油发展中国家借入 5 ~ 7 年期的贷款，到 20 世纪 80 年代初形成偿债高峰，结果资金周转不灵，爆发债务危机。事实证明，对国外公债的管理必须重视对短期债务的监视，使债务期限搭配适当，结构合理。短期债务通常主要用来融通贸易交付，如果短期债务突然猛增，甚至用于长期债务的还本付息，那么，债务问题必然恶化。从国外公债管理比较成功的一些发展中国家的经验来看，短期债务控制在总债务的 20% 左右为宜。

10.2.2　国外公债的利率结构

国外公债的利率结构主要是指固定利率债务和浮动利率债务分别在全部国外公债中占多大比重以及二者之间的比例关系。其中，**浮动利率债务**是指借贷利率随金融市场供求关系的变化而相应变动的债务；**固定利率债务**是指借贷利率确定之后，在契约规定的债务期限之内不作变更的债务。国外公债利率是国外公债总成本的主要构成部分，因而利率结构是否合理关系到利息支付总额和偿还能力的高低。合理的债务利率结构通常是固定利率债务占国外公债总额的70% ~80%以上，而浮动利率债务约占20% ~30%。若按浮动利率筹措的国外公债到期利率上升将会增大国外公债利息成本；相反将会减少国外公债的利息成本。国外公债总额中如果按固定利率筹集到的国外公债到期前利率上升，会相对降低国外公债利息成本；反之，会给利用国外公债造成损失，增大国外公债利息成本。

债务利率是债务总成本的主要构成部分。借入债务利率的高低、整体债务的利率结构是否合理，不仅影响到债务利息的支付，而且如果控制不当，一旦市场利率突然上升，债务的偿还便会出现困难。其中控制浮动利率债务至为关键。浮动利率债务的主要优点是灵活性较强，但其受外部条件（主要是国际金融市场利率变动）的影响大，风险也大。因此，由于国际金融市场千变万化，借入过多的浮动利率债务，必然在将来利率上升时而加重负担。同时，浮动利率债务不便于对国外公债的宏观控制，使得债务总额变幻不定，也难以计算偿债年度的准确偿还额。如果国内经济不景气，加上国际金融市场利率上升，债务负担就会加重。比如，从1978—1982年，墨西哥的浮动利率债务由199亿美元增加到593亿美元，占到国外公债总额的78%；巴西由185亿美元上升到455亿美元，占到62%；阿根廷由80亿美元增加到205亿美元，占到66%。而欧洲美元市场利率在1979年后长期居于两位数字，有时甚至上升到20%，这对于上述国家的偿还债务造成了极大的困难，大多数发展中国家普遍出现了债务危机。

相比之下，固定利率债务虽然灵活性较差，但比较稳定，风险也较小，便于管理与控制。在市场利率相对较低时，借入固定利率债务的成本可能在当时高于浮动利率债务，但从长远来看，资金成本可能较为便宜。而且，固定利率债务可以在利率回落时采取借新债还旧债的办法，从而弥补利率固定的不足。政府国外公债面临的金融风险主要包括利率风险和汇率风险。我国早期借入的国际金融组织贷款一般为软贷款，不存在利率风险。1999年7月我国从软贷国“毕业”后，借用的政府国外公债利率是以伦敦金融市场同业拆借利率为基础计算的。因此，政府国外公债受到国际金融市场利率波动的影响，面临着直接的利率风险。我国利用世界银行贷款项目，由于国家外汇体制改革以及人民币对美元汇率的巨幅变化，给一些项目带来了巨额的汇率损失，给各级财政带来较大的压力和财政风险。因此，加强国外公债风险管理，合理有效地规避债务风险，确保我国经济安全运行是摆在我们面前迫切需要解决的现实问题。

债务的利率结构是否合理关系到对国外公债务是否稳定，也影响到一国的债务清偿。20世纪80年代发生的债务危机，与发展中国家浮动利率债务大量增加密切相关。所以，我国国外公债以固定利率为主，浮动利率为辅，利率风险较小。但为了更好地节约国外公债偿付成本，就要选择有利的时机和市场，坚持原则性和灵活性相结合的方针，在浮动利率和固定利率借款中作出有利的选择。一般来说，中长期债务争取固定利率，维持固定利率借款一定比重，可以保证整体国外公债不受市场利率突然急升而带来利息负担猛增的冲击。而短期国外公债在预期利率下降时，争取采取浮动利率，不下降时争取固定利率，这样可以较为主动地防范国外公债风险。

10.2.3　国外公债的债权结构

国外公债的债权结构主要是指国外公债的债权人分布，或不同类型的贷放者主体构成。国外公债的债权人通常包括外国政府、国际货币基金组织、世界银行等国际金融组织、外国商业银行、工商企业以及外国公民等。

1. 外国政府贷款

它是一国政府利用本国财政资金向另一国政府提供的优惠贷款。这种贷款的利率很低，有的甚至是无息贷款，贷款期限也较长，一般可达 20～30 年，因而它是一种带有经济援助性质的优惠贷款。但这种贷款往往规定了专门的用途，如某些对经济建设具有重要意义的建设项目等，且这种贷款一般是以两国政治关系较好为前提的。20 世纪 80 年代以来，日本、丹麦、科威特、比利时、意大利等十几个国家都曾向中国提供过这种贷款。

2. 国际金融机构贷款

这主要是联合国系统下几个世界性金融机构提供的贷款，主要有：

（1）国际货币基金组织贷款。这是该组织对基金成员国政府提供的贷款。贷款只能用来解决成员国国际收支出现的暂时不平衡，成员国所能借款的额度取决于该国向基金组织缴纳的股份，一般缴纳的份额越大，所能获得的借款额度就越大。此外，贷款不论使用何种货币，均按特别提款权单位计值。我国曾运用这种贷款调节国际收支平衡。

（2）世界银行集团贷款。世界银行集团包括了国际复兴开发银行、国际开发协会和国际金融公司。世界银行贷款提供的对象主要是发展中国家政府、政府部门和由政府担保的公私企业。国际复兴开发银行对发展中国家提供长期的开发项目贷款，既可以贷款给成员国政府，也可以贷款给成员国的企业（由政府担保）。但成员国申请贷款必须提交工程项目计划，由世界银行评审，贷款必须专款专用，限用于世界银行批准的特定工程项目，贷款期限 20 年左右。贷款利率随国际金融市场利率的变化而定期调整，利率水平略低于市场利率水平。中国 20 世纪 80 年代以来，努力争取获得世界银行贷款并取得了较好的效果。国际开发协会贷款是向较贫穷的成员国的公共工程和开发项目提供优惠的长期贷款。该贷款只收取 0.75% 的手续费，期限可达 50 年。但人均国民生产总值低于 400 美元（1985 年口径）的国家，才能获得这种贷款。国际金融公司主要对不发达成员国的私人企业提供无须政府担保的中期贷款。贷款期限一般为 7～15 年，利率视借款人的资信而言，与市场利率接近，不过贷款额不大。此外，中国还从国际农业发展基金会、亚洲开发银行等国际金融组织获得了借款。

3. 发行国际债券

这种形式近几年来得到迅速发展，并正在成为国际信贷的主要形式。它是指一国政府、政府机构、公司企业、银行或其他金融机构在国际债券市场或主要国家国内债券市场上，以各种可兑换货币为面值发行的国际债券。其中，欧洲市场上发行的称为“欧洲债券”，而在各发达资本主义国家的国内债券市场上发行的称为“国外公债券”。国际债券的特点是：对发行国和发行机构的资信要求较高，筹资金额较大，期限较长，资金可以自由使用，但手续比较繁琐，发行费用和利率均较高。我国从 1982 年开始步入国际资本市场，目前已先后在日本、德国、中国香港、新加坡等地的金融市场上发行各种国际债券，筹集了一定数额的资金。

对于衡量国外公债结构种类是否合理的标准，人们通常以各类债务在一国对外负债总额中所占的比重来考察。习惯上，国际商业贷款占国外公债总额的比重低于 60% 就被认为是合理。因此，主要是要加强对商业贷款比例的限制和管理。对外借款应优先考虑官方优惠贷款，以减少利息负担，然后才考虑在国际商业贷款市场上借入资金，且商业性贷款和短期借款应重点投向资金周转快、创汇率高的外贸进出口项目，使国外公债符合“安全性、长期性、赢利性”的原则。

10.2.4　国外公债的币种结构

国外公债的币种结构是指国外公债用哪些国家货币表示以及各种不同的外币债务各自占总债务的比例关系，即指一国的国外公债总额中货币币种的构成比例。国外公债的币种结构管理源于汇率风险的客观存在，汇率风险就是由于汇率变动而带来的以外损失。在国外公债管理中这种损失表现为借债和偿债时的汇率差额。国外公债的币种结构管理的核心问题就是如何在汇率不定的情况下保持适当的国外公债币种结构，从而尽可能减少或避免汇率风险带来债权债务风险。长期以来，我国国外公债涉及的币种包括美元、日元、欧元、英镑等多种国际货币，其中美元、日元所占的比例较大，两者共占国外公债总额的 80% 左右。

在当今浮动汇率体制下，国外公债币种过分集中会使国外公债的汇率风险扩大。比如 20 世纪 90 年代中期，由于日元对美元的巨额升值，造成我国日元国外公债还本付息负担急剧增加。交通部使用日元贷款建成的秦皇岛、连云港、青岛三港项目，由于日元升值，所借的贷款比 10 年前增加了 10 倍。其中 1982 年所发行的 200 亿日元债券（约为 1 亿美元），1994 年到期时，因日元升值，本金已成 2 亿多美元。这样，尽管借款时日元利息较低，但由于日元的升值，使偿债负担加重。许多企业因日元升值出现偿债困难，有的债务甚至越还越多。

许多发展中国家曾因国外公债币种结构不合理而承担了汇率变动带来的风险，因此，控制币种结构应关注以下因素：一是将其债务币种结构转向多元化。在任何情况下，国外公债币种单一都要承担很大的风险，而国外公债币种分散并保持适当的均衡，则可减少和避免汇率波动带来的损失。二是借款货币与还款货币保持一致，这是因为偿还国外公债的资金主要来自于外贸出口收入。这种做法的主要优点就在于可以减少和避免汇率变动所带来的损失。三是在借款货币和还款货币不能统一时，选择最佳结算货币，进而减少和避免汇率风险，即通过借款时所用结算货币和还款时所用结算货币之间软硬合理搭配来避开汇率风险。四是在国外公债管理中加快掌握各种科技手段和金融工具，以减少或者避免因为汇率升降所造成的损失。实践证明，这些都是政府对国外公债币种进行管理的一个行之有效的办法。

10.3　国外公债的规模

资本形成是经济发展的重要因素，由于国内资本积累能力的不足，资本短缺是困扰发展中国家的一大难题，而积极有效地利用外资，就能获得追加生产要素，极大地发挥本国（或地区）经济潜力。对于资本短缺的新兴市场国家而言，外资的流入可以缓解资本供需矛盾，弥补国内储蓄缺口，加快资本积累进程。但国外公债是一种生息资本，到期还本付息是借入国外公债的基本条件，可以说，国外公债是一把“双刃剑”，对一国经济来说，既是一种外部资源，运用得当可以促进本国经济的发展，但又可以说是国民经济的负担，借用国外公债存在一定的风险。对一个经济体而言，在引进外资促进本国或本地区经济发展的同时，一定要控制国外公债规模，加强风险管理，防止出现债务危机。如若忽视国外公债风险及其防范，过度地引进国外公债，势必导致债务偿还困难等一系列问题，给国民经济带来巨大的危害。20 世纪 80 年代席卷全球的债务危机、1994 年的墨西哥债务危机、1997 年的东南亚金融危机以及随后的俄罗斯债务危机、2001 年的阿根廷债务危机等，主要是这些国家选择了过分依赖外国资本的发展路线，导致国外公债远远超过适度规模，几乎造成了世界范围内的资本流动阻塞。20 世纪 90 年代以来，中国国外公债规模与日俱增，2006 年中国国外公债的适度规模达到了 3 229. 88 亿美元。

10. 3. 1　国外公债规模的基本概念

国外公债规模分为总值和净值，总值是指当年未偿还国外公债的总额，是历年所借但尚未到期的国外公债总余额同当年新借入国外公债的数额之和。净值是当年新借入国外公债数额减去当年还本付息所得的差额，即当年国外公债净收入。通常所说的国外公债规模是指总值。国外公债规模管理就是确定适度的国外公债规模，并采取有效措施加以控制和管理。

正确地理解国外公债规模，是准确确定国外公债规模的基础。它包含国外公债规模系统和国外公债结构系统，国外公债规模又包含国外公债必要规模、国外公债吸收规模、国外公债安全规模和适度国外公债规模。国外公债必要规模是指一定时期经济发展所客观需要的国外公债规模，在国际资本市场与利用外资结构相对稳定的情况下，制约外资必要规模大小的因素主要有国内经济发展对资本的客观需要和国内资本积累能力两个方面；国外公债吸收规模是指一国一定时期内由人才、技术、资源、配套设施等因素决定的能被消化吸收的国外公债规模；国外公债安全规模是指具有偿还能力且不影响国际收支平衡的国外公债规模。国外公债适度规模是国外公债必要规模、吸收规模和安全规模的有机统一体，一国的负债规模是受一定时期国内经济建设对国外公债的需求、国际资本市场的可供量和一国对国外公债的承受能力三个因素共同制约的，其中国外公债承受能力是确定国外公债规模最重要的因素。

10. 3. 2　确定国外公债适度规模的准则

理论上来讲，最优国外公债规模就是边际收益和边际成本相等时的国外公债规模。该理论认为，国外公债使用到何处并不重要，只要其作用于社会资本存量的增加，只要这一增加的资本存量的边际收益高于国外公债成本，继续借入就是合理的，直到其边际收益等于成本为止。由于国外公债的边际收益和边际成本都不是可以简单衡量的，因此，该准则的可操作性不强。从国外公债规模系统的角度来看，发展适度国外公债规模的决定须遵循国外公债安全规模优先于吸收规模、国外公债吸收规模优先于必要规模的顺序准则，国外公债安全规模应视为适度规模的上限。也就是说衡量国外公债适度规模最重要的原则是本国经济对国外公债的吸收消化能力和偿还能力，即外国资本流入能否保持国内财政、信贷、物资和国际收支的综合平衡。

因此，确定国外公债适当规模的基本原则应是：

（1）债务规模发展应保持在国家经济实力可承受的限度之内。

（2）整体债务的使用至少应使规模效益不变，并尽可能使规模收益递增并达到均衡发展，避免使规模经济递减。

一国的国外公债规模应处于何种水平为合理，是一个极其复杂的问题，具体量化这一规模是非常困难的。经济增长对国外公债的需求量可以通过一定的模型大致地估算，而国外公债的承受力是确定国外公债最重要的因素，可以通过一定的指标体系对其进行定量分析，相比之下，后者由于更易操作而得到广泛使用。一国举借国外公债的规模受制于该国的偿债能力。只有保持适度的国外公债规模，才能促进国内经济长期稳定的发展。根据国际通行的规则，衡量一国国外公债状况和偿债能力的指标主要有三个：偿债率、负债率和债务率。

1. 偿债率

偿债率是指当年的还本付息额与当年出口创汇收入额之比，它是分析、衡量国外公债规模和一个国家偿债能力大小的重要指标。目前，许多国家和国际经济组织都将它作为衡量一国国外公债规模和偿债能力大小的最重要指标之一。国际上一般认为，一般国家的偿债率的警戒线为20%，发展中国家为25%，危险线为30%。当偿债率超过25%时，说明该国国外公债还本付息负担过重，有可能发生债务危机，还款有出现危险的可能。目前，许多国家和国际经济组织都将偿债率指标作为衡量一个国家偿债能力大小的最重要的国外公债指标。

2. 负债率

负债率是指一国当年的国外公债余额与GNP的比重，其反映的是国外公债总规模与国家总体经济能力之间的关系。这一指标常被用来考察一国对外负债与整个国民经济发展状况的关系，其比值的高低反映一国GNP对国外公债负担的能力。国际上通常把20%作为该指标的安全线。负债率是判定一个国家借债与还债能力、国外公债规模是否适当的重要指标。国际上通常认为负债率不应超过30%～35%。如负债率超过35%时，说明该国对国外资本的依赖性过大，很难承受国际金融市场变化的影响，一旦国外资金供给出现困难，国家的经济发展就会急剧衰退，难以依靠自身的力量使经济恢复和振兴。

3. 债务率

债务率是指一国当年国外公债余额与当年贸易和非贸易外汇收入的比率。一般认为，该比率不应超过100%。当超过这一指标时，说明该国国外公债余额过大，国外公债负担过重，在现有国外公债余额到偿还期时，该国的外汇收入很难满足对外还款的需要。即使在未来几年内外汇收入有可能增长，但是如果增长速度难以赶上债务到期的速度，那么依然难以满足对外还款的需要。而短期国外公债与外汇储备的比例可以更准确地反映一国现实的对外支付能力。因为国内生产总值并不能直接用于偿还国外公债，而外汇储备则是偿还国外公债的直接来源。

在这几个指标中，偿债率是核心指标，最能反映一个国家和地区国外公债的偿还能力，运用时需将几项指标联系起来判断，以克服单项指标的偏差。具体到某个国家或地区，由于各国的国民经济发展和建设需要，自然资源、资金、技术、劳动力等条件不同等，都不可避免地对国外公债合理规模产生一定的影响。因此，不能生搬硬套国际标准。可采用倒推法：首先根据该国（或地区）的经济实力和应变能力确定适当的偿债率、债务率等指标；然后再对未来的外汇收入作出相应的预测；最后测算得出某年大致能承受的国外公债余额和还本付息额，再考虑其他相关因素对其予以修正。

上述指标简单明了，便于实际操作，是进行国外公债规模管理的重要内容。但也应看到，由于各国情况不一样，简单地生搬硬套国际上流行的衡量指标是不科学的。例如，20 世纪 80 年代的韩国，其偿债率长期达到甚至超过国际规定的“警戒线”一度高达 30% 以上，也未发生因偿债困难而爆发的债务危机。而 1982 年，巴西、墨西哥等拉美国家爆发严重的债务危机时，其偿债率也只有 18% 左右，并未达到国际警戒线。

而且，国际通用国外公债规模指标作为衡量一国国外公债安全状况的预警指标，其有效性如何一直是人们关注的问题。近年来连续发生的国际金融危机表明，仅凭这三个指标作为分析国外公债适度规模的标准是不够的，债务率、偿债率指标不能准确衡量一国国外公债的安全性，主要是因为它们都存在着相近的缺陷：即它们都是以商品和劳务出口收入额作为分母，而国际收支平衡是由多种项目构成，国外公债额、偿本付息额与偿息额仅和商品、劳务出口收汇额比较是不全面的。商品和劳务出口收入，并不能代表出口和劳务进出口一定顺差；即使商品与劳务收入顺差，经常项目也不一定顺差，因为还存在经常转移因素。即使经常项目顺差，也不意味着国际收支的顺差，因为还要考虑资本项目、特别提款权、国际储备增减等因素。因此，仅仅与商品和劳务出口收入额进行比较不能全面真实地反映一个国家承担偿还国外公债压力的能力。从负债率指标来看，按通用衡量标准不属于高危国家的俄罗斯、墨西哥、马来西亚、菲律宾都出现了金融危机。负债率指标的缺陷是没有全面考虑 GDP 的构成因素。各国的经济开放程度和本币在国际货币体系中的地位不同，直接影响了这一指标的使用。例如，美国该指标的指数一直很高，但不论是经济发展还是国家金融安全都没有受到影响。可见，单纯用国外公债占 GDP 的比重来衡量国家国外公债安全状况是不能说明问题的。

因此，外汇储备与国外公债结构分析除了研究上述三个偿债能力指标，研究外汇储备和国外公债的期限结构等指标也非常重要。外汇储备与国外公债余额之比反映的是当一国偿还国外公债的其他支付手段不足时，可动用国际储备资产来偿还国外公债的能力。当这一比率大于 100% 时，表明偿债能力较强。一国储备过少，则容易发生债务危机。按照国际惯例，一国外汇储备不应低于该国 1 ~ 3 个月进口的外汇支付额。对于像我国这样的发展中国家而言，外汇储备应高于年进口额的 1/4。这是为了满足弥补国际收支逆差和偿还国外公债本息的需要，也是为了避免发生国外公债风险所必须采取的措施之一。国外公债期限结构分析可以归结为短债率（短期国外公债余额与国外公债总额之比）的分析。长短期国外公债比例的均衡配置，才是理想的国外公债期限结构。

对于一个开放经济国家的金融安全而言，最重要的是国外公债归还问题，因此，构建国外公债规模的指标体系不仅要看经常项目下出口收汇多少，还要看政府是否手握足够的外汇储备。外汇储备的快速增长，一方面增强了偿还国外公债的能力，减轻了发生国外公债风险的可能性；另一方面又为本国树立了良好的国际形象，从而为吸引外资创造了更加有利的条件。因此，衡量国外公债规模的指标，还应加上反映国外公债与国际储备之间关系的指标：第一，国际储备与国外公债总额的比率。该比率反映了储备与国外公债的一般关系，该比率越低，抵御金融危机的能力就越弱；第二，当年还本付息额与国际储备的比率。该指标有着独特的意义，它反映的是一国当年的国外公债还本付息压力，这一压力大小直接决定着爆发金融危机的可能性；第三，鉴于短期国外公债流动性很大，极易对一国经济造成冲击，应更看重国际储备与短期国外公债之比。尤其当这几项指标取向趋于一致时，其预警效果更为准确。因此，任何国际流行的指标或指标组合和标准都有其缺陷，各国有必要根据自身的实际情况确定适宜的指标体系和标准，并在进行国外公债规模管理中，与国外公债结构管理密切结合，适时加以调整。

10.3.3 我国国外公债风险指标分析

我国国外公债三个偿债能力指标都没有超出国际警戒线，在这一分析体系下，可以认为我国的国外公债规模是安全的。根据世界银行的建议，我国的偿债率应以15%为安全线。根据国家外汇管理局公布的数据，2010年年末，我国偿债率（还本付息额与外汇收入额之比）为1.63%，远远低于国际20%的警戒线。这说明我国目前的债务负担比较适当，国外公债偿还能力较强。我国的债务率从2001年的56%开始逐年快速下降，2010年年末为32.6%，都低于国际警戒线，说明我国的外汇收入本身的偿债能力相当强。2010年年末，我国的负债率为13.2%，低于25%的国际警戒线，这说明我国的国外公债规模在国力所能承受的限度之内，对国外资本的依赖性不大，能够承受国际金融市场变化的影响。

我国外汇储备增长速度很快，2000年以后更为迅速。到2010年年末，我国的外汇储备余额已达28 473.38亿美元，远远超过5 489.4亿美元的国外公债余额。外汇储备的快速增长，增强了我国偿还债务的能力，减轻了发生国外公债风险的可能性，提高了抗国外公债突发风险的力量。2008年我国国外公债偿债率为1.78%，债务率为23.69%，负债率为8.65%，短期国外公债与外汇储备的比为10.83%，均在国际标准安全线之内。①

从国外公债期限结构来看，我国在2000年以前，长期债务占绝对支配地位。2000年，长期债务所占比重已达到了91%，而短期国外公债所占比重越来越低，到2000年仅为9.0%，远远低于20%的国际安全线。长短期国外公债结构逐渐优化，有利于我国长期经济建设资金的稳定需要，有利于我国在时间上根据国情对还债资金进行调剂，降低债务风险。但是2001年以后，我国的短期国外公债急剧增长，短期国外公债占国外公债总额的比例也飞速增长，至2006年年末，短期国外公债占到我国全部国外公债的56.9%，已高于国际公认的40%的警戒线。如何合理安排债务的期限结构，成为我国目前面临的一个重要问题。

长短期国外公债比例的均衡配置，才是理想的国外公债期限结构。尽管短期国外公债比例较高，但如果考虑到我国超过1万亿美元的外汇储备，我国的支付能力完全可以满足总量国外公债和短期国外公债的支付需求。短期国外公债与外汇储备的比约为17.1%，也低于国际货币基金组织的警戒标准。

20世纪90年代以来，我国国外公债规模尤其是短期国外公债增势如此迅猛，从整体上看，主要是受国内经济及进出口贸易快速增长等因素影响的结果。由于我国GDP增长迅速，对外贸易顺差，外汇收入大幅度上升，使得国外公债规模相应增大。另外一个原因是最为敏感最为警惕的汇率投机问题，由于本外币正利差仍然较大，国际市场上对人民币普遍有升值预期，所以中、外资企业出于规避本币市场升值风险、降低经营成本的考虑，最大限度地以外币借款替代本币借款。因此，国外公债增长较多，特别是短期国外公债增长较多，主要表现为贸易信贷项下的出口预收货款和进口延期付款。还有一部分套利“热钱”流入国内，

① 《中国统计年鉴2009》，中华人民共和国国家统计局编，中国统计出版社。

也是一个不可忽视的重要因素。随着我国加入 WTO 协议承诺的逐步兑现，我国将对外资银行实行与中资银行一样的“国民待遇”，这也是近年国外公债迅猛增长的原因之一。

国外公债的类型结构是指一国对外负债总额中各种不同类型国外公债的构成比例。从债务类型看，国外公债有外国政府贷款、国际金融组织贷款、国际商业银行贷款和其他形式的借款四大类。前两项属于官方优惠贷款，具有开发援助和贸易性质，贷款期限长，利率低，有的甚至是无息贷款，但贷款条件较为严格。商业贷款的程序相对宽松，但期限短，利率高，且多为浮动利率，易受国际金融市场的影响。一般认为，国际商业银行贷款占国外公债总额的比重以低于 60% 为宜。我国国外公债中商业贷款的比重一直较大，而官方优惠利率贷款比例偏小，近几年这一比例一直保持在 1/3 左右。20 世纪 90 年代以来，由于我国政府积极筹措官方优惠贷款，严格控制商业贷款的增长，商业贷款的比重逐年下降，同期官方贷款基本呈现稳中有升的趋势，从而在一定程度上减轻了我国的还本付息压力，但融资成本较高的国际商业贷款仍然占据主导地位。尤其是 2000 年以来，国际商业银行贷款的比例大幅上升，官方贷款比例却有小幅下降。我国的贷款成本问题仍应引起注意。国外公债风险管理之对策通过前面的分析可知，我国目前国外公债风险各项指标均控制在合理的范围之内，也均低于国际上公认的安全警戒线，国外公债规模在国家的承受能力之内，国外公债结构较为合理，近期发生债务风险和危机的可能性很小，对外举债还有较大的活动空间。

表 10－1　　中国国外公债风险指标及国际公认的安全线标准

年份	偿债率（%）	负债率（%）	债务率（%）	国际安全线（%）
1989	8.3	9.2	86.4	偿债率：20% 左右，最高不得超过 25%；负债率：30%；债务率：100% ~ 120%，200% 为危险线。
1990	8.7	13.5	91.6	
1991	8.5	14.9	91.9	
1992	7.1	14.4	87.9	
1993	10.2	13.9	96.5	
1994	9.1	17.1	78.0	
1995	7.6	15.2	72.4	
1996	6.0	14.2	67.7	
1997	7.3	14.5	63.2	
1998	10.9	15.2	70.4	
1999	11.3	15.3	68.7	
2000	9.2	13.5	52.1	
2001	7.5	14.7	56.8	
2002	7.9	13.6	46.1	
2003	6.9	13.7	39.9	
2004	3.2	13.9	37.8	
2005	3.1	12.6	33.6	
2006	2.1	12.3	30.4	
2007	2.0	11.5	27.8	

资料来源：《中国统计年鉴（2008）》，中国统计出版社。

总的来说，我国利用国外公债发展国民经济是比较成功的。但我国国外公债增长速度过快，国际商业贷款比重偏大，国外公债风险管理中存在着潜在危险。尤其是短期国外公债的飞速增长，会对经济产生冲击。对国外公债管理的重点应放在合理引导间接利用外资的投向，提高外资的使用效率，加强对国外公债的监控，采取有力措施，确保不发生国外公债偿还危机。在宏观管理上，首先应该把握好国外公债的总量问题。从偿债能力的角度来看，可以利用国际公认的经验性警戒线，结合最新的数量研究方法得到的结果，作为衡量国外公债总量是否适度的基准。同时，还要考虑国外公债的结构，并综合考虑国民经济的增长速度、国内资金、物资、技术及人员的配套能力，国际经济环境可能出现的冲击等等，探讨建立中国特点的国外公债预警指标体系和国外公债监测机制，合理确定中国利用国外公债的规模，并加强对国外公债借入量的监控。通过总量控制，把国外公债借入量控制在合理范围内，力求使国外公债的借入达到成本最低、规模适度的目标，国外公债的使用达到风险最小、效益最佳的目标，国外公债的偿还达到按期如约偿还，保持偿债信用的目标。

10.4 中国国外公债的管理

10.4.1 中国国外公债管理制度的发展

改革开放以来，我国在利用外资、引进国外先进管理理念和技术方面取得了巨大的成就。从1979年起，我国借用国外公债经历了“五五”末期和“六五”初期的起步、“七五”的逐步发展、“八五”和“九五”期间的高速发展等几个阶段。截至2006年第一季度末，我国国外公债余额达到2 879亿美元，这表明利用国外资金已与我国的经济发展密不可分。

1982年，中国国际信托投资公司在日本东京市场发行了100亿日元的私募债，成为我国第一笔境外发债，这标志着我国开始进入国际资本市场。此后20多年来，我国对外筹资渠道不断拓展，筹资方式趋于多样化。为保证国外公债宏观管理和调控的规范、有序与权威性，我国逐步建立起一套具有我国特色的集统计、管理、监测和预警功能于一身的国外公债管理制度。回顾我国国外公债管理法规体系建立与发展的历程，总体上经历了三个阶段：

第一阶段，1979—1983年，在这个阶段，我国没有专门的国外公债管理法规，也没有明确的政府部门分工负责制度，仅依据《中华人民共和国外汇管理暂行条例》等法规的相关条款对国外公债进行管理。

第二阶段，1983—1986年，这个阶段出台了一系列与国外公债管理有关的内部文件，初步确立了计划管理、金融条件审批以及政府部门之间的分工负责制度。

第三阶段，1987年至今，在这个阶段，我国的国外公债管理制度逐步成型和完善，外汇局（或会同其他部门）颁布了一批有关国外公债管理的行政法规，提高了国外公债管理的规范度、透明度，有关国外公债管理的思路、政策和手段也清晰起来，成为我国今后若干年资本项目外汇管理制度的组成部分之一。为配合国外公债的有效管理，加强国外公债的风险监控，早在1985年，我国开始着手建立国外公债统计体系，在经过近3年的努力并进行了3次国外公债数据普查的基础上，我国于1987年初步建立起国外公债统计监测体系

(EDSS)，及时地了解和掌握全国的国外公债规模、币种、期限和偿付等情况。

我国原国外公债口径是 1987 年在世界银行专家的帮助下，按当时的国际标准口径确定的。自亚洲金融危机以后，国际货币基金组织等国际组织吸取东南亚国家金融危机的经验、教训，越来越重视成员国国外公债的风险管理，在国外公债口径和期限结构上都做了调整。从而使我国原登记国外公债口径与目前国际标准相比较存在一定的差异。为使我国登记国外公债口径与国际新国外公债统计标准接轨，增加国外公债统计数据的透明度和可比性，经国务院批准，按新的国际标准口径对中国原国外公债口径进行调整。在政策焦点“短期国外公债余额指标核定方法”制定上，充分考虑了 2004 年度前几个月外资银行短期国外公债余额和对境内机构放款不断增长的现实情况及未来的发展趋势。由于各外资银行的业务发展不均衡，为了满足部分银行的临时需求，外汇局还给予银行半年的过渡期，允许银行在外汇局核定短期国外公债指标以后，在年内再申请对短期国外公债指标进行一次调整。随着计算机技术的发展和互联网的兴起，EDSS 不断更新换代，目前，EDSS 已是第六代，由银行版和分局版组成，能实时地监测并分析我国国外公债的全口径数据。近年来我国国外公债管理政策的调整 20 世纪 80 年代以来，先后经历了墨西哥债务危机、亚洲金融危机、阿根廷金融危机等多次货币金融危机，这些危机带来的负面影响至今仍未完全消除。尽管每次危机的表现形式有所不同，但都与跨境资本流动密切相关。受其启示，近年来，加强监管国外公债项下的资本流动，密切监测国外公债的宏观与微观风险，成为我国国外公债管理工作的重点。

2001 年调整统计口径。2001 年 6 月开始，我国在国外公债统计方面采用新的国际标准口径，其主要内容包括：将境内外资金融机构对外负债纳入我国国外公债统计范围，同时扣除境内机构对境内外资金融机构负债；将 3 个月以内贸易项下对外融资纳入我国国外公债统计；将中资银行吸收的离岸存款纳入我国国外公债统计；在期限结构方面，将未来一年内到期的中长期债务纳入短期债务。统计口径的调整，使我国国外公债项下资本流动的统计和监测更全面、更及时。

2004 年统一国民待遇。2004 年 6 月，《境内外资银行国外公债管理办法》实施。该办法对外资银行国外公债进行总量控制，境内企业向外资银行借款无需审批，不再受指标限制。外资银行发放的外汇贷款，除出口押汇外，不得结汇。至此，外资银行和中资银行在国外公债管理上享受同等待遇。该办法的实施，不仅标志着我国对境内外资银行国外公债的统计职能到管理职能的深化，还促进了我国全口径国外公债监测体系的建立。以此为契机，我国开始着手建设包括银行和企业在内的以国外公债登记为主的管理制度，国外公债管理由重事前审批向重事后登记转变。

2005 年改革对外担保管理方式。2005 年 9 月，我国调整了境内银行为境外投资企业提供融资性对外担保的管理方式：对境内银行为境外投资企业融资提供对外担保的管理方式由逐笔审批调整为年度余额管理；将实施对外担保余额管理的银行范围扩大到符合条件的境内外汇指定银行；将可接受境内担保的政策受益范围，由境外中资企业扩大到所有境内机构包括外商投资企业在内的境外投资企业。我国对外担保管理框架自颁布十余年来，一直没有调整过。此次调整，意义不仅仅局限于拉平了中外资银行和企业的国民待遇，还意味着我国建立全口径或有负债统计监测体系的开端。

2005 年遏制投机资本流入。近年来，针对我国国际收支双顺差及短期国外公债迅速增长的格局，我国国外公债管理很重要的一项职能是防止投机资本过度进入国内市场，制约国内债务主体短期国外公债的迅速增长。

2005年10月，国家外汇管理局颁发了《关于完善国外公债管理有关问题的通知》。该通知的主要内容包括：将境内机构180天（含）以上、等值20万美元（含）以上延期付款纳入国外公债登记管理；规范特殊类外商投资企业的国外公债管理；境内注册的跨国公司进行资金集中运营的，其吸收的境外关联公司资金如在岸使用，应纳入国外公债管理；规范境内贷款项下的境外担保管理。2005年12月，高频债务监测预警系统和市场预期调查系统开始运行。高频债务监测预警系统重在对债务数据的收集分析，市场预期调查系统则更强调对未来宏观经济和市场主体的预期进行预测。

国外公债管理是我国外汇管理的一项重要内容。其总体目标，一方面，要引导积极合理有效利用外资，支持国内经济建设，促进境内金融市场发展；另一方面，要促进国际收支平衡，防范国外公债风险，维护国家经济安全。为不断提高国外公债管理的效率，针对当前我国现阶段资本流出入的特点和国外公债管理中存在的突出问题，结合人民币可兑换和资本项目开放的规划，应坚持以下改革思路：一方面要顺应我国社会和经济的发展趋势，逐步减少行政审批项目，更多地采用市场化、价格型的管理手段，方便银行和企业的经营，促进贸易和投资便利化；另一方面，必须加强和完善我国全口径资本流出入的统计监测，加强对国外公债和对外或有负债的管理和监测，建立有效的资本流动预警体系，有效防范我国的国外公债风险。坚持资本流出入的均衡管理。2002年以来，监管部门出台了许多鼓励企业“走出去”的措施。拓宽资金有序流出的渠道，研究允许符合条件的保险公司通过购汇进行境外证券投资，探索社保基金人民币资金购汇境外投资的外汇管理。允许居民个人合法资产转移国外等。加强对资本流入的引导，进一步控制外资银行和外商投资企业国外公债规模，尤其是控制短期借款的规模与比例。加强对资金流入和结汇环节的合规性管理，坚决遏制投机性资金流入。借鉴国际经验，尝试采用无息存款准备金等手段，增加短期资本流入的成本。密切跟踪形势的变化，加强对资本外逃的打击力度。规范境国外公债权管理，促进金融衍生产品等避险工具在国外公债风险管理上的应用，加强利用外资处置金融不良资产的管理等。加强信息披露，增加政策透明度，稳定市场对人民币的信心，合理引导资本流动。优化利用外资结构。截至2006年3月底，我国国外公债余额2 879亿美元，其中短期国外公债占55.9%，而在短期国外公债构成中，贸易信贷占59%，且规模还在不断扩大。境内外资银行和外商投资企业成为我国登记国外公债增长的主要来源。从外国直接投资来看，来自维尔京群岛、开曼群岛等“避税岛”的资金占了相当大的比重。我们优化利用外资结构，一方面要优化股本和债务资本的结构，同时要优化各种利用外资主体及其期限结构，提高利用外资的质量，稳步推进公平待遇。

随着2006年入世过渡期结束，我国将全面向外资银行开放人民币业务，将解决中资银行与外资银行、中资企业与外资企业在国外公债以及外汇管理上的其他差别待遇问题，以创造公平竞争的环境，并抑制国外公债的过快增长。在较长一段时期，需要整体上维持现行的国外公债管理数量管理模式，但管理方式应有所调整，使之更加合理化和科学化。在提高管理效率和减少政策震荡的前提下，在国外公债管理上统一国民待遇，实现中外资企业和金融机构国外公债管理政策的最优选择。加强国外公债和资本流动监测预警。近年来，国家外汇管理局为了更准确地了解我国的对外资产和负债数据，内部编制了国际投资头寸表（IIP），并加强对或有负债等隐性债务的管理与监测。同时，逐步建立调节国际收支的市场机制和管理体制，完善国际收支监测预警体系，加快构建高频债务监测系统，加强对或有负债、异常资金流动和系统性金融风险的分析。建立危机应急预案，必要时可采取管制措施，如对金融机构和企业外币资产和负债进行严格管理，恢复部分外汇管制等。

10.4.2　中国政府国外公债管理的内容

根据我国国外公债发展的历程，国外公债管理的内容也在逐步演变。从总量管理逐步深入细化到结构管理，同时风险管理的比重也在加大。目前我国国外公债管理内容包括如下几个方面：

（1）国外公债的总量管理。总量管理重点在于控制负债率，要控制国外公债余额与国民生产总值的比率，控制国外公债的增长速度（其主要参考指标之一就是国外公债增长速度与经济增长速度之间的比较）。在对国外公债规模进行管理的同时，还要注意把握国外公债规模和外汇储备之间在总量和结构方面的一致与协调，包括在总量以及币种等结构方面的一致性，从而降低偿债的压力和风险。

（2）国外公债的期限结构管理。在对国外公债进行期限结构管理时，注意通过调整新借款的期限结构，一方面防止短期借款的比例过大；另一方面要保证未来偿债压力的相对均衡，避免在特定年份出现偿债压力过大的偿债高峰。

（3）国外公债的债务种类结构管理。所谓国外公债的种类结构，是指主权债务（如官方优惠贷款等）、一般商业贷款等不同种类的债务的相对比例。这种结构直接影响国外公债的成本。与债务种类结构相关的是利率结构，即浮动利率债务与固定利率债务的比例、不同水平的利率的组成等。不同的利率结构会使一定的国外公债在不同的国际金融市场走向中承受不同的利率风险，例如，在利率大幅波动的时候，如果采用浮动利率的国外公债比较多，承担的风险就会大一些。由于国外公债种类的不同，利率水平也不同，直接影响到国外公债的成本。因此，在举借新国外公债时，要尽量举借国外政府贷款和国际金融机构贷款。

（4）汇率风险管理。随着我国对外经济交往日趋频繁，国际金融市场的汇率波动对于国外公债的影响明显加强。在国外公债规模逐步增大，国外公债结构趋于复杂的情况下，必须加强跟踪国际金融市场的汇率走势，采取必要的风险管理措施，控制汇率变化对未来还本付息的不良影响。

（5）借款成本管理。借入国外公债的主要目的是促进经济增长和改善国际收支状况，但是否实现此目的，关键在于国外公债的举借成本和使用效益。在国外公债的效益管理中，特别要注意国外公债的使用方向和国外公债的增值性，即国外公债管理要从粗放型向集约型、效益型转变。借款成本主要受国际金融市场走势的影响，同时也取决于借款人本身的财务状况、借款人是否具有良好的国际声誉和熟练的筹资技术等。加强借款成本管理，有利于控制偿债负担，对我国这样的市场经济尚不十分发达的国家而言，加强借款成本管理也有着重要的意义。

10.4.3　中国政府国外公债管理的改进

1. 国外公债的宏观管理

在政府国外公债的宏观管理上，实际上是缺乏统一、强有力的国外公债管理机构。我国虽然设有外汇管理局负责制定执行国家国外公债政策和国家国外公债管理，但其隶属于人民银行，缺乏专门制定国外公债政策的独立职能。即使国外公债政策出台，由于中央与地方利益，部门与部门之间利益的不同甚至冲突，导致上有统一目标，下有各自目的的局面。这种管理现状使国外公债高度分散，造成各环节各自为政的局面。不愿把对外借款权交出。没有统一领导使国外公债管理琐碎混乱。由于国外公债可以直接带来经济效益，各地各部门热衷于借用国外公债，在国际资本市场上，不顾成本，自相残杀，给国家造成损失，使国外资本得利。因此，建立国外公债统一管理调配部门，协调各方利益，保护国家债务安全，使国外公债保持适度的规模、合理的结构和适当的偿债率是当务之急。国家应建立一个统一的国外公债管理的权威机构。主要负责制定统一的国外公债管理，中长期规划、政策、法规；掌握国外公债投向，调节国外公债规模，明确国外公债管理机构职责，明确国外公债的用途和偿还办法，以及各部门所承担的责任、权利和义务；研究确定偿债率和负债率及偿还措施；加强国外公债统计、预测和监控，在国外公债额度、国外公债时机、国外公债形式、国外公债来源诸方面进行全面的可行性分析，全面审定政府部门、国有企业和私营企业所有利用外资项目。这个机构设在财政部比较理想，一方面是因为1998年的中央机构改革已将世界银行、亚洲开发银行及外国政府贷款的对外磋商职能统一纳入财政部管理，另一方面还因为我国的国外公债中属政府直接国外公债与政府担保的国外公债占有相当大的比例。

2. 国外公债的目标管理

我国在国外公债管理上缺乏持之以恒、分工明确的管理目标（中期目标和长期目标）。中期目标要求配合5年经济发展计划的要求和根据每年的经济管理计划，制定每年利用国外公债的数量和形式。长期目标是指通过利用国外公债促进经济发展，对外提高出口能力和增加对外投资，对内促进本国储蓄。但我国缺乏这样的目标，从总体规模来看，究竟怎样一个国外公债规模大体上符合我国国情，符合国际金融市场的发展趋势，现在还不太清楚。从产业国外公债政策看，除了能源、交通、原材料这些“瓶颈”基础产业外，其他基本都是一年一议，一年一定，短期行为较多，哪些产业适宜借用国外公债发展，哪些产业适宜于直接投资，尚不完全明确。中国应尽早确定统一的、长远的、持久的国外公债管理目标。由于中国各地区经济开发程度参差不齐，借债主体的经济效益和回收资金能力各不相同，国外公债的风险也不同，故国外公债管理的决策宜统一，但具体管理方式应灵活，分层次，以适应各地区的特点，调动各方面的积极性。

3. 国外公债的结构管理

除了建立统一的国外公债管理的权威机构和形成明确的管理目标外，目前当务之急是调整国外公债结构。第一，严格控制商业贷款。第二，为了保持国外公债的相对稳定，应采取措施分散国外公债还本到期时间，力求使长短期国外公债保持合理构成，避免偿还期过于集中和偿债高峰过早出现，特别是防止在经济衰退和危机期间出现偿债高峰。第三，利用贷款回收期制约贷款期，以投资回报率制约贷款利息率，不允许贷款期限短于贷款回收期和贷款利息率高于投资收益率，以避免贷款期过短，投资回收期过长而造成偿债困难。第四，优化国外公债币种结构。

4. 国外公债的投向管理

由于政府提供的公共产品的外溢状况大小不同，导致财政收入的来源与支出的范围不同，因此，政府国外公债又是可以分级别的，可以实现国外公债的分级管理。国家和社会受益的项目由中央政府负责国外公债借用和归还的安排，地方受益的项目由地方负责国外公债的借用和归还。我国的国外公债投向多集中于宾馆、公寓等非生产领域和轻纺，家电等消费品以及建材等一般工业领域，有的地方甚至上了一些不适宜利用国外公债的纯商业服务项目，特别是较多的国外公债投向房地产、高尔夫球场等消费项目，已在一定程度上助长了我国的“消费早熟”，而投向我国能源、交通、原材料、通讯等产业结构中的“瓶颈”行业的国外公债偏少，这与国内产业政策不衔接有关。另外国外公债投向农业的微小比例也与我国发展农业、增强农业后劲的战略要求不符合。有的国外公债项目属于劳动密集型，与设想的吸收先进技术和管理技能的目标相差甚远；有的国外公债项目甚至没有任何技术内容，属重复引进；有的国外公债项目达不到设计生产能力，创汇能力较低，使还本付息存在较大问题，目前已有不少项目不能按时偿还，出现大量的逾期现象。防止债务危机的关键是科学、合理地引导国外公债投向，用好国外公债，以提高国外公债的“自我偿还率”，保证利用国外公债的经济效益，促进国外公债良性循环。

5. 国外公债的立法管理

据统计，我国目前已经有 400 多项有关吸引外商投资的法律、法规，但国外公债管理方面仅有《中华人民共和国外汇管理条例》、《国外公债统计监测暂行规定》和《国外公债管理暂行办法》等几部法律法规，个别条例也只限于国外公债的统计和监测。地方可以根据自己的管理需要制定一些暂行办法，这些办法不成体系，且各地方之间的办法也有些矛盾，操作起来很随意，使国外公债管理复杂化，造成各自为政，互相交叉的现象。同时也给管理部门造成负担，执行起来困难甚多，既无法有效约束各借债主体，也无法有效管理全国分散的国外公债工作。造成了对内无法管理，对外当国际债务纠纷发生时又往往无解决依据的不正常现象。可以说，法规不健全是我国国外公债管理的最大障碍，国外公债立法的滞后严重地阻碍了我国利用国外公债。我国应结合自身国情，尽早制定和颁布有关国外公债管理的法律、法规，利用法律手段来管理国外公债。这样，依据法律来强调国外公债管理的重要性、严肃性和特殊性，提出对国外公债规模进行宏观控制的手段和依据，国外公债的微观筹措、使用程序，用法律手段来制约国外公债规模和偿债率，将全国各地、各部门、各企业的借债活动都置于法律的监督、控制、管理之下。在国外公债管理的法律、法规颁布后，还必须着重提高国外公债管理部门工作人员的遵法意识，强化法制观念，真正做到有法必依，有法必执，违法必究。

复习思考题

1. 简述国外公债与外债、外资的联系与区别。
2. 举例说明国外公债的结构。
3. 简述国外公债适度规模的准则。

参考文献

1. 高培勇、宋永明著：《公共债务管理》，经济科学出版社 2004 年版。

2. 刘辉、马通著：《国债管理》，南开大学出版社 2005 年版。

3. 冯健身著：《公共债务》，中国财政经济出版社 2000 年版。

4. 类承曜著：《国债的理论分析》，中国人民大学出版社 2002 年版。

5. 郭庆旺、赵志耘著：《财政学》，中国人民大学出版社 2002 年版。

6. 郭庆旺、贾俊雪："中国周期性赤字和结构性赤字的估算"，《财贸经济》，2004 年第 6 期。

7. 牛淑珍、杨顺勇著：《新编财政学》，复旦大学出版社 2005 年版。

8. 《马克思恩格斯全集》，人民出版社 1959 年版。

9. 卢文莹著：《中国公债学说精要》，复旦大学出版社 2004 年版。

10. 刘华著：《公债的经济效应研究》，中国社会科学出版社 2004 年版。

11. 平新乔著：《财政原理与比较财政制度》，上海人民出版社 1995 年版。

12. 张志超、李平著：《政府财政政策的国际比较》，经济科学出版社 2001 年版。

13. 郭红玉著：《国债宏观经济效应研究》，对外经济贸易大学出版社 2005 年版。

14. 李俊生著：《公债管理》，中国财政经济出版社 1994 年版。

15. 王传纶、高培勇著：《当代西方财政经济理论》，商务印书馆 1995 年版。

16. 毛晖："增税与发债：理论比较与现实选择"，《中南财经政法大学学报》，2005 年第 2 期。

17. 龚仰树著：《国内国债经济分析与政策选择》，上海财经大学出版社 1998 年版。

18. 邓子基、张馨、王开国著：《公债经济学——公债历史、现状与理论分析》，中国财政经济出版社 1990 年版。

19. 龚仰树编著：《国债学》，中国财政经济出版社 2000 年版。

20. 国家统计局：《中国统计年鉴—2005》，中国统计出版社 2005 年版。

21. 李萍主编：《中国政府间财政关系图解》，中国财经经济出版社 2006 年版。

22. 杨大楷、王有天、蒋萍、杨晔著：《公债风险管理》，上海财经大学出版社 2001 年版。

23. ［美］托马斯·M·克莱恩著：《外债管理》，中国计划出版社 2000 年版。

24. 张馨著：《透视中国公共债务问题：现状判断和风险化解》，中国财政经济出版社 2004 年版。

25. 张志超、李平著：《政府财政政策的国际比较》，经济科学出版社 2001 年版。

26. 刘华著：《公债的经济效应研究》，中国社会科学出版社 2004 年版。

27. 周成跃、周子康著：《当代公债风险问题研究概况述评》，中国财政经济出版社 2004 年版。

28. 刘立峰著：《公债政策的可持续性和财政风险研究》，中国计划出版社 2002 年版。

29. ［美］约瑟夫·E·斯蒂格利茨著：《公共部门经济学》，中国人民大学出版社 2005 年版。

30. 李友元、姜竹、马乃云著：《财政学》，机械工业出版社 2006 年版。

31. 刘怡著：《财政学》，北京大学出版社 2004 年版。

32. 毛晖著：《经济增长中的财政政策——中国的积极财政政策》，湖北人民出版社 2006 年版。

33. 邓子基等著：《公债经济学——公债历史、现状与理论分析》，中国财政经济出版社 1990 年版。

34. 邓子基著：《财政学》，中国人民大学出版社 2001 年版。

35. 王金秀、陈志勇著：《国家预算管理》，中国人民大学出版社 2001 年版。

36. 杨大楷等著：《公债综合管理》，上海财经大学出版社 2000 年版。

37. 陈志勇、刘京焕、李京友著：《财政学原理》，中国财政经济出版社 2001 年版。

38. 何盛明著：《中国财政改革 20 年》，中州古籍出版社 1998 年版。

39. ［英］亚当·斯密著：《国民财富的性质和原因的研究》，商务印书馆 1981 年版。

40. ［美］布坎南、瓦格纳著：《赤字中的民主》，北京经济学院出版社 1988 年版。

41. ［美］布坎南著：《自由、市场和国家》，北京经济学院出版社 1988 年版。

42. ［美］费雪著，吴俊培等译：《州和地方财政学》，中国人民大学出版社 2000 年版。

43. 刘尚希、于国安主编：《地方政府或有负债：隐匿的财政风险》，中国财政经济出版社 2002 年版。

44. 贾康著：《转轨时代的执着探索——贾康财经文萃》，中国财政经济出版社 2003 年版。

45. 张海星编著：《公债学》，东北财经大学出版社 2008 年版。